朱子學文獻大系 ● 朱子學文獻研究叢刊

《近思録》文獻叢考

嚴佐之　顧宏義　主編

近思錄卷之一

道體凡五十一條

此卷論性之本原道之體統蓋學問之綱領也

濓溪曰無極而太極薛氏曰道體之本原立

圖書在版編目(CIP)數據

《近思録》文獻叢考 / 嚴佐之,顧宏義主編. —上海：上海古籍出版社，2018.1
（朱子學文獻大系·朱子學文獻研究叢刊）
ISBN 978-7-5325-8696-7

Ⅰ.①近… Ⅱ.①嚴… ②顧… Ⅲ.①理學—中國—南宋 ②《近思録》—研究 Ⅳ.①B244.75

中國版本圖書館 CIP 數據核字(2018)第 004267 號

朱子學文獻大系·朱子學文獻研究叢刊
《近思録》文獻叢考
嚴佐之　顧宏義　主編
上海古籍出版社出版發行
（上海瑞金二路 272 號　郵政編碼 200020）
　(1) 網址：www.guji.com.cn
　(2) E-mail：gujil@guji.com.cn
　(3) 易文網網址：www.ewen.co
浙江臨安曙光印務有限公司印刷
開本 890×1240　1/32　印張 11　插頁 3　字數 256,000
2018 年 1 月第 1 版　2018 年 1 月第 1 次印刷
印數 1—2,100
ISBN 978-7-5325-8696-7
K·2420　定價：48.00 元
如有質量問題,請與承印公司聯繫

本書爲

二〇一一年度國家社科基金重大項目

朱子學文獻大系編輯委員會

朱子學文獻大系總序

　　從一九九三年起，至二零零七年止，我們先後策畫，相繼完成了《朱子全書》、《朱子全書外編》的編纂和出版，把朱子本人的撰述編著與注釋之作，及其指導或授意門人弟子的撰著纂述，作了一次元元本本的文獻清理和集成。而除此之外，這整整十五年來的收穫，還有我們對朱子學說及其歷史意義認識的不斷更新和逐步深刻。

　　朱子是繼孔子之後，儒家思想文化史上成就最卓越的學者和思想家。近半個世紀前，錢穆先生在《朱子學提綱》中提出："中國歷史上，前古有孔子，近古有朱子。此兩人，皆在中國學術思想史及中國文化史上發出莫大聲光，留下莫大影響。曠觀全史，恐無第三人堪與倫比。"朱子建構的理學思想體系，博大精深，不僅在儒學發展史上具有劃時代意義，而且對其身後長達七百餘年的中國，乃至日本、朝鮮等東亞諸國的思想、學術、社會、政治，都產生了深刻、巨大、恒久的影響。而此影響在思想學術史上留下的顯著印迹，就是後世學者鮮能繞開朱子說事，要麼尊朱、宗朱，要麼反朱、批朱，"與時俱進"的朱子思想研究，成爲貫串數百年學術史無時不在的主題和主軸。於是，有學者甚至認爲，"在朱熹以後，理學就成了'朱子學'"，朱子就是"理學傳統中的孔子"。這樣的評價，雖然未必"真是"，卻亦庶幾"真事"。推而論之，則所謂"朱子學"，固然是指朱子本人的思想學術，卻又不止是其本人的思想學術。按照陳來先生的説法，朱子留下的豐厚著述與精緻學説，以及七百餘年來，他的同道學友、門人弟子與後世尊朱、宗朱學者，對朱子著述、學説的闡發與研究，即"整體地構成了現如今我們所研究的'朱子學'"。作爲整體、通貫的朱子學，其學術範疇不僅涵蓋《易》、《詩》、《禮》、四書等傳統經學領域，更涉及哲學、史學、文學、政治學、教育學、社會學、文獻學等諸多學科，既是一座内容廣闊、内涵精深的傳統思想寶庫，一份極富開掘意義和傳承價值的文化遺産，也是一門具有多學科交叉特色的名副其實的綜合性專學。

　　自二十世紀八十年代以來，海内外學術界對朱子學研究表現出前所未有的興趣和關切，發展迄今三十餘載，已獲長足進步。但綜觀現狀，反思自省，我們的研究及取得的學術成果，與朱子學本身所應該享有的研究規模和研究程度，還很不相稱，若衡之以"整體、通貫"的要求，則該研究領域中的很大一部分，甚至還未曾涉及過。近年來，關於推進整體、通貫的朱子學研究的想法，逐漸成爲學界的一個共識。如以朱子學爲主題的國際學術研討會在我國大陸、臺灣及美國、韓國等地數度舉辦，如《朱子學通論》等朱子學研究專著相繼問世。而"中華朱子學會"、"朱子學學會"等全國性學術團體的成立，則意味着一個"學術共同圈"的初步形成，以及作爲一門獨立學科的朱子學研究已進入一個新的歷史階段。學者們指出，新時期朱子學研究的任務，就是要規劃對宋、元、明、清各個朝代的朱子學，以及每位朱子學家的重要的見解進行分析，把他們流傳下來的書籍、文獻進行整理、研究。而後者，即對歷代朱子學文獻的整理與研究，無疑是前者的先行和基奠。

　　認識漸趨深刻，遂生自覺擔當。在完成朱子本人撰述的文獻集成之後，我們有意再接再厲，把歷代朱子學文獻整理研究工作繼續下去。先是在《朱子全書外編》書稿殺青之際，我們就曾醞釀用傳統的"學案體"來編纂歷代朱子學者的相關學術文獻。後來朱傑人教授主編影印《朱子著作宋本集成》，又提出編纂出版"朱子學文獻大系"的構想。不過那幾年忙於編纂整理《顧炎武全集》，既分身無術，也分心不得，只能把研究計劃暫擱心頭。故而，當《顧炎武全集》一旦脫稿，此事也就順理成章地提上了議事日程。二零一零年末，我們開始循着"朱子學文獻大系"的思路策劃課題；翌年初春，確定以華東師範大學古籍研究所爲主體，組建科研團隊，以"朱子學文獻整理與研究"爲課題，擬訂科研規劃。是年初夏，課題被納入當年國家社科基金重大項目第二批招標目錄；秋十月，經過競標面試，以嚴佐之教授爲首席專家的"朱子學文獻整理與研究"課題正式獲批立項；冬十二月，課題論證會在華東師大召開，經專家組評議審定，規劃通過論證，項目正式啓動。按照課題規劃，"朱子學文獻整理與研究"課題，凸顯文獻整理與研究並重的特色，旨在從理論和實踐兩個方面，構建一個符合整體、通貫的"朱子學"學科内涵和特點的"朱子學文獻"分類體系，並從浩若煙海的歷代典籍文獻中，梳理出屬於"朱子學"學科範疇的基本文獻資料，打造一個集'朱子學文獻'大成的資訊大平臺。爲此，課題設計了"歷代朱子學研究著述集萃校點"、"歷代朱子學研究文類輯録校點"、"歷代朱子著述珍本集成影印"、"朱子學專科目録編撰"和"朱子學文獻專題研究撰著"等項子課題。各項研究的最終成果形式，則將結集爲一部開放性的大型叢書《朱子學文獻大系》。

《朱子學文獻大系》下轄《歷代朱子學著述叢刊》、《歷代朱子學文獻叢編》、《歷代朱子著述刊本集成》、《朱子學文獻研究叢書》四部不同類型的叢書，故稱之"大系"。其中《歷代朱子學著述叢刊》，擬按學科、著述或學術議題分編專輯，如"朱子經學專輯"、"朱子四書學專輯"、"朱子《近思録》專輯"、"'朱陸

異同’專輯”等,以集中提供經過精選精校的歷代朱子學重要
研究著述的閲讀文本。《歷代朱子學文獻叢編》,擬按專題分
類輯集散見於各種典籍的朱子學研究篇章,如序跋、劄記、語
録、書信等,以集中提供經過遴選類編的歷代朱子學研究文獻
散篇的閲讀文本。《歷代朱子著述刊本集成》,擬按時代分編
《朱子著述宋刻集成》、《元明刻本朱子著述集成》等,以集中提
供高仿真影印的朱子著述歷代各色珍稀版本。《朱子學文獻
研究叢書》,擬收入具有文獻學研究屬性的各種編著撰述,如
《朱子學古籍總目》、《朱子學史籍考》、《朱子與弟子友朋往來
書信編年》等。《朱子學文獻大系》下轄各叢書都已制訂基本
收書目録,但不預設收書總數上限,倘日後發現宜收之書,則
可隨時補編增入,故謂之“開放性”大型叢書。各叢書均自有
編例,我們但在其下屬專輯或所收撰著前撰寫序言,以交代編
纂宗旨與體例,如《歷代朱子學著述叢刊》之《近思録專輯序》、
《歷代朱子著述刊本集成》之《朱子著述宋刻集成序言》、《朱子
學文獻研究叢書》之《朱子與弟子友朋往來書信編年序》等,各
叢書前則不再撰寫總序。至於《歷代朱子學著述叢刊》各書的
校點體例,如底本、校本的遴選標準,專名號、書名號的使用規
範,異體字、版別字的處理方法,舛誤衍闕的改字原則,以及校
勘記的書寫格式等,皆一併延循《朱子全書》編纂陳例,在此不
再贅述,若遇特殊需作變通,則在各書校點説明中予以交代。

　　《朱子學文獻大系》是我們按自己對整體、通貫的朱子學
的認識,而爲之“量身定制”的一個朱子學文獻庫,囿於識見,
必欠周詳而不能盡如人意。好在《大系》是“開放”的,可以隨
時吸納同道高明之見,不斷補充,漸臻完善。《朱子學文獻大
系》的規模、體量和難度,都超出《朱子全書》與《外編》許多,這
樣的設計或許有些“自不量力”。編纂《朱子全書》、《外編》用
了整整十五年,況且那時我們纔年過“不惑”,而今則已年屆

“耳順”、“從心”之間，十年再磨一劍，能否一如既往，勝任始終，尚難卜知。好在整理與研究朱子學文獻並非心血來潮之念，更非趨時應景之計，而是建設與發展整體、通貫的朱子學的真切需要，是必需要做的學術事業，也好在我們有一個同心同德的學術團隊相依託，還有華東師範大學出版社、上海古籍出版社的精誠合作，所以《朱子學文獻大系》成果的不斷推出和最終成功，還是應該可以期待的。

嚴佐之

二零一四年五月

目　録

一部書串起七百年理學史：《近思録》後續著述及其思想學術史意義(代前言)

嚴佐之

一、《近思録》的"被經典"與《近思録》後續著述

編纂於公元 1175 年的《近思録》,在經過七八百年傳播的層層累積之後,最終成爲最能代表中國古代主流學術思想的經典之一。這樣一個結果,應該是主編朱子及其合作者吕成公始料未及的。因爲朱子當時邀約吕成公在武夷山寒泉精舍"留止旬日"編纂此書的初衷,不過是想替那些僻居窮鄉而不能遍觀周、張、二程諸先生之書的讀書人,提供一部能比較準確、全面、系統概括四子思想,且又切近日用、便宜遵行的理學入門讀本。雖説書稿十日告竣之後,他倆仍不斷書信往返,商榷編例,其取去不可謂之不審,其互議不可謂之不勤,雖説朱子也自以爲此録詳於"義理精微",堪稱"四子之階梯",但《近思録》畢竟還算不上朱子最用力、最自珍的撰著,至少不能與其臨終仍念念不忘的《四書章句集注》相提並論。然而,就是這麼一部原初設定的學術思想普及讀本,卻在朱、吕身後,被後世學者一步步發掘出潛藏的巨大學術價值,一步步提升到

顯要的理學經典地位。這樣的結果確實很有意思，而大有意思的還有那個漫漫長長的累積過程。

回溯歷史，早在朱子生前，就已有講友劉清之字子澄者，[①]取程門諸公之説，爲之《續録》。及至朱子身後，《近思録》注解續補之作更是紛至競出，弟子輩中有陳埴《雜問》、李季札《續録》、蔡模《續録》《别録》和楊伯嵒《衍注》，[②]再傳弟子有葉采《集解》、熊剛大《集解》、何基《發揮》、饒魯《注》、黄續《義類》，以及三傳弟子程若庸《注》等。此外又有建安書塾刊行的無名氏《文場資用分門近思録》，則表明《近思録》已進入當時科試舉業讀物的榜單，遂可推知其讀者受衆之愈益夥多。故《近思録》於南宋後期，即已被視爲“我宋之一經，將與四子並列，詔後學而垂無窮者”。[③] 繼而蒙元之世，後學者又有趙順孫爲之《精義》，戴亨爲之《補注》，柳貫爲之《廣輯》，黄潛爲之《廣輯》，注解續補之作接連不斷，並皆尊“《近思録》乃近世一經”。[④] 明初，永樂帝詔修《性理大全》，“其録諸儒之語，皆因《近思録》而廣之”，[⑤]可見此書已對國家意識形態産生不小影響。只是明人注《近思録》者鮮少，明世盛行的讀本，多爲周

---

① 朱子與劉子澄之關係，或以爲道學講友，或以爲師弟子，兹取前説。參見陳榮捷：《朱子門人》，上海：華東師範大學出版社，2007 年，第 216 頁；方彦壽：《朱熹書院門人考》，上海：華東師範大學出版社，2000 年，第 47、48 頁。

② 茅星來《近思録集注附説》稱“楊名伯嵒，字彦瞻，朱子門人”，然陳榮捷《朱子門人》、方彦壽《朱熹書院門人考》，均無楊伯嵒之名。今姑且從茅説。茅星來《近思録集注》卷首，《文淵閣四庫全書》本。

③ 葉采：《近思録集解序》，《近思録集解》卷首，上海圖書館藏清邵仁泓刻本。

④ 吴師道：《代孫幹卿御史請刊〈近思録發揮〉等書公文》，吴師道：《禮部集》卷二〇，《文淵閣四庫全書》本。

⑤ 永瑢等：《四庫全書總目》卷九二《性理群書句解》，北京：中華書局，1965 年，第 787 頁。

公恕據葉采《集解》擅改的《分類經進近思録集解》,而這種情勢的出現,也多少反映出王學時代朱子《近思録》的社會"生態環境"。明季清初,學風蜕變,先是有高攀龍《朱子節要》、江起鵬《近思録補》、錢士升《五子近思録》等陸續問世,性質多屬續補仿編;而易代之後,乃有王夫之著《釋》、張習孔作《傳》、丘鍾仁撰《微旨》等,内容更多反思發揮。洎此以降,終清一代,《近思録》愈發大行於世,研讀成果更是層出不窮。據調查統計,清代《近思録》研究著述多達四十餘種。① 其中屬注解詮釋一類者,有張伯行《集解》、李文照《集解》、茅星來《集注》、江永《集注》、陳沆《補注》、劉之珩《增注》、車鼎賁《注析微》、郭嵩燾《注》、張紹价《解義》等;屬續補仿編一類者,有朱顯祖《朱子近思録》、張伯行《續録》《廣録》、汪佑《五子近思録》、施璜《五子近思録發明》、劉源淥《續録》、鄭光羲《續録》、嚴鴻逵《朱子文語纂編》、黄叔璥《集朱》、黄奭《集説》、管贊程《集説》、姚璉《輯義》、吕永輝《國朝近思録》等;屬隨筆劄記一類者,則有汪紱《讀近思録》、李元綱《隨筆》、秦士顯《案注》、徐學熙《小箋》、陳階《劄記》、厲時中《按語》等。而與此同時,清人對《近思録》的評價也隨之一路抬升,所謂"救正之道必從朱子求,朱子之學必於《近思録》始",②"四子、六經而外僅見此書",③"直亞於《論》、《孟》、《學》、《庸》"云云。④ 如上述種種典籍文獻,蔚然而成大觀,爲便宜敍述起見,且以"《近思録》後續著述"概稱之。

<hr>

① 此統計數字由杜澤遜教授據氏著《清史藝文志稿》賜示。
② 吕留良:《與張考夫書》,吕留良:《吕晚村先生文集》,《四庫禁毁書叢刊》集部 148 册,北京:北京出版社,1998 年,第 481 頁。
③ 沈錫周:《五子近思録跋》,施璜:《五子近思録》卷末,上海圖書館藏清康熙四十四年聚錦堂刻本。
④ 江永:《近思録集注序》,江永:《近思録集注》卷首,上海圖書館藏清嘉慶十二年婺源李氏刻本。

關於歷代《近思録》後續著述的數量，據學者調查考察稱，約有《近思録》注家三十人，續補仿編者三十四人、七十餘種，①是其總數已多達百種以上。然竊以爲仍有佚著尚未計入，總量還大有提升的可能。除此之外，《近思録》在古代朝鮮、日本也得到廣泛傳播，非但屢屢重刻傳抄，爲之注釋者亦絡繹不絶。據考現存古朝鮮時代《近思録》研究著述多達八十五種，②而日本學者的注釋講説著述也有近五十種。③

一部古代學術典籍，竟然獲得後世如此長期恒久的關注和衆多密集的研究！這樣的故事，自然只有儒釋道學的"核心"經典才會發生。所以梁任公、錢賓四先生皆奉《近思録》爲宋代理學之首選經典，以爲"後人治宋代理學，無不首讀《近思録》"。④平心而論，此説絶非故作驚人之語，實不失爲對歷史客觀存在的一個真切判斷。既爲古代學術思想之經典，朱子《近思録》固然有其可以古今轉換、歷久彌新的思想意義、學術價值。然而，有意義、有價值的還遠不止於《近思録》本身。七八百年來廣泛流布於中土、東亞的衆多《近思録》後續著述，同樣是一大筆值得後世珍視的思想學術史寶貴資源。

二、《近思》"續録"彌補了《近思録》 無朱子思想資料的缺憾

《近思録》是朱子的編著不是撰著，它與朱子學術思想的

① 參見程水龍：《〈近思録〉版本與傳播研究》，上海：上海古籍出版社，2008年，第62、148頁。
② 參見姜錫東：《〈近思録〉研究》，北京：人民出版社，2010年，第445頁。
③ 參見程水龍：《〈近思録〉版本與傳播研究》，第2頁。
④ 錢穆：《朱子新學案》中册三之一《朱子對濂溪横渠明道伊川四人之稱述》，成都：巴蜀書社，1986年，第777頁。

關係,主要在於朱子爲《近思録》篇章分卷的結構設計,及其
對四子語録的遴選審訂,從而體現了朱子對理學早期思想體
系的宏大思考和縝密建構。至於《近思録》的内容,實不能
真正、完全反映朱子本人的思想,因爲書中並無朱子思想資
料的記録。陳來先生説"錢穆先生推薦的國學書目,《近思
録》下面就接着王陽明的《傳習録》,跳過了朱子,這是我不
以爲然的",因爲"《近思録》所載的是理學奠基和建立時期
的四先生思想資料,其中並没有理學集大成人物朱子的思想
資料"。① 其實錢賓四先生並未遺落《近思録》之外的朱子思
想資料,他在舉薦朱子《近思録》時是這樣説的:"這書把北
宋理學家周濂溪、程明道、程伊川、張横渠四位的話分類編
集,到清朝江永,把朱子講的話逐條注在《近思録》之下,於
是《近思録》就等於是五個人講話的一個選本。這樣一來,
宋朝理學大體也就在這裏了。"② 雖然如此,但陳先生指出
《近思録》無朱子思想資料的意思没錯,而且僅靠江永《集
注》的"集朱",也未能完全解决《近思録》無朱子思想資料的
問題。

　　《近思録》無朱子思想資料之缺憾,其實是朱子後學們早
就深切關注的問題。如清初朱顯祖就感嘆:

　　　　因思自孔孟以後,歷漢唐來千有餘載,始得有宋周、
　　張、二程諸大儒,直追堯舜相傳之意,其間精微廣大,賴先
　　生《近思》一録爲之階梯,俾後學得以入門,而先生在宋儒
　　中更稱集大成者,乃其生平格言實行,反未載於録内,豈

---

① 陳來:《近思録通解序》,朱高正:《近思録通解》卷首,上海:華東師
　範大學出版社,2010年,序第3頁。
② 錢穆:《復興中華文化人人必讀的幾部書》,吴福助編:《國學方法論
　文集》,臺北:文史哲出版社,1984年,第53頁。

非讀《近思録》者之大憾也乎！①

故此，按照朱子《近思録》構建的理學框架來纂集朱子語録，一直是《近思録》後續著述的“重頭戲”。清康熙間張伯行編集《續近思録》時説：

> 自朱子與吕成公采�ி周、程、張四子書十四卷，名《近思録》，嗣是而考亭門人蔡氏有《近思續録》，勿軒熊氏有《文公要語》，瓊山丘氏有《朱子學的》，梁溪高氏有《朱子節要》，江都朱氏有《朱子近思録》，星溪汪氏又有《五子近思録》，雖分輯合編，條語微各不同，要皆仿朱子纂集四子之意，用以匯訂朱子之書者。②

這就有點類似《近思録》“集朱續補”的“學術史回顧”了。只是嚴格來説，張伯行提及的那些書籍中，元熊禾《文公要語》、明丘浚《朱子學的》，雖亦“取朱子《文集》、《或問》、《語類》諸書”，卻非“仍《近思録》篇目，分次其言”者，似還不能算作專集朱子思想資料的續《近思録》。而真正名實相符的“集朱續録”，包括亡佚在内，則另有元趙順孫《近思録精義》、明劉維深《續近思録》、錢士升《五子近思録》、清劉源渌《近思續録》、張伯行《續近思録》、孫嘉淦《五子近思録輯要》、黄叔璥《近思録集朱》等。爲了彌補《近思録》無朱子思想資料的缺憾，不僅《近思録》續録者多旨在“集朱”，而且《近思録》注解之作也常作“集朱”狀。如宋楊伯嵒《衍注》、葉采《集解》，清李文炤《集解》、陳

---

① 朱顯祖：《朱子近思録敍》，《朱子近思録》卷首，上海圖書館藏清光緒二十八年刻本。
② 張伯行：《續近思録序》，《續近思録》卷首，華東師範大學圖書館藏清同治五年福州正誼書院刻本。

沆《補注》等,其注解皆多采集朱子語録,而江永《集注》更是
"取朱子之語以注朱子之書"的典型。

對於後世朱子學者在"集朱續録"這個學術議題上的執
着追求,四庫館臣似乎有些不以爲然。他們認爲張伯行《續
近思録》"因《近思録》門目,采朱子之語分隸之而各爲之
注",實不足爲重,因爲"自宋以來,如《近思續録》、《文公要
語》、《朱子學的》、《朱子節要》、《朱子近思録》之書,指不勝
屈,幾於人著一編,核其所載,實無大同異也"。①職是之故,
像劉源渌《近思續録》、張伯行《續近思録》等,只能打入存目。
按説後人輯録朱子思想資料,無非是從其傳世的《文集》、《語
類》、《或問》等著述中摘取,各家續録内容有所重複,亦實屬難
免之事,若就此而言,四庫館臣的訾議也不無道理。然若謂
《近思録》"集朱續録"之書"指不勝屈,幾於人著一編",則似屬
誇大之詞,而謂之"核其所載,實無大同異",更有以偏概全
之嫌。

兹取張伯行提到的幾種"集朱續録"爲例,稍舉數端,略加
申説。已知最早的"集朱續録"是宋蔡模《近思續録》。該録纂
成於南宋寶慶三年,②時距朱子逝世二十七年,共選輯朱子語
録 438 條。其次爲明萬曆間高攀龍纂集的《朱子節要》,此書
雖無"近思"之名,而有"集朱續録"之實,凡纂輯朱子語録 548
條,較"蔡録"多 110 條。再次者,清康熙二十三年江都朱顯祖
編定《朱子近思録》,收得朱子語録 785 條,多出"蔡録"347 條、
"高録"237 條。又十六七年後,即康熙四十年安丘劉源渌編
成《續近思録》,收録朱子語録更多至 853 條,③庶幾"蔡録"之

①　永瑢等:《四庫全書總目》卷九七"《續近思録》",第 827—828 頁。
②　趙希弁:《讀書附志》"語録類"著録:"《續近思録》十四卷。右寶慶丁
　　亥,蔡模纂晦庵先生之語以續之。"
③　參見程水龍:《〈近思録〉版本與傳播研究》,第 159 頁。

翻倍。"集朱續録"的規模體量，一路行來，"水漲船高"。只是到康熙四十九年張伯行編集《續近思録》才稍有回落，凡收輯朱子語録 639 條，較諸"朱録"反少 146 條。此爲集録總數之異。

再以卷一"道體"、卷九"治法"所收條目爲例，試作進一步分析。"道體篇"皆論形而上之"性理"、"道氣"等，"蔡録"凡 23 條，"高録"51 條，"朱録"114 條，"劉録"35 條，"張録"74 條。"治法篇"則大談形而下之"治具"、"治功"等，"蔡録"凡 55 條，"高録"16 條，"朱録"110 條，"劉録"100 條，"張録"24 條。由此可見，各家"集朱續録"實各有側重異同。張伯行尤喜高談性理學説，對治政實務反倒興趣不大。劉源淥恰好相反，論性理不及"高録"之多，談實務則爲"高録"的六倍。朱顯祖則性理、治政二者並重，均采輯百條之多。究其原因，當與續編者的學術興趣和視野相關。當然，也可以藉此反觀續編者的學術思想和素養。此外，各家"續録"選輯朱子之語，亦多有不同。以"道體篇"首條爲例，"蔡録"首條引録"濂溪先生之言，其高極乎無極、太極之妙，而其實不離乎日用之間"一段，則未被"張録"采取；而"張録"首條引録"朱子曰這道體浩浩蕩蕩"、"朱子曰道體渾然無所不具而渾然無不具之中"二段，則"蔡録"皆無。此爲集録條目之異。

再以各"集朱續録"徵引書目爲例，試做比較。"蔡録"引用的朱子文獻有《文集》、《語録》、《易本義》、《書傳》、《論語或問》、《太極圖》、《論語集注》、《孟子集注》、《大學或問》、《中庸章句》、《中庸或問》、《西銘解》、《易學啓蒙》、《經説》、《手帖》、《詩傳》等。而據"朱録"凡例稱："今兹所輯，即愚多年所見，其專刻者則有《朱子文集》、《朱子奏議》，與夫《經濟文衡》、《年譜》、《語録》諸書，其匯刻則如《性理大全》、《儒宗理要》、《聖學宗傳》，與《世憲編》、《證心録》等書。"①可知"朱録"徵引範圍較"蔡録"更廣，但"蔡録"所用《周易本義》、《四書集注》二部朱子經典，"朱録"反倒不用，因爲朱顯祖認爲這二種書是應該連本全讀的。② 此爲徵引書目之異。

　　除去收録條目的數量、取捨與引書範圍的差別外，各家"集朱續録"還存在編例上的差異。如"蔡録"僅僅是摘録朱子之語，而"張録"則並有自己的詮釋意見。如"蔡録"、"張録"的"道體篇"均摘取朱子"始者氣之始，生者形之始"一句，但"張録"引録之下另有釋解，曰："乾元何以資始？ 蓋萬物受氣於天，始者氣之始也；坤元何以資生？ 蓋萬物受形於地，生者形之始也。然則氣以成形，雖同出一原，而天始地生，則微有先後也。"③此外，"張録"於各篇題下並撰解題，如"道體"下曰："此卷論道體，黃勉齋所謂'無物不在，無事不然，流行發用，無時間斷'者也。學者溯本原而窮其究竟，則學問之綱領在焉。"④當然，大多數"集朱續録"是不再加詮釋的，"張録"是個特例。再如，"蔡録"、"高録"、"朱録"、"張録"都是純粹的集朱子語，明錢士升《五子近思録》、清汪佑《五子近思録》等，則是將朱子與四子相合而名爲"五子"。而同爲"五子"，"錢録"是

---

① 朱顯祖：《朱子近思録凡例》，《朱子近思録》卷首。
② 朱顯祖《朱子近思録凡例》："一、四子《近思録》各篇之中，分載《程氏易傳》。今按朱子幼時與羣兒戲，即端坐沙中，指畫八卦，宜其後來得《易》之精，較之《程傳》尤爲完備。學者自當全讀《本義》，故兹不敢分入。一、《近思録》中間載《四書》注語。愚以《四書集注》兼總衆美，朱子深心實學具見於内。學者熟讀精思，久久方能通會。世之子弟幸遇賢父兄，必然一一授讀，乃往往爲淺識者過加删抹，至於或不成文，以致稍長難於變易，未免深誤後學。英敏之資，自宜全讀。今此録中不敢節采。"朱顯祖：《朱子近思録》卷首。
③ 張伯行：《續近思録》卷一，華東師範大學圖書館藏清同治五年福州正誼書院刻本。
④ 張伯行：《續近思録》卷一。

把《近思録》與高氏《朱子節要》合編，"汪録"則再加上丘氏《朱子學的》。此爲編纂體例之異。

上述分析尚屬粗淺，但即便如此，也可知四庫館臣"核其所載，實無大同異"的訾議，實屬武斷偏見，不足爲訓。

《近思録》"集朱續録"何以接踵而出，以至"指不勝屈，幾於人著一編"？或許有以下幾個原因可以考慮。首先，固然是朱子思想在理學傳播中不可或缺的重要性，使人不約而同地想到一塊兒、做到一塊兒去。其次，是否還應該考慮到圖書傳播和接受的問題。比如"蔡録"最早問世，但在明末清初似乎並未通行於世而爲人所知。但看明高攀龍、錢士升，清朱顯祖、汪佑、劉源渌等，他們在編纂續録時都未提及"蔡録"。至於張伯行編纂續録時能夠知見"蔡録"，是因爲此前才有石門吕留良天蓋樓刻板行世。又如籍貫山東青州府安丘縣的劉源渌，勤勉編纂《續録》，"瀝盡心血二十餘年，於朱子《文集》、《或問》、《語類》三書，沈潛反復，撮輯纂序，晨昏燈火，席不暇暖，風雨几硯，手不停筆，以至衣敝榻穿，體寒手凍，皆弗自恤也"。[1] 然而，他卻未曾知曉十多年前就已有江都朱顯祖的同類編述《朱子近思録》問世。不過，朱顯祖的信息也不見得怎麼靈通，他只是在臨近纂輯《朱子近思録》時，才獲睹前朝高攀龍的《朱子節要》。[2] 因此，對於居住僻遠、圖書信息相對封閉的"集朱續録"編纂者來説，並不以爲自己是在做前人已經做過的重複勞動。再次就是，即使知道前人已有成果而仍爲續作，那必然是對前録有所不滿。比如有人認爲："忠憲高景逸先生集爲《朱子節要》，然其明

① 馬恒謙：《近思續録跋》，劉源渌：《近思續録》卷末，上海圖書館藏清光緒十七年補刻本。

② 朱顯祖：《朱子近思録凡例》："如高忠憲公之《朱子節要》，心久嚮往，至今方始獲見。"朱顯祖：《朱子近思録》卷首。

或未足及之。"①有人認爲"蔡録"美猶有憾,説:"覺軒受學考亭最後,其所采之粹美精確,實皆符合朱子晚年定論,概非後世選編者所可及,惟常用力於此者知之。獨其去取編次之詳審細密處,尚有未盡領略得其旨者,若十四卷不及子思、周子之類,其一端也。"②再如清孫嘉淦是極端的"尊朱"派,他認爲汪氏《五子近思録》去取之間尚有未盡如其意者,説:

> 有明丘文莊公采朱子之書,尊爲《學的》,高忠憲公又准《近思録》例,輯爲《朱子節要》,星溪汪子合編之,以爲《五子近思録》,而濂洛關閩之微言,燦然備矣。然而張子之言間有出入,二程之語多出於門人所記,朱子之學與年俱進,其早年所著,有晚而更之者矣。後之學者,目不睹五子大全,又恐泥其抑揚近似之辭,或有毫釐千里之謬。蓋非前人之書尚有未善,而吾所以憂後學之心至無已也。書有以多爲富,亦有以簡爲明,有語之而欲詳,有擇焉而欲精。因不揣固陋,即舊編而更審擇之,非敢僭爲去取,惟期言愈簡而意愈明,庶學者不迷所趨焉,雖受誕妄之譏,不遑恤也。③

這是孫嘉淦不滿"汪録"而重纂《五子近思録輯要》的理由。而我們也似乎可以從中揣摩出"集朱續録"爲何層出不窮的又一個原因,那就是,傳世的朱子文獻,承載着廣大精微且不斷更新的朱子學説,其數量和範圍,都遠遠超出朱、吕編纂《近思録》時所面

---

① 柯崇樸:《近思續録原刻序》,蔡模:《近思續録》卷首,華東師範大學圖書館藏清光緒間《西京清麓叢書》本。
② 張普:《近思續録重刊序》,蔡模:《近思續録》卷首,華東師範大學圖書館藏清光緒間《西京清麓叢書》本。
③ 孫嘉淦:《五子近思録輯要序》,《五子近思録輯要》卷首,上海圖書館藏清同治十二年霞城書院刻本。

對的北宋四子文獻,而後世"續録"者更無一能如朱子這般"一錘定音"者,於是就給後世騰出了盡己之理解而去取編纂的發揮空間。這也恰好證明,歷代朱子學者接連不斷編纂出面目各異的《近思録》"集朱續録",正是他們對朱子理學思想的認知差異和詮釋演化的一個絶佳縮影。而這樣的"縮影"效應,還存在於其它非純粹"集朱"的《近思録》後續著述中。

三、《近思》"補録"構築起宋元 明清程朱理學史基本框架

　　《近思録》後續著述的另一類型,是依仿《近思録》編例來匯輯歷代程朱學者的思想資料。其書名多用"別録"、"後録"、"補録"、"廣録"等。爲與專門輯集朱子之語的"續録"相區隔,故此且用"補録"概稱之。

　　據傳最早編纂"補録"的是朱子講友劉清之,事見《朱子語類》:"劉子澄編《續近思録》,取程門諸公之説。某看來其間好處固多,但終不及程子,難於附入。"又云:"程門諸先生親從二程子,何故看他不透? 子澄編《近思續録》,某勸他不必作,蓋接續二程意思不得。"①可見文獻記載中的劉清之《續近思録》,乃是一部專"取程門諸公之説"編集的《近思録》後續著述。不過劉清之的編纂熱情被朱子澆了一頭冷水,因爲朱子一向認爲程門弟子未能盡得乃師真傳,②用"程門諸公之説"

---

① 《朱子語類》卷一〇一"程子門人",朱傑人、嚴佐之、劉永翔主編:《朱子全書》第 17 册,上海:上海古籍出版社、安徽:安徽教育出版社,2002 年,第 3357 頁。

② 《朱子語類》卷一〇一"程子門人":"問:程門誰真得其傳? 曰:也不盡見得。如劉質夫、朱公掞、張思叔輩,又不見他文字看。程門諸公力量見識,比之康節、横渠皆趕不上。""程門門下諸公便不及。所以和靖云'見伊川不曾許一人'。"第 3357 頁。

解釋《近思録》，很有可能與程子原意發生偏差，故此"勸他不必作"。劉清之是否聽從朱子之勸而中輟編纂，確實是個問題。因爲據《宋史》本傳記載，劉清之"所著有《曾子内外雜篇》、《訓蒙新書外書》、《戒子通録》、《墨莊總録》、《祭儀》、《時令書》、《續説苑》、《文集》、《農書》"，①獨無名"續近思録"或"近思續録"者，而且歷代公私藏目、史志補志，也一無著録此書。也許它本來就是一部未竟之作。不過巧合的是，傳世的《近思録》後續著述中，倒是有一部南宋末建安曾氏刻本佚名編《近思後録》十四卷，專收"吕侍講"、"范内翰"、"吕正字"、"謝上蔡"、"游察院"、"楊龜山"、"尹和靖"、"侯仲良"、"朱給事"、"胡文定"等語録，正朱子所謂"取程門諸公之説"者。不僅如此，其中有些條目下還附有朱子的批評意見。如卷五"克己篇"引録"吕正字《克己贊》曰"一段，後附"晦庵先生曰：吕氏專以同體爲言，而謂'天下歸仁'爲歸吾仁術之中，又爲之贊，以極言之。不惟過高而失聖人之旨，抑果如此，則夫所謂'克己復禮而天下歸仁'者，乃在於想像恍惚之中，而非有修爲效驗之實矣"。"又語録云：《克己銘》未説著本意"。又如卷二"爲學篇"引"吕正字曰君子之學自明而誠"一段，後附"晦庵先生曰：吕氏此數言親切確實，足以見其深潛縝密之意，學者所宜諷誦而服行也，但'求見聖人之止'一句，文義亦未安"。②這部宋建安曾氏刻本《近思後録》未題編撰者姓名，但從其引録文獻的範圍和内容來看，似乎還存在與劉清之《續近思録》相關聯的想像空間。

蔡模除編纂《近思續録》外，還編纂了《近思别録》十四卷。

① 脱脱等：《宋史》卷四三七《儒林傳七》，北京：中華書局，1977年，第12957頁。

② 佚名：《近思後録》，臺灣《四庫善本叢書初編》影印南宋建安曾氏刻本。

與建安曾氏刻本佚名編《近思後録》專"取程門諸公之説"截然不同，蔡氏《近思別録》只收録朱子道友張南軒、吕東萊二先生之語凡一百零八條。這或許是因爲蔡模身受朱子親炙，比較領會乃師對程門後學的態度，也或許是因爲他已知見那部專"取程門諸公之説"的《續近思録》或《近思後録》，故不作重複行事。但不管怎樣，《別録》的編纂，切實爲《近思録》體系補上了南宋理學思想資料的重要環節。

宋蔡模《近思別録》之後，又有明萬曆間江起鵬編纂《近思録補》十四卷。該書首次汲取明代薛瑄、胡居仁、蔡清、羅欽順四大朱子學者的言論，使《近思録》的續補歷史延伸到了明代。江起鵬字羽健，生於朱子闕里婺源，萬曆二十三年進士，著有《中臺漫稿》。江起鵬詳細的生平仕履學行没有太多的文獻可供參考，只是從其撰寫的《近思録補序》中，可以確定他是一個理學思想的接受和信奉者。讀其自序可知，江起鵬在求學過程中，先後受到朱子《近思録》、薛文清《讀書録》、程明道《語略》、王陽明《則言》、胡敬齋《居業録》、羅整庵《困知記》、蔡虛齋《密箴》等理學典籍的影響。① 而這樣的一個知識背景，也

① 江起鵬《近思録補序》："予至不才，年十齡，先大夫授以《近思録》、薛文清公《讀書録》，曰：'此理學正脈也。'年十三，授以程明道先生《語略》、王陽明先生《則言》。迄年登志學，而先大夫仙逝矣，手澤具在，時爲儆心。既而爲塾師，得胡敬齋先生《居業録》，益用嚮往。嗣命姚江，予鄉先達范晞陽公時謂予曰：'方今學者譚虛騖空，深爲世道憂。羅整庵先生《困知記》、蔡虛齋先生《密箴》，皆正學也。'予亟求二書讀之，實有啓發。遂欲遡紫陽先生而下，以及諸先生書，仿《近思録》例補綴成編，而紫陽先生書浩瀚，無所從入。抵留都，得于年友高雲從氏《朱子節要》，實擬《近思録》成者。再商之寅友陳德遠氏，意實符契。而同署汪子木、葛水鑒，吾鄉汪惟正氏，皆汲汲以正學爲念，若有同心，時以其暇，編次成書。稿成，適紫陽先生裔孫朱汝潔氏校書留都，見而喜之，以爲有裨於乃祖之學也，遂與吾季兒元可元，以其私界之梓人云。"《近思録補》卷首，無錫市圖書館藏明萬曆三十二年自刻本。

反映在他的補録裏。若以人物計,江氏補録涉及程子、朱晦庵、張南軒、吕東萊、黄勉齋、李果齋、薛敬軒、蔡虚齋、胡敬齋、羅整庵等十家之言,但實際所收語録,主要是晦庵、敬軒、敬齋三家,南軒、東萊、虚齋、整庵四子其次,程子、勉齋、果齋三家不過各一條而已。雖然,若就其結構而言,江氏補録實已構築起了自宋至明的《近思録》閲讀、詮釋史框架。故其學術價值,誠有異於且不亞於同時期的高攀龍《朱子節要》、錢士升《五子近思録》。

　　清代"補録"之作,有施璜《五子近思録發明》、張伯行《近思廣録》、吕永輝《國朝近思録》等。施璜是汪佑《五子近思録》的"合編參較"者。他的《發明》就是在"汪録"後,再補録薛敬軒、胡敬齋、羅整庵、高景軒四位明代最重要朱子學者的相關言論。雖然"施録"的輯録對象比"江録"少而精,且增高子以爲殿軍,但其"補録"的性質仍與"江録"一般。然其書名卻不稱"補"而曰"發明",因爲施璜認爲,明四子乃宋五子之"羽翼","匯萃其精要者,以附於各卷之末",就意味着"以四先生之言,發明五先生之旨",如此則可使五子之"意益親切,語更詳備"。① 由此可見,在"補録"者看來,爲《近思録》續補後世學者的思想資料,其實也有經典詮釋的意義。施璜《發明》刊

① 施璜:《五子近思録發明序》:"《近思録》在昔有平巖葉氏《集解》闡發,四先生之精藴昭然如日星,今五子合編尚少注解。故璜與同志講習五子於紫陽、還古兩書院者有年,遂自忘其固陋,略有發明,於葉注之精者而益求其精,其未及注者則搜輯而補之。又嘗讀薛子《讀書録》、胡子《居業録》、羅子《困知記》與高子《遺書》,喜其皆由《近思》以升入四書,五經之堂室者,先後一揆,若合符節。迨讀北平孫氏《學約續編》,亦謂薛、胡、羅、高四先生,羽翼周、程、張、朱五先生者也。於是匯萃其精要者,以附於各卷之末,蓋即以四先生之言發明五先生之旨,而意益親切,語更詳備焉。"《五子近思録發明》卷首,上海圖書館藏清康熙四十四年聚錦堂刻本。

行於康熙四十四年，六年之後，又有張伯行《廣録》輯成梓行。
據其所言："余於《近思録》所爲，既詮釋之，而又續之，而又廣
之，冀有以章明義蘊，引進後人，而且儒書於不墮也。"①可知
寓"詮釋"於"補録"，已是《近思録》"補録"者的主觀"預謀"。
張伯行《廣録》精萃張栻、呂祖謙、黄榦、許衡、薛瑄、胡居仁、羅
欽順等七大儒語録，所選對象和條目均或異於"江録"、"施
録"，自亦體現了張伯行對宋元明三朝《近思録》詮釋史的認
識。② 此後又有無錫鄭光羲字夕可者，編集《續近思録》二十
八卷，"是編前集十四卷采薛瑄、胡居仁、陳獻章、高攀龍四人
之説，後集十四卷采王守仁、顧憲成、錢一本、吴桂森、華貞元
及其父儀曾六人之説。"③儼然是專輯明儒語録並收録最多的
一部"補録"之作，且其將王陽明也補録於中，顯然別具一格而
可供深究。光緒二十六年，與朱子合編《近思録》的呂成公裔
孫呂永輝，精選清初陸桴亭、張楊園、陸稼書、張敬庵四位朱子
學者的語録，編成《國朝近思録》一書，完成了《近思録》詮釋史
清代部分的接續。呂永輝自序曰：

　　竊思一代則必有一代之聖賢，以綿道統於不墜。上
　古之世，堯、舜、禹、湯，爲開天明道之聖人。中古之世，
　孔、顏、曾、孟，爲繼世立極之聖人。宋之世有周、程、張、
　朱五子，爲繼往開來之聖人。其後接其傳者，元有趙江
　漢、劉静修、許魯齊，明有薛敬軒、胡敬齋、羅整庵、先司

① 張伯行：《廣近思録序》，張伯行：《廣近思録》卷首。
② 張伯行：《廣近思録序》曰："是編自南軒、東萊、勉齋，迄許、薛、胡、
　羅，匯集七家言，皆粹然無疵，近裏着己，朱子所謂'關於大體，切於日
　用'者。""是則余所以纂集此書之意，非務多也。蓋明師良友，不於數
　大儒乎！"張伯行：《廣近思録》卷首。
③ 永瑢等：《四庫全書總目》卷九七《續近思録》，第 823 頁。

寇。當末世絶續之交、天地閉塞之時,則有陸桴亭、張楊
園,養晦深山,獨延道統於一綫。逮我國朝,則陸清獻公、
張清恪公出焉,恪守程朱,以開文明之運。嗚呼,尚矣!
是近世之儒近思而有得之者,推二陸二張四先生爲最純,
悉具内聖外王之學,誠正齊治之略,得周、程、張、朱之的
派,爲千古道統之正傳。因取四先生之書,讀而校之,擇
其尤切近者若干條輯之,庶天下國家身心誠正之隆軌在
是,爲學者近思而力行之,則入聖階梯不遠矣。①

由此可見,對於《近思録》"續録"、"補録"的思想學術史意義,
清代學者已具較宏觀的認識。

四、《近思録》注解、劄記及其
思想學術史文獻價值

《近思録》後續著述的另一大宗,是對《近思録》的注解詮
釋,包括注釋集解和隨筆劄記等。前文曾經提及,與"續録"、
"補録"很相似,集録朱子及歷代前賢的思想資料,也是後世
《近思録》注本的常態。所以很多《近思録》注家,如葉采、張伯
行、茅星來、江永、李文炤等,都將其注本稱作"集解"或"集
注"。② 即便是不稱"集解"、"集注"的那些注本,其注解也仍
有較多的"集録"成分。如宋楊伯嵒《衍注》就用了程伊川、張
横渠、張南軒、吕東萊、謝上蔡、尹和靖,乃至張無垢的語録。
清陳沆《補注》也是在"集朱"之後,再添上魏默深和自己的詮

---

① 吕永輝:《國朝近思録序》,《國朝近思録》卷首,國家圖書館藏清光緒
　二十六年永城鶴湖吕氏刻本。
② 按張伯行《近思録集解》自序曰:"間嘗纂集諸説,謬爲疏解。"然其"集
　解"實無集録,僅有疏解。

解。没有"集録"的注本,大概只有張習孔《傳》、郭嵩燾《注》等少數幾種。但《近思録》注解畢竟與"續録"、"補録"不同,因其還無一例外地有着注解者自己的理解和詮釋,差别僅在於己見的數量多少和學術特點。如葉采《集解》發表己見較多,江永《集注》發表己見較少;張伯行《集解》己見多在義理,茅星來《集注》己見多在考證,等等。相比於"續録"、"補録",《近思録》注解者的詮釋意見,以及《近思録》閲讀者的隨筆劄記,是與《近思録》關係更爲直接的學術文獻。因爲"續録"、"補録"徵引采集的絶大部分文獻,其實並非作者直接針對《近思録》一書闡發的思想觀點,也不真是他們閲讀《近思録》之後生發的心得體會。比如清汪佑《五子近思録》續補的朱子條目,當然不可能取自朱子對《近思録》的注解詮釋,施璜《五子近思録發明》補録明薛敬軒、胡敬齋、羅整庵、高景軒條目,也不是四先生對《近思録》一書的閲讀體悟。① 因此,從這個意義上説,《近思録》後續著述中的注解詮釋之作,應該更能體現《近思録》傳播、閲讀、接受史的意義。

　　《近思録》的歷代注解詮釋,今存宋楊伯嵒、葉采、清張習孔、張伯行、李文炤、茅星來、江永、陳沆、郭嵩燾、張紹价等十餘家,亡佚未見者,則有元何基《發揮》,明程時登《贅述》、程若庸《注》,清王夫之《釋》、劉之珩《增注》、車鼎賁《注析微》、秦士顯《案注》、陳大鈞《集解》等。《近思録》的歷代隨筆劄記,現有

① 汪佑《五子近思録補編增入書目》:"朱子《四書集注》、《四書或問》、《論孟精義》、《中庸輯略》、《周易本義》、《毛詩集傳》、《儀禮經傳通解》、《伊洛淵源録》、《朱子大全集》、《朱子語類》、《朱子通鑑綱目》、《延平答問》、《謝上蔡語録》、《雜學辨》、《詩序辨》、《易學啓蒙》、《小學》、《家禮》、《楚辭集注》。"施璜《四先生書目》:"薛先生《文集》、《讀書録》,胡先生《敬齋集》、《居業録》,羅先生《文集》、《困知記》,高先生《遺書》、《周易孔義》、《春秋孔義》、《正蒙集注》、《朱子節要》、《誠齋記》。"施璜:《五子近思録發明》卷首。

宋陳埴《雜問》，清汪紱《讀》、李元綱《隨筆》、令狐亦岱《摘讀》、黑葛次佩氏《復隅》、陳階《劄記》、屬時中《按語》、張楚鍾《理話》等，亡佚未見者，則有清丘鍾仁《微旨》、徐學熙《小箋》等。從這份名録可以看出，《近思録》注釋者和劄記撰者的學術地位和影響力，與前述諸多"續録"、"補録"收入的那些人物，總體上存在較大"級差"。就是説，凡被"續録"、"補録"收入的詮釋者，幾乎都是歷代程朱學派的領袖、主將，或宗朱一派學者的代表人物。從二程先生及其高弟吕希哲、范祖禹、吕大臨、謝良佐、游酢、楊時、尹焞、侯仲良、朱光庭、胡安國，到朱子及其道友張栻、吕祖謙，門人黃榦、李木子，從元明大儒許衡、薛瑄、蔡清、胡居仁、羅欽順、高攀龍，到清初理學名臣陸世儀、張履祥、陸隴其、張伯行等，無一不是在中國儒學史、理學史上數得着的重要人物。所以，通過各種"集録"、"補録"（包括注釋、集解中的"集録"部分）貫串起來的，或許可以視作一部反映歷代朱子學者"精英"學術思想的《近思録》詮釋史。固然，這是《近思録》後續著述之學術思想史文獻價值的重要所在。但《近思録》不過是一部普及性的理學初級讀本，它在一般讀者中又如何傳播？又曾激起怎樣的思想反響？其實也很有探究的意義。然而這卻是《近思録》"集録"、"補録"所不能提供和反映的。而反觀《近思録》的歷代注家和劄記撰者，僅朱子高弟子陳埴、清初名儒張伯行、乾嘉學者汪紱，堪稱朱子學名家。此外雖也有王夫之、江永、魏源、郭嵩燾等幾位聲名卓著的人物，但王船山繼承的是張橫渠一脈，江慎齋擅於經史考據而非義理發揮，而魏、郭二人在晚清宗朱學者中基本掛不上號。至於其他撰著者，如宋代的葉采、楊伯嵒，清代的張習孔、茅星來、李文炤、陳沆、李元綱、陳階、徐學熙等，似乎都算不上伊洛閩學源流脈絡中的頂尖學者、代表人物。然而，正是這樣一些非一流學者的詮釋意見，恰好使我們得以瞭解《近思録》在一般宗朱學者閲讀過程中的思想回饋，從而與"續録"、"補録"互爲補充，體現出面向更爲寬闊的《近思録》思想學術史意義。

這份名録還透露出一個信息，那就是替《近思録》作注解詮釋、讀書劄記最多的，是有清一代的朱子學者。而由前文敘述可知，"續録"、"補録"采録的主要對象是宋元明三朝的著名程朱學者，唯一"補録"清代朱子學者語録的，只有晚至清光緒末才問世的吕永輝《國朝近思録》一種，而且僅僅集録了清初二陸、二張四先生之言，其代表性相當有限。因此，諸多清代學者的《近思録》注解詮釋和隨筆劄記，正可彌補歷代《近思録》"續録"、"補録"在反映清代朱子學史方面的文獻缺陷。這裏且舉三個比較有意思的例證：汪紱《讀近思録》、陳沆《近思録補注》和郭嵩燾《近思録注》。

汪紱，字燦人，號雙池，生於朱子闕里婺源，著有《理學逢源》等。汪紱治學，"三十以前，於經學猶或作或輟，三十以後，盡焚其雜著數百萬言，而一於經，研經則參考衆説，而一衷於朱子。""述作博及兩漢六代諸儒疏義，元元本本，而一以宋五子之學爲歸。"①在湯一介先生最新主編的《中國儒學史》中，汪紱同謝濟世、尹會一、陳宏謀、雷鋐、朱珪等一起，被列入乾嘉時期理學宗程朱之學的代表人物。② 有意思的是，這六人中的四位，尹會一、陳宏謀、朱珪、汪紱，都曾注釋或刊刻過《近思録》。《讀近思録》約撰寫於乾隆十九年，汪紱時年六十三。而在此之前，他的同鄉江永已經推出了新注本《近思録集注》。據《雙池先生年譜》記載，汪紱與江永關係並不密切，"只有書

---

① 參見《清儒學案》卷六三《雙池先生學案》。有關汪紱資料，係參考丁紅旗《讀近思録校點前言》（稿）。

② 汪學群：《中國儒學史·清代卷》："這一時期的理學以宗程朱之學爲盛，主要有謝濟世、尹會一、陳宏謀、汪紱、雷鋐、朱珪爲代表。"北京：北京大學出版社，2011年，第45頁。

牘往來，而未嘗相見"。① 從兩人往返書信來看，汪紱對同爲宗朱學者的江永頗多異議。譬如他説"今之號爲尊守紫陽者，亦或以小言細物，與朱子争博洽"，認爲儒者之"急務"，"不當在曆算字韻之學"，其意似指江永。此外，汪紱還對江永編纂《四書典林》一書深表不滿。雖然江永覺得汪紱有些意見"與鄙衷殊不相入"，對自己不無誤會之處，但同爲宗朱一派的兩人確實在問學路徑上有所不同。然而他倆都對《近思録》抱有濃厚興趣，惟江永《集注》以"采朱子之言爲注釋"，而汪紱《讀近思録》則純是自己的解讀和感受，甚至還有溢出《近思録》之外的對經學或理學的議論，顯示了他"融貫經義"的問學方法。至於兩人學術觀點的碰撞，在《讀近思録》中也多有展現。舉例來説，《近思録》卷九輯有關於井田制的兩段程子語録："治天下不由井地，終無由得平，周道止是均平。""井田卒歸於封建乃定。"②江永《集注》引朱子之語，並表示反對："永按，朱子之論至矣，語録中有極言封建之弊者，文多不能盡載。凡井田、封建，朱子姑采先儒之説，以其爲先王治天下之大法也。學者當考朱子平日之言爲斷。"③而汪紱則在《讀近思録》中針鋒相對地説：

> 惟伊川又嘗云"井田難復"。朱子語録云"伊川經歷多，故知其難復"。後儒因有云井田必不可復者。夫謂井田必不可復，則是朱子之載程、張所志於《近思録》者，徒爲虚語以誣人也。夫曰"難復"者，亦難之云耳，豈真不可復哉！化民成俗，必自比閭族黨始；欲選拔賢才，亦必自比閭族黨始。屯聚大族，則宜行宗子法。二法可錯綜兼

① 余龍光：《雙池先生年譜》，清同治五年刻本。
② 江永：《近思録集注》卷九，上海圖書館藏清嘉慶刻本。
③ 江永：《近思録集注》卷九。

行。果實心能行二法，則禮教亦易達，亂民亦易稽，井田亦可因而行，兵制亦可由之起。①

眾所周知，"井田"、"封建"、"郡縣"等問題，是清初顧炎武、黄宗羲、陸隴其等十分關心、經常討論的一個涉及當下土地制度乃至政治制度的議題。② 而今從汪紱《讀近思録》可得獲知，這個議題直至乾嘉時期還在繼續爭議之中。據載，汪紱身後遺書曾通過朱筠奉獻四庫館，其中宜有《讀近思録》。或許是因爲它不如江永《集注》比較符合崇尚漢學的總編纂的口味，最終未被館臣收入《四庫全書》。汪紱《讀近思録》於嘉慶時曾經刊刻印行，但迄今已無一傳世，光緒再刻本，今亦僅見上圖有存，故世人知之者甚少，更無論其所蘊含的思想學術史文獻價值。

陳沆，字太初，號秋舫，湖北蘄水人，嘉慶朝狀元，"以詩文雄海内"，世稱"一代文宗"。由這樣一位文學名人補注的《近思録》，固然會別具一番意味。但陳沆《補注》還有一個很重要的看點，就是其中收入了他好友魏源的注釋。不僅如此，在全書編例和材料取捨上，陳沆也都很大程度地聽取、采納了魏源的意見。例如陳沆原稿卷首《附諸儒論近思録》，原輯録有孫承澤語録一段："孫北海曰：學有原委，原云端正則委自分明，如《大學》之'明德'，《中庸》之'天命'，《論語》之'務本'，《孟子》之'仁義'，皆自原頭説起，使學者有所從入。不然，原本不識，用力雖勤，而誤墮旁蹊者不少矣。故《近思録》首卷宜細爲體認，朱子'識個頭腦'四字，良非易事。"但陳沆抄撮的這段孫北海語録，被魏源審稿時一筆勾删，並在欄上眉間批字曰："孫氏姓名有玷此書，且其語亦支離之甚。今學者第從第二、三卷

---

① 汪紱：《讀近思録》，上海圖書館藏清光緒刻本。
② 參見汪學群：《中國儒學史・清代卷》第三章《朱子學的發展》第二節《陸世儀的用世之學》，第 145 頁。

'存養'、'致知之方'作工夫,有誤落旁蹊者耶? 且空識名目,
亦未必遂能通道不惑也。"①按孫承澤字北海,直隸大興人,明
崇禎進士,清順治間歷官吏部侍郎,是明末清初由王學轉向朱
子學的代表人物。② 他曾依仿《近思録》體例,輯周、程、張、朱
之言爲《學約》一編,又以明薛瑄、胡居仁、羅欽順、高攀龍四家
之語編撰《學約續編》,他還撰寫《考正晚年定論》,逐條批駁陽
明《朱子晚年定論》,這些都是朱子學史上有代表性的文獻。
然其一味尊朱,乃至"字字阿附",處處回護,幾乎到了"佞朱"
的地步。以致後來遭四庫館臣詬病譏評,挖苦他"初附東林,
繼降闖賊,終乃入於國朝,自知爲當代所輕,故末年講學,惟假
借朱子以爲重"。③ 所謂物極必反,"佞朱"其實"誤朱",故而
引起宗朱陣營反思,認爲:"當今之害,患在群奉真儒,不知別
白,貿貿焉,是其所非,非其所是,反授外道以入室操戈之柄,而
害且遍天下。""痛聖人之道不晦於畔朱之人,而即毀於從朱之
人。"痛定思痛,便是要在自己的營壘裏"清理門户",用"就朱訂
朱"的方法梳理朱子《四書》學說,從文獻上"還本清源"。④ 所

---

① 陳沆:《近思録補注》卷首,《續修四庫全書》影印湖北省圖書館藏稿
　本,子部第 334 册。
② 李光地曰:"顧明之季年,學無師法,橫騖別驅,議論大駁,其宗指皆與
　程朱相抵排,雖劉、黃諸君子不免。先生獨斷然以洛閩爲宗,尋其屬
　階戎首,以爲異學蓬興,姚江倡之也。故于伯安學術言行,摘抉批繩,
　無所假借。晚于諸經皆有著述,而斷斷然朱子是翼,曰吾翼朱者,所
　以翼孔也。畿内學者,其後如魏柏鄉、張武承皆確守朱學。柏鄉盡讀
　宋人書,而武承攘斥餘姚不遺餘力,其端皆自先生發之。"是清初學者
　即以爲孫承澤之"宗朱",至少在京畿地區學術界起了首倡之功。李
　光地:《榕村集》卷十二《孫北海五經要序》,《文淵閣四庫全書》本。
③ 永瑢等:《四庫全書總目》卷一八《詩經朱傳翼》,第 144 頁。
④ 嚴佐之:《四庫總目續目未收清人經籍的思想史意義探微》,朱政惠:
　《海外中國學評論》第一輯,上海:上海古籍出版社,2005 年,第
　220—221 頁。

以,孫北海條目的收入和删去,都反映了晚清朱子學者在如何傳承朱子學説問題上所持的不同態度。《近思録補注》中的魏源注文雖然只有區區十一條,卻是其傳世詩文著述之外的軼文。而且讀者諸君也可由此獲知,魏源這位近代"睁眼看世界"的先行者,在接受西方新事物、新思想的同時,依然保持對程朱理學的傳統情懷。因而,陳沆《補注》這部《近思録》後續著述的思想學術史文獻意義,也在可預知之中。

無獨有偶,稍晚於魏源不久的郭嵩燾,這位清廷首任駐英法使節、近代"洋務運動"幹將,在寫下《使西紀程》的同時,也留下他多年閲讀《近思録》的心得體會。今存氏著《近思録注》抄本卷首,有郭嵩燾題識數則。其一曰:"同治七年冬,友人傅旭東自鄂寄到此本,敬讀二過,頗有發明,較其所得,似與十年前讀此書,微有淺深之異。謹志之簡端,異時自證其得失。養知主人郭嵩燾記。"其二曰:

> 《近思録》一書,慎修江氏《集注》較張清恪注尤爲簡要,而於朱子之言所以發明程張諸子之旨者,輯録尤詳,允爲善本。舊得豫刻本藏之,亂後遺失。流覽所及四十餘年,於諸賢立言垂訓,稍能得其指要。得此本十餘年,前後四次加注,參差異同,隨就所見爲言,多慚此道終無所發明。然於研考人事之得失,與其存心之厚薄,以求爲此道延一綫之緒,在於今日,無能多讓,因並記之。光緒十年甲申春三月嵩燾再題。①

據此題識可知,郭氏於《近思録》一書,前後"流覽所及四十餘年",其最初的閲讀研習,宜在咸豐八、九年間,其時理解尚淺;

---

① 郭嵩燾:《近思録注》卷首,遼寧圖書館藏清抄本。

及同治七年,獲友人贈寄江氏《集注》本,遂"敬讀二過,頗有發明";而在此後"十餘年"中,他曾"前後四次加注,參差異同,隨就所見爲言",並於光緒十年春終成其書。值得注意的是,從同治七年到光緒十年,即其爲《近思録》"前後四次加注"的"十餘年"間,正是他歷經罷官歸隱、出使英法、海外召回、二度貶黜這段跌宕起伏的仕宦歲月。也就是説,無論在野在朝、海外海内,郭嵩燾的案頭書架,都有《近思録》的存在。這就讓人想到一個問題,一般總説理學守舊,是政治改良、社會革命的思想阻礙。按此推論,思想"與時俱進"、政治理念"開放"的郭嵩燾,如此熱衷《近思録》這部理學入門讀物,似乎有悖常理,那些唾他唾沫的守舊儒臣,才該是《近思録》的"粉絲"。其實,讀不讀《近思録》與一個人的政治理念没有太多關係。比如清初"明遺"王夫之、張履祥、吕留良和"儒臣"孫承澤、張習孔、張伯行,都曾注釋、仿編或刊刻過《近思録》,但前三人與後三人對待清廷的態度就截然不同。① 那麽郭嵩燾呢? 據其自述:"深味《近思録》所以分章之義,盡看得大,所録四子之言,亦多是從大處説,而於一言一動之微,依然條理完密,無稍寬假。是以流行七八百年,奉此書爲入德之門,而體例之博大,記録之精審,尚亦非淺學者所能窺見也。"② 如此看來,他是把《近思録》作爲自我修養的經典來捧讀的。至於他十餘年間四次批注《近思録》是否有爲推動改革提供思想資源的考慮,那就須對其詮釋作深入分析後才能給出答案了。

　　總之,與《近思録》這部理學入門讀物"被經典"的歷史進程同步,産生了一大批續補仿編、注釋集解、閱讀劄記等《近思録》後續著述;這批理學文獻的編者撰者,無不遵循朱子爲《近

---

① 參見汪學群:《中國儒學史‧清代卷》第一章《理學的發展與衰落》第一節《明代遺民的理學》、第二節《順康雍時期的理學》,第9—33頁。
② 郭嵩燾:《近思録注》卷首。

思録》架構的理學體系，針對《近思録》提出的理學話語、議題和思想，"與時俱進"地闡發各自的理解和見解，從而映畫出一幅七百年理學思想史的學術長卷。正是從這個意義上，我們説："一部書串起了七百年理學史。"這部書，就是朱子《近思録》！

《近思録·異端之學》析論

姜錫東

　　"異端"問題,是歷史上關涉正統與異端、真理與謬誤、言行是與非的一個長期存在的大問題。它不僅僅是個學術問題、宗教問題,有時還成爲一個政治問題。歐洲中世紀的"異端裁判所"(又譯作"宗教裁判所"、"宗教法庭"),影響很大。近代以來,這類惡性封建毒瘤變得臭名昭著,雖被割除,但毒素並未清除,時隱時現,有時還很猖獗。在中國歷史上,"異端"問題雖然不如歐洲那樣突出、殘酷、恐怖,但並非不存在。孔子首先提出"異端"問題。他説:"攻乎異端,斯害也已。"①但他這句話太簡單模糊,後來人理解不同,甚至做出相反解釋。孟子以"好辯"著稱,抨擊楊、墨不遺餘力,但僅在學術界有長期影響。至於後來的秦始皇"焚書坑儒"、三武一宗滅佛、韓愈要求對佛老二教"人其人,火其書,廬其居",②就有比較大的政治影響了。宋代思想領域的明爭暗鬥比較激烈,不啻一場文化大戰,但鬥爭方式不太粗暴野蠻,比較温和,一般采用口舌、文字辯論的方式。集中討論、影響很大的文獻,當推《近思録》卷一三"異端之學"。

---

① 楊伯峻:《論語譯注》,北京:中華書局,1980年,第18頁。朱熹:《四書章句集注》,北京:中華書局,2005年,第57頁。
② 韓愈著,屈守元等校注:《韓愈全集校注·原道》,成都:四川大學出版社,1996年,第2665頁。

　　大家知道,《近思録》是南宋著名學者朱熹和吕祖謙分類摘録北宋四子周敦頤、二程、張載文獻著述而編成的一部理學名著。但朱、吕面臨的一個非常矛盾和尷尬的問題是,作爲北宋四子之首的周敦頤,對釋老和其他學者從不公開點名批評。因此,在《近思録》卷一三"異端之學"中,無法收録周子之言,只能摘録二程和張子之論。相對而言,吕祖謙爲人治學比較包容;朱熹則比較耿介好辯。因此,《近思録》專門輯編《異端之學》一章,更多地體現了朱熹的治學思想。下面,擬對《近思録·異端之學》及其相關問題,做些探討。

一、"辨異端"的動機和地位

　　按照朱熹自己的説法,《近思録》第十三卷是"異端之學"。① "異端之學",用辭緩和,似乎是把"異端"視爲一種學説、學問。而實際内容,全是二程和張載對佛老和"諸子"的批評和抨擊之語。所以,後來有的學者,如南宋的葉采等人,從實際出發,把此標題改稱"辨異端"。

　　人們首先要問,二程和張載"辨異端"的動機是什麽?

　　從表面上看,是爲了繼承孔孟道統。宋代部分學者,自命爲孔孟儒家之道的正統嫡傳,視其他學派學者爲"異端"或陋儒。二程和張載,更是如此。《近思録·異端之學》第一條,就是講"辨異端"的動機:

　　　　明道先生曰:楊、墨之害,甚於申、韓;佛、老之害,甚於楊、墨。楊氏"爲我",疑於仁。墨氏"兼愛",疑於義。

---

① 黎靖德:《朱子語類》卷一〇五《朱子二》,北京:中華書局,2004 年,第 2629 頁。

申、韓則淺陋易見。故孟子只闢楊、墨，爲其惑世之甚也。佛、老其言近理，又非楊、墨之比，此所以爲害尤甚。楊、墨之害，亦經孟子闢之，所以廓如也。

程顥這段話是説，申不害、韓非、楊朱、墨翟、佛教、老子道教及其學説，都不符孔孟之道，都是錯誤的，都應"闢之"，加以駁斥；到北宋時，首先應該駁斥的是佛、老之學。其實，程顥關於辨異端的動機，有不少言論，朱、吕在《近思録》中唯獨選中這一條，並不十分全面和貼切。程頤親撰《明道先生行狀》中説："（程顥）謂孟子没而聖學不傳，以興起斯文爲己任。其言曰：'道之不明，異端害之也。……自道之不明也，邪誕妖異之説競起，塗生民之耳目，溺天下於汙濁；雖高才明智，膠於見聞，醉生夢死，不自覺也。是皆正路之蓁蕪，聖門之蔽塞，闢之而後可以入道。'"①伊川曾説，這篇《行狀》是他夫子自道，也代表了他自己對自己的描述和定位。② 在這裏，二程是説，孔子之道從孟子之後、直到北宋，已經中斷了，各種異端邪説蔽塞了孔子之道。他們兄弟二人要傳承聖學，倡明聖道，引領衆人進入聖道，必須首先批駁、澄清各種異端邪説。張載自稱，他的人生奮鬥目標之一是"爲去聖繼絶學"。③ 其門人范育爲《正蒙》作序時説：

　　自孔孟没，學絶道喪千有餘年，處士横議，異端間作，

① 程顥、程頤：《二程集·河南程氏文集》卷一一《明道先生行狀》，北京：中華書局，2004 年，第 638 頁。
② 參見程顥、程頤：《二程集·河南程氏遺書》附録《伊川先生年譜》，第 346 頁。
③ 張載：《張載集·張子語録》語録中，北京：中華書局，1978 年，第 320 頁。

> 若浮屠、老子之書，天下共傳，與《六經》並行。……天下
> 靡然同風，無敢置疑於其間，況能奮一朝之辯，而與之較
> 是非曲直乎哉！子張子獨以命世之宏才，曠古之絶識，參
> 之以博聞强記之學，質之以稽天窮地之思，與堯、舜、孔、
> 孟合德乎數千載之間。閔乎道之不明，斯人之迷且病，天
> 下之理泯然其將滅也，故爲此言與浮屠、老子辯。①

可知，張載之所以要奮起辯駁異端横議，是爲了繼承孔孟之
道，發明孔孟之道。

從本質上看，是爲了自立己説，是對真理的追求和話語權
的爭奪。

學術思想發展史上有一規律：不破不立。即如果不能把
特定領域中的舊學説推翻或找出其漏洞，就不能樹立自己的
新學説。在學術實踐中，這種"破"的過程，即批評、抨擊、辯論
的過程，或明或暗。北宋時的二程和張載，采用了明確而公開
的方式，張載尤爲率直。簡單地説，二程和張載三子自以爲真
理在握，誰都不服，從不苟同。所以，三子鬭這個，辨那個，否
定佛老和諸陋儒，實質上都是爲了證明自己的正確性、權威
性，爭奪天下學術思想的統治權。

儘管"辨異端"在北宋三子和朱、吕看來是必須做的，"不
得已也"，②然而，他們並不視此爲緊要的首務。

從《近思録》的編排來看，全書共十四卷，《異端之學》被置
於第十三卷；《異端之學》卷總共才摘録十四條，是各卷最少
的。這種安排，並非偶然，是有意爲之。朱熹曾説：

---

① 張載：《張載集·正蒙》《范育序》，第4—5頁。
② 程顥、程頤：《二程集·河南程氏遺書》卷一《端伯傳師説》，第5頁。

　　佛老之學,不待深辨而明,只是廢三綱五常。這一事,已是極大罪名,其他更不消説。①

　　清代學者施璜對此評論説:"此朱子於迹上斷定,以見其罪大也。"②朱子這種看法,極可能受程頤啓迪。《近思録·異端之學》第九條引録程頤語曰:

　　　釋氏之説,若欲窮其説而去取之,則其説未能窮,固已化而爲佛矣。只且於迹上考之,其設教如是,則其心果如何? 固難爲取其心不取其迹,有是心則有是迹。王通言心迹之判,便是亂説。故不若且於迹上斷定不與聖人合。其言有合處,則吾道固已有;有不合者,固所不取。如是立定,卻省易。③

　　按照朱熹和程頤的看法,對待釋老之學説,並非置之不理,不加批判,而是"不待深辨",只是簡單地從其外在言行上稍加分辨即可。程顥和吕祖謙的看法與此相近,但更重視强調儒家正統學説的自信自强和發揚光大。二程曾説:"釋氏之學,更不消言常戒。到自家自信後,便不能亂得。"④吕祖謙則明確説過:"異端之不息,由(儒家)正學之不明。此盛彼衰,互相消長,莫若盡力於此。此(儒)道光明盛大,則彼之消鑠無日

————————

① 黎靖德:《朱子語類》卷一二六《釋氏》,第3014頁。
② 施璜:《五子近思録發明》卷一三,北京國家圖書館藏。
③ 朱熹、吕祖謙:《近思録》卷一三,朱傑人、嚴佐之、劉永翔主編:《朱子全書》第13册,上海:上海古籍出版社、合肥:安徽教育出版社,2002年,第279頁。又,程顥、程頤:《二程集·河南程氏遺書》卷一五《入關語録》,第155頁。
④ 《近思録》卷一三,《朱子全書》第13册,第278頁;《二程集》,第26頁。

矣"。他主張"以閑習吾先聖之道爲急先務"。① 因此，朱、吕
編排《近思録》時把"異端之學"放置在全書倒數第二卷，收録
條目只有十四條，完全是特意爲之。這種做法，既符合朱、吕
這兩位主編者的一貫的學術思想，也符合二程的學術主張。
總之，"辨異端"在宋代傳統理學家和《近思録》的學術體系中，
雖必不可缺，但並不占緊要地位。

　　對《近思録·異端之學》，南宋學者葉采總結評論説："此
卷辨異端。蓋君子之學雖已至，然異端之辨，尤不可不明。苟
於此有毫釐之未辨，則貽害於人心者甚矣。"②清人施璜在轉
録葉采上文後，進一步發揮説："正學既明，則異端不可以不
辨。不辨，則邪説橫流，壞人心術，甚於洪水猛獸之災。"③葉、
施對"辨異端"重要性和必要性的論述，相當深刻，令人警省，
但對其在《近思録》理學體系框架中的地位缺乏明察。現代著
名學者錢穆先生在評論《近思録》卷一三時説："則所謂辨異
端，非不致意於異端之學，乃從異端中闡明出正道來。"又説：
"不知辨異端乃明辨雙方異同，自必兼通雙方。"④這些評論，用
於二程、張子、朱子早年，勉强還可以，但並不符合他們四人的學
術成熟期，也不符合《近思録》卷一三的基本學術思想和主張。

　　總之，二程和張子"辨異端"的動機，表面上是爲了倡明儒
家孔孟之道，實則是爲了確立自己新學説的合理性和權威性，
爭奪學術思想領域的話語權和主導權。在《近思録》所構建、
所展示的程朱理學體系中，"辨異端"雖然是必不可少的一環

① 吕祖謙：《吕祖謙全集》第 1 册《與朱侍講元晦》，杭州：浙江古籍出版
　社，2008 年，第 401 頁。
② 葉采：《近思録集解》卷一三，《文淵閣四庫全書》影印本。
③ 施璜：《五子近思録發明》卷一三，北京國家圖書館藏。
④ 錢穆：《宋代理學三書隨劄·〈近思録〉隨劄上》，北京：生活·讀書·
　新知三聯書店，2002 年，第 150—151 頁。

節,但畢竟不占首要地位。

二、北宋三子廣泛的批判
對象與朱、吕的取捨

　　北宋三子批評、辨别的人及其言行,範圍很廣,並非僅僅限於佛老。但朱熹和吕祖謙在編選《近思録·異端之學》時,取者少,捨者多,頗有值得研討之處。

　　通讀《二程集》和《張載集》,不難看出,三子在學術上非常自信,好爭好辯,決不輕易屈從别人,頗有鬥爭精神。他們的批評和辯論,視對象不同而有區别:有的言辭激烈,堅決否定;有的心平氣和,委婉指陳;有的一概否定;有的部分肯定,整體否定;有的個别否定,整體肯定。

　　對佛教,三子都持批評、否定和排斥態度,但稍有區别。張載是嚴屬抨擊,毫無肯定。程顥是個别肯定,①整體否定。程頤對佛教認同之處稍多於程顥,遣詞亦較平緩,但整體上仍是堅決否定。

　　對老莊和道教,三子都是整體否定。然而,程頤曾肯定説:道教"若言居山林間保形煉氣以延年益壽,則有之"。② 二程還曾説:"人于天理昏者,是只爲嗜欲亂着佗。莊子言'其嗜欲深者,其天機淺',此言卻最是";"莊生形容道體之語,盡有好處。老氏'谷神不死'一章最佳。"③張載對莊子言論,也偶

---

① 如承認佛教"其言近理"、"於'敬以直内'則有之矣",詳見《近思録》卷一三和《二程集》第138、74頁。
② 程顥、程頤:《二程集·河南程氏遺書》卷一八《劉元承手編》,第195頁。
③ 程顥、程頤:《二程集·河南程氏遺書》卷二上、卷三,第42、64頁。

有認同。①

　　二程和張載整體上對佛老采取批判、否定態度,只是力度有所差異,這一點是確鑿無疑的。有必要給予特別關注和探討的是,除釋老外,北宋三子批評的對象甚爲廣泛。試看下面的"三子批評對象統計表":

批　評　對　象	資　料　出　處
舜、周公	《二程集》頁 94、頁 1240
孔子	《二程集》頁 88
顔子	《張載集》頁 274、頁 317—318
子張、子夏、楊朱、墨翟	《二程集》頁 88、頁 171、頁 176、頁 181、頁 385、頁 413、頁 14、頁 1182、頁 1235
墨翟	《二程集》頁 158、頁 231、頁 609
列子	《二程集》頁 1176
孟子	《二程集》頁 76,《張載集》頁 311、頁 375
夷子	《張載集》頁 311
告子	《二程集》頁 206、頁 11、頁 1253,《張載集》頁 324
鄒衍	《二程集》頁 161
申不害、韓非等	《二程集》頁 1180
荀卿、揚雄	《二程集》頁 231、頁 18、頁 191、頁 204、頁 251、頁 252、頁 255、頁 403、頁 1239,《張載集》頁 273、頁 251
毛萇、董仲舒	《二程集》頁 7
漢儒	《張載集》頁 280
王弼	《二程集》頁 8

----

① 參見張載:《張載集》,第 285、316 頁。

續　表

批　評　對　象	資　料　出　處
管輅、郭璞（術家）	《二程集》頁 615
王通	《二程集》頁 262、頁 251
韓愈	《二程集》頁 182、頁 232、頁 252、頁 262、頁 1175，《張載集》頁 291
胡瑗	《二程集》頁 921
蘇洵	《二程集》頁 1185
周敦頤	《二程集》頁 85
李覯	《二程集》頁 63
邵雍	《二程集》頁 97、頁 32、頁 45、頁 52、頁 112（張子批邵子）
張戩	《二程集》頁 38
韓侍郎（疑爲韓維）	《二程集》頁 1254
張載	《二程集》頁 196、頁 198、頁 406、頁 308、頁 596、頁 427、頁 1174、頁 1256、頁 1259、頁 1266
二程	《張載集》頁 280
王彥霖	《二程集》頁 1188
上司（謝師直）	《二程集》頁 249
呂大臨	《二程集》頁 1182—1183，《張載集》頁 329
王安石	《二程集》頁 5、頁 9、頁 17、頁 28、頁 38、頁 45、頁 50、頁 51、頁 247、頁 248—249、頁 250、頁 251、頁 255、頁 257、頁 281、頁 282、頁 329、頁 434、頁 1170、頁 1176、頁 1203、頁 1255

　　對上表，須做如下兩點説明：（1）所列批評對象，係從三子著作中初步地尋閱統計所得，並不齊全，但足以顯示三子批

評對象之廣。（2）資料出處有部分内容是重複的。這是因爲，三子著作本身的内容有重複之處。

從上表可知，釋老之外，被三子批評的人物、僅有名可查的，至少有二十八人。表中遺漏或其名難詳者，至少還有數十人。三子批評性言論，至少有一百多條。

與此形成鮮明對照、强烈反差的是，《近思録》卷一三總共才摘録十四條。更值得關注和探討的是，在這十四條中，絶大多數是屬於批評釋老者，專門批評“諸子”者只有二條。詳情如下：

第 1 條：歷批楊朱、墨翟、申不害、韓非、釋（佛教）、老（道家和道教），但重點是釋、老。第 2 條：批評子張、子夏、楊朱、墨翟，但重點是楊、墨。第 3 條：專門批評“釋氏之學”。第 4 條：專門批評“釋氏”。第 5 條：專門批評“釋氏之學”。第 6 條：專門批評“釋氏”。第 7 條：專門批評莊子和道教。第 8 條：專門批評“佛氏”。第 9 條：專門批評“釋氏”，兼批王通。第 10 條：專門批評道家道教。第 11 條：專門批評“佛説”。第 12 條：專門批評“釋氏”。第 13 條：專門批評“諸子”。第 14 條：專門批評“佛教”。

通覽《二程集》和《張載集》，顯而易見，朱熹和吕祖謙在選編《近思録》卷一三時，把三子大量相關言論捨置未録。捨置未録的對象大致有三大類：

第一類，釋、老之學。《異端之學》選録的三子批評釋、老之學的言論，共有十二條，占總數的 86％，比例最高。但三子文獻中批評釋老之言數量很多，共有一百多條，被摘録入卷一三中的只占 10％左右。

第二類，釋、老之外的前朝“諸子”。《異端之學》摘録的三子批評釋、老之外的前朝“諸子”計有楊朱、墨翟、申不害、韓非、子張、子夏、王通七位。實際上，如前表顯示，三子批評範圍頗廣,除這七位外,至少還有十七位。

　　第三類,釋、老之外的本朝"諸子"。對本朝諸子,即與三子生活時代相同(或相近)的北宋儒家學者,如前表所示,被三子批評或相互批評者至少有十四人。這類批評,《近思録》卷一三無一摘録。

　　總起來看,朱熹和吕祖謙在摘録編纂《近思録》卷一三時,對三子的相關言論只選録了很少一部分,大多數言論捨置未録。其原因和動機,朱、吕没有明言。今天評估分析,不出如下四個方面:(一)對釋老的批評,摘録十二條就已經足夠了。(二)對前朝"諸子"的批評,不必過多摘録。對危害最大的楊朱、墨翟之學,孟子已經加以澄清,不必再費口舌。對其他儒家學者的學説,雖有一些謬誤,但危害不太大,也不必摘録太多。更不必的是,程朱均以孔孟道統的繼承者自居,如果摘録二程和張載批評孟子的言論,豈不陷入自相矛盾的尷尬境地? 宋代儒家學者幾乎無人不敬孔子,無人敢批評孔子,而二程竟然對孔子也偶有微詞,[①]這是朱熹和吕祖謙所不便宣揚的。(三)對本朝"諸子"的批評,因當事人的子孫、弟子或再傳弟子多活於世,若正式而公開地摘録入書,必惹衆怒,自陷孤立,這是朱熹和吕祖謙不能不顧忌的。(四)時過境遷,主攻方向應當調整。二程多以釋、老之學爲主攻對象,但有時又以王安石"荆公新學"爲首敵。宋神宗元豐二年(1079年),二程對吕大臨等學者説:

　　　　今異教之害,道家之説則更没可闢,唯釋氏之説衍蔓迷溺至深。今日是釋氏盛而道家蕭索。方其盛時,天下之士往往自從其學,自難與之力争。惟當自明吾理,吾理自立,則彼

[①] 二程曾説:"孔子免匡人之圍,亦苟脱也"。載《二程集·河南程氏遺書》卷六,第88頁。

不必與争。然在今日,釋氏卻未消理會,大患者卻是介甫之
學。……如今日,卻要先整頓介甫之學,壞了後生學者。①

二程在此認爲,當時應予大力"整頓"的並不是釋老之學,
而是"介甫之學"。二程還說:介甫之學"極有害。……其學
化革了人心,爲害最甚"。② 然而,二程等人的批判和攻擊,在
北宋時並未對"荆公新學"產生太大威脅。在北宋後期的五十
多年中,"荆公新學"居於主導地位。到南宋前期,在政界和學
界的雙重夾擊之下,"荆公新學"已呈衰退之勢。到朱、呂編輯
《近思録》的淳熙二年(1175 年),"荆公新學"大勢已去。所
以,《近思録》把主攻矛頭指向釋老之學而撇開"荆公新學"。

從《二程集》和《張載集》來看,三子批評對象和範圍相當
廣泛,既反復而嚴厲地批評釋老之學,也程度不同地批評其他
學者學派。值得注意的是,其批評對象除釋、老外,更多的是
批評儒學內部的學者。朱、呂編輯《近思録·異端之學》時,只
精選了很少一部分內容,大部分言論捨置未録。捨置不録的
原因,主要還是源于對現實的考量。

三、《近思録·異端之學》的基本觀點

《近思録》卷一三"異端之學",精選編録北宋理學三子二
程和張載關於"異端之學"的論述共十四條。其中,專門批評、
辨別釋老之學者共十二條;未直接提及釋老而專門批評"諸
子"者共二條;重點批評釋老而涉及"諸子"(楊朱、墨翟、申不
害、韓非、王通)者共二條。顯然,主攻方向是釋老之學。對釋

---

① 程顥、程頤:《二程集·河南程氏遺書》卷二上,第 38 頁。
② 程顥、程頤:《二程集·河南程氏遺書》卷二下,第 50 頁。

老之外的其他學者的批評雖非重點,但亦不可忽視。

(一) 闢異端的必要性

《近思録》卷一三"異端之學"第1條、第2條原文如下:

> 明道先生曰:楊、墨之害,甚于申、韓;佛、老之害,甚於楊、墨。楊氏"爲我",疑於仁;墨氏"兼愛",疑於義。申、韓則淺陋易見。故孟子只闢楊、墨,爲其惑世之甚也。佛、老其言近理,又非楊、墨之比,此所以爲害尤甚。楊、墨之害,亦經孟子闢之,所以廓如也。

> 伊川先生曰:儒者潛心正道,不容有差,其始甚微,其終則不可救。如"師(顓孫師,字子張)也過,商(卜商,字子夏)也不及",于聖人中道,師只是過於厚些,商只是不及些;然而厚則漸至於兼愛,不及則便至於爲我,其過不及同出於儒者,其末遂至楊、墨。至如楊、墨,亦未至於無父無君,孟子推之便至於此,蓋其差必至於是也。

先看第1條。從程顥這段論述可知,他認爲,楊朱、墨翟、申不害、韓非、佛、老之學都害世、惑世,都必須"闢之"(駁斥之,排除之);申、韓之學及其危害,"淺陋易見",不必費力去專門闢之,因此孟子只是大力駁斥甚爲惑世的楊、墨之學;到北宋中期,楊、墨之學已經被孟子駁斥、澄清了,不必再闢,而佛、老之言"近理,……爲害尤甚",所以必須重點闢斥佛、老之學。這段論述,主要講闢斥一切異端之學的必要性和時代重點,也暗寓學習、繼承孟子之意。二程曾說:王安石"介甫之學"是當世"大患","要先整頓介甫之學"。① 朱、呂捨此而取彼,說

---

① 程顥、程頤:《二程集·河南程氏遺書》卷二上,第38頁。

明二人認爲到南宋時，程顥主攻力闢釋老之語才是更爲可取的適時之論。朱、呂把程顥此論置於篇首，實爲開宗明義，昭示讀者：本卷主旨是闢斥釋老。

第 2 條是就儒者内部發出明確主張，提出嚴屬告誡："儒者潛心正道，不容有差；其始甚微，其終則不可救。"程頤（也包括朱熹和呂祖謙）在此，雖未明言，但實際上告訴人們：異端問題並非只是出現於釋、老等學者學派身上，儒學内部也有，潛心正道的儒者必須防微杜漸，堅決避免。

二程這兩段論述，在歷史事實和細節上存在誤差。例如：韓非出生於公元前 280 年，而孟子已經於八年前（公元前 289 年）去世，孟子根本不可能去評論韓非，更不可能"闢之"；楊朱和墨翟學説是否來源於子張和子夏，史缺有間，並無確證。這些誤差，在這裏可以擱置不論。這兩段論述，清楚地表明了二程堅決反對各種惑世害世的異端學説、重點反對釋老之學的思想主張，還是準確無誤的。

張載對釋老和其他"異端陋説"的排斥，其態度之堅決，措辭之嚴屬，不在二程之下。但《近思録》卷一三"異端之學"所摘録的張載的三條論述，只言及釋氏和"諸子"，並未明確提及老莊或道家、道教，似爲一點小小的缺憾。

（二）對佛教的具體看法和闢斥

除去上述第 1、第 2 條，在其餘十二條中，專門評論闢斥佛教者共有九條，即第 3、4、5、6、8、9、11、12、14 條。兹將這九條文獻的内容分別概述如下：

第 3 條：根據儒家學説中"道"的普遍性、人類不可須臾離道的觀點，批評佛教遠離道的本質錯誤。同時，也承認佛教在"敬以直内"方面存有長處，但因缺乏"義以方外"，其"敬以直内"的本質也是錯誤的。

第4條：從儒家生死觀、認識論、教育論出發，批評佛教非道、離道之謬誤。

第5條：根據孔子等儒家先聖的教導，告誡人們一定要遠離佛教。號召人們潛心儒學，充滿自信，以此防止佛教的擾亂。

第6條：根據萬物一體、人物同具此理的理論，批評佛教只從人自身去思考，把無處不在、廣大無邊的道理看得狹小了。並進一步指出，釋氏因爲只從自身思考而又不能得道，就悲觀厭世。

第8條：批評佛教不懂陰陽、晝夜、死生、古今，在“形而上”方面也不同於儒家聖人。

第9條：講如何簡單明瞭地分辨斷定佛教之非、防止化爲佛徒：佛教内容龐雜，頗能誘人，如想極力探討、窮究其説，則自己很可能首先化爲佛徒了；簡單省力的辦法是，只從佛教外在言行上考察辨别，如背棄君、父而出家等，就知道佛教不符合儒家聖人之道。

第11條：雖然承認佛教學説與儒家學説有許多相同之處，但認爲佛説根本上不對，故全部差誤。

第12條：批評佛教“以六根之微因緣天地”——佛教以人的眼、耳、鼻、舌、身、意“六根”爲天地世界的來源；自此行不通，就誣稱天地日月人世爲幻妄；這樣一來，佛教説大説小都是失中而陷入謬誤。因此，決不能説佛教能夠“窮理”、“盡性”、“無不知”。

第14條：批評佛教不知鬼、不知人、不知天、不悟道；又批評中國的一些儒家學者和廣大民衆被佛教迷惑、吸引，反而忽略、背棄儒聖學説，結果搞得天下紛亂。最後，激勵那些傑出人才正立不懼，與佛教學説和各種謬論邪説“較是非，計得失”，展開論戰。

（三）對道家道教和"諸子"的批評

在十二條中,專門批評道家道教和"諸子"的言論,共有三條,即第 7、10、13 條。再加上前面已經評述過的第 1、2 條,共有五條,約占總數的 35.7%。

第 7 條,申述二程在養生方面順其自然、節制嗜欲、平定心氣的理念和主張,對道家"導氣"之類的養生術采取不屑一顧的排斥態度。

第 10 條,批評道家道教的"神仙"學説。有的加以否定,有的加以肯定,但總體上對修煉成仙、延年益壽之學説采取闢斥態度。

第 13 條,根據《周易》只説"知幽明之故"、不説"知有無之故"的事實和理論,張載嚴屬批評"諸子"淺妄無知:"大《易》不言有無。言有無,諸子之陋也。"張載這段話,牽扯到宇宙論和"諸子"一些重大問題,值得關注和申明者有三:第一,這段話確爲張載所言,[①]但並不能準確地反映張載的"有無"學説。綜觀張載全部言論可知,張載認爲充滿宇宙的是氣;氣聚當然是有,氣散也不是無;他反對絶對虛無之説,他實際上批評的是人們動輒説"無",他不反對、並絶對地肯定"有"。第二,張載的"有無"觀,準確地説,應爲"有無、虛實,通爲一物";"有無一,内外合".[②] 以今語言之,即有無對立統一。第三,朱熹、吕祖謙之所以選擇摘録張載這段話,也許是相中了其中的"諸子"二字,旨在突出強調張載闢斥異端邪説的對象範圍的廣泛性。誠然,張載在有無觀方面的批評對象,主要是老、莊和佛

---

① 《張載集》中除第 48 頁這段話外,類似言論還有三處,詳見第 9、182、200 頁。

② 張載:《張載集·正蒙》,第 63 頁。

教。① 但《近思録》摘録的這條，統批"諸子"，批評的範圍可就廣大無邊了，包括儒家學者在内的一切學者都在批評之列。

　　從"三子批評對象統計表"可知，三子對釋老之外的"諸子"多有批評，涉及許多學派學者。僅《近思録》卷一三第1、第2條，就批評了楊朱、墨子、申不害、韓非、子張、子夏。除前四位學者外，最後二位同屬儒家。特別是第2條，十分尖鋭地指出，儒家學者如果"于聖人中道……過於厚些……（或）不及些"，就會滑入異端邪説。張載認爲：古語中的詖、淫、邪、遁之辭，"四者可以盡天下之狂言"。② 他對諸多腐儒陋儒非常貶斥："孔孟既没，諸儒囂然，不知反約窮源，勇於苟作，持不迨之資而急知後世，明者一覽，如見肺肝然，多見其不知量也。"③總之，不論是佛老還是諸子、諸儒，只要于儒聖中道稍有差誤，都被三子視爲異端，都被三子嚴予闢斥。因此，張載在此所説，並被朱、吕選録的"諸子"，應是孔孟之外的一切學者。當然，《近思録》卷一三所辨别批評的異端，第一位的是佛教：從内到外，從心到迹，統予闢斥；第二位的是老莊和道家、道教：主要闢斥其養生觀和神仙觀；第三位的是釋老之外的"諸子"，包括淺陋之儒，主要批評他們不嚴謹。

四、三子辨異端的是非得失

　　人的言行，都有是非得失之别。觀察、評判北宋三子和《近思録》的"異端之學"，既要考量當時的社會歷史及其源流，又要古今關照。其大可注意者，主要有四個方面：

---

① 詳見《張載集》，第63頁。
② 張載：《張載集‧張子語録》，第323頁。
③ 張載：《張載集‧文集佚存》，第350頁。

(一)"辨異端"非盲目排外

由於北宋三子和《近思録》卷一三的辨斥對象,以佛教爲重點,而佛教又來源於古印度,所以,極易給人排外或盲目排外的印象。實則不然。三子和《近思録》卷一三辨斥的異端,固然以外來的佛教爲主,但也包括國産的"諸子",甚至對同宗同派的儒學内部的陋誤之士之説也辨斥不隱,内外統闢,有誤必闢。宋代之前的部分儒者闢佛,有的視佛教爲"夷狄之人"、"夷狄之一法",[①]帶有比較濃厚的種族主義排外色彩。北宋三子和《近思録》卷一三,雖然偶有"夷狄"之辭,[②]但公開承認佛教是一種思想學説,其對佛教的論争,基本上限於學術思想層面,較少涉及政治、種族和經濟層面。這與唐代韓愈視佛教爲"夷狄之一法",簡單地要求"人其人、火其書、廬其居"的思想主張頗爲不同;也與三武一宗滅佛的激烈做法及其政治經濟動機大相徑庭。更可貴的是,北宋三子和《近思録》把異端的産生、泛濫,歸因於儒學内部自身的各種弊端和沉淪。他們闢斥異端,是爲了繼承並發揚光大孔孟之道,撥亂反正,達到天下太平。

(二) 對佛教的批評雖不全面但切中要害

起源于古印度的佛教,在其發展、傳播過程中,不斷地吸取其他宗教和文化,不斷地發生變化,因而内容相當複雜。[③]正是因爲内容相當複雜,一個人——即使是十分勤奮和聰明的學者,很難全部掌握,巨細無遺,其對佛教的認識和批評就難免具有片面性。北宋三子對佛教的認識和批評,也是如此。例如,在北宋三子之前的佛教經籍中,對宇宙的認識和論述比

---

① 韓愈著,屈守元等校注:《韓愈全集校注·論佛骨表》,第 2288 頁。
② 程顥、程頤:《二程集·河南程氏外書》卷一二,第 429 頁。
③ 杜繼文主編:《佛教史》,南京:江蘇人民出版社,2006 年,第 620 頁。

儒家經籍要豐富、具體、高明得多。而北宋三子對佛教宇宙論的批評就很籠統、粗淺、片面。然而，還必須指出，佛教内容儘管相當龐雜，但並非無所不包，無限吸取，而是有取有捨，具有不同於其他宗教文化的獨特的核心理論和主張。如佛教背棄父母、離家修行的主張和做法，爲其他主要宗教和文化所無，更是儒家學説所深惡痛絶、堅決反對的。佛教這種主張和做法，如果任其無限擴展而不加阻遏，人類豈不自取滅亡！因此，北宋三子如許多前代學者一樣，反復而嚴厲地闢斥佛教"毀人倫"、"夢幻人世"，確實切中要害。

（三）北宋三子和《近思録》闢佛的歷史影響

佛教自從西漢末年傳入中國，到北宋中期已有一千年的歷史。這一千年，與其説是"佛教征服中國"，[①]倒不如説是中國需要佛教。西漢中期被朝廷樹立爲"獨尊"地位的"儒術"，逐漸僵化、陳腐、不中用，逐漸喪失吸引力。而從西天傳來的佛教，則在爭議、排擠、打擊中站穩了脚根，被越來越多的社會各階層人士所接納並頂禮膜拜。用北宋中期人的話説："儒門淡薄，收拾不住，皆歸釋氏。"[②]正是從北宋中期開始，一批儒家學者奮起反擊。一方面在繼承孔孟聖道的基礎上，吸收、融合佛老精華，改造、充實、發展儒學，另一方面大力闢斥佛教。"程朱理學"這一學派，無疑是這場爭戰的中堅。由於"程朱學派"在南宋理宗時被朝廷確定爲正統，並被元明清政府所繼承，儒學雖未恢復漢代的"獨尊"地位，但在明清時提升到首尊地位，佛、老之學退居第二或第三的地位。出自程朱理學家之

---

① （荷）許理和著，李四龍等譯：《佛教征服中國》，南京：江蘇人民出版社，2003 年。

② 陳善：《捫虱新話》，《四庫全書存目叢書》影印汲古閣本，濟南：齊魯書社，1995 年。

手的《近思録》,一版再版,流傳頗廣,其重點闢斥佛教的"辨異端"思想和主張,其影響是相當深遠的。尤其在讀書人中間,在思想文化領域的影響,更不容低估。

(四)"辨異端"是宋學精神的一種體現

宋人好辯。不僅是北宋三子,大多數宋代著名學者都好辯。他們與前人辯,與親戚朋友辯,與上司辯。爭辯是文人士大夫司空見慣的事情,是宋學精神的一種體現。① 他們愛以醇儒自居,自信"身在最高峰",②敢懷疑,不苟同,勇於批評。最終目的,是追求真理,樹立自己理論學説的權威獨尊地位。所以,北宋三子經常"辨異端",闢斥各種學説,是當時風氣使然,十分正常。不過,三子的做法與其他學者存在很大不同。有的學者,重批判而輕創建。如石介和歐陽修,對佛教闢斥之激烈,不在三子之下,但在理論創建方面明顯不足。有的學者,重創建而輕批判。如王安石最富有創新精神,對時政最不滿而多有否定,但對佛老學説並不排斥。他的治學原則是:"善學者讀其書,惟理之求! 有合吾心者,則樵牧之言猶不廢;言而無理,周、孔所不敢從。"③胡瑗、周敦頤和邵雍,更是重創建而輕批判。至於二程和張載(包括南宋朱熹、陳亮),從形式上看,是創建與闢斥並重。三子之"好辨",④實不在孟子之下。而朱熹之"好辨",又不在三子之下。所以,《近思録》專設"異端之學"卷,彰顯三子的"辨異端"思想與主張,確是反映了

① 參閲陳植鍔:《北宋文化史述論》,北京:中國社會科學出版社,1992年,第288頁。
② 王安石:《王安石全集》卷六七《登飛來峰》,上海:上海古籍出版社,1999年,第514頁。
③ 釋惠洪:《冷齋夜話》卷六,《文淵閣四庫全書》影印本,第863册,第261頁。
④ 張載:《張載集》,第320頁。

三子的治學特色，也反映了整個宋學的時代精神。

五、結　束　語

真理與異端，既是絕對的，又是相對的；既是對立的，又是統一的。你看別人是異端，別人可能也視你爲異端。歐洲中世紀末期的卡斯特利奧在《論異端》一文中指出："當我思考什麼是真正的異端時，我只能發現一個標準：我們在那些和我們觀點不同的人們的眼裡都是異端。"①這種矛盾現象，中國歷史上也不罕見。張載認爲："道不同謂之異端。"②而"道不同"的情況，相當常見。以二程爲代表的"洛學"和朱熹之學，在北宋和南宋時屢遭批評、闢斥，甚至被宋政府視爲"僞學"而明令禁止，加以迫害。③ 宋代之後，"程朱理學"仍然沉浮不已，仍然不乏批評者。所以，放眼觀歷史，思想理論界的闢斥與被闢斥乃是一種常態。

在人類文明史上，寬容與排斥，猶如地球上的冷、暖空氣，既衝突又並存。寬容與多元，是許多人的訴求和理想。但排斥與壟斷，史不絕書。《寬容》一書的作者、荷裔美國學者房龍在 1940 年寫道："寬容的理想在近十年內爲什麼這樣慘澹地破滅，我們如今的時代爲什麼還沒有超脱仇恨、殘忍和偏執！"④如果把文中的"近十年內"，改爲"人類歷史上"，更爲確切。在世界歷史上，相互寬容太少，相互仇視太多。另一方

---

① （奥）斯·茨威格著，趙台安、趙振堯譯：《異端的權利》，北京：生活·讀書·新知三聯書店，1987 年，第 167 頁。
② 張載：《張載集》，第 320 頁。
③ 《宋史》卷三九四，北京：中華書局，1977 年，第 12023 頁。
④ （美）房龍著，迮衛、靳翠微譯：《寬容》，北京：生活·讀書·新知三聯書店，1994 年，第 389 頁。

面,對排斥與壟斷也不必過分擔憂,更不必"一遇到比較尖鋭的批評,就神經緊張,如臨大敵".① 人類一直是在寬容與排斥、冷暖空氣並存的環境中生長和發展的。稽諸史實,儘管北宋三子、朱熹等學者大力闢斥異端,但被闢斥的各種異端仍並存於世。

批評、辯論,有利於創新,這是北宋三子、朱熹等人留給後世的一個有益啓示。要批評別人,要與別人辯論,首先要有資格,要具有高於別人的學識。要新創新立正確的學説,必須徹底闢斥陳腐的謬説誤論。繼承前人的精華和真理,闢斥一切謬誤,才有可能理論創新。非獨宋人,各代皆然。

當前中國的學術界,寬容與闢斥雙缺,均應加強。更多見、更突出的問題在於,學術界同行之間,大家願意各説各話,一團和氣,不願辯論,不願交鋒;願自我批評,不願他人批評,批評他人。這種情況,很不利於學術思想理論的發展。因此,更應大力宣導批評與辯論的學風,大家都應該爲相互批評、相互辯論創造條件。是真理,早晚會被人們承認、接受。是謬誤,早晚會被人們揭露、抛棄。法規要嚴格再嚴格,思想要寬容再寬容。當然,寬容也好,闢斥也好,都是形式而非目的,目的在於創新,在於追求真理。這是《近思録》和宋人留給我們的又一啓示。

附記:爲配合《近思録》研究專題論文集的編輯出版,謹遵顧宏義先生的鈞令雅意,將拙著《〈近思録〉研究》第十三章抽出並稍加修改補充,再發表於此。不當之處,敬請批評指正。——錫東

---

① 葉茂(李根蟠):《中國古代經濟史研究綜述》,《中國經濟史研究》1996—1997 年聯合增刊,第 39 頁。

南宋後期《近思後録》著者試探

顧宏義

　　朱熹、吕祖謙編成《近思録》，影響甚大，自南宋後期即有人嘗試爲之續編者。如今傳世之南宋佚名所編撰之《近思後録》十四卷，即是其中之一種。

　　此佚名《近思後録》撰成年月不詳，曾經刊印於南宋後期，與同樣佚名編纂的《文場資用分門近思録》二十卷并行，清末莫友芝《宋元舊本書經眼録》卷一著録云：

　　　　《文場資用分門近思録》二十卷、《近思後録》十四卷。
　　　　（原注：宋本。）海寧查氏藏本。蓋南宋末坊刊。朱子序後
　　　　有"建安曾氏刊於家塾"二行木記。以朱子書分爲百二十
　　　　一目，破析瑣碎，直不成書。聞元周公恕有此書分類集解，
　　　　頗妄爲分析移置，大概與此書相似。觀其書題可知其不學
　　　　矣。其《後録》皆采朱子所録之外程門諸儒以下，及於朱
　　　　子之説，分《道體》、《論學》、《致知》、《存養》、《克己》、《家
　　　　道》、《出處》、《治道》、《制度》、《事理》、《教人》、《謹戒》、
　　　　《異端》、《氣象》十四目，各爲一卷。較前書爲有條例，不
　　　　知何人編也。唯其刊印精雅，即坊刻乃勝明。隆、萬以
　　　　還，江河日下，有即梓匠一端可以觀者。己巳二月識。①

---

① 莫友芝：《宋元舊本書經眼録》卷一，上海：上海古籍出版社，2009年，第38—39頁。

此刊本爲本書僅見傳世之本，清末收藏於海寧查氏，今藏於臺北“中央圖書館”，《四庫善本叢書初編》據以景印出版。又，除《宋元舊本書經眼録》外，歷代諸家書目皆未嘗著録，今傳世文獻中對此書亦皆未見記載，故歷來乏人關注。爲此，筆者擬就相關資料，試對《近思後録》之著者以及相關之取材來源以及纂修、刊印時間等作一探究，以求正於方家。

一、關於刊印時間

因宋、元文獻中未見關於本書的相關記載，故此處先以傳世刊本爲據，對《近思後録》之纂修、刊印時間以及編纂本書之史料來源等進行研析。

傳世《近思後録》十四卷，半葉十行，行十五字，注文小字雙行。雖其“刊印精雅”，然内中卻時有俗體字、簡筆字，如卷三即見“學”作“斈”、“譽”作“瞽”、“體”作“体”“躰”、“蓋”作“盖”、“顛”作“顚”、“興”作“呉”、“變”作“变”、“斷”作“断”、“禮”作“礼”、“無”作“无”、“盡”作“尽”、“備”作“俻”、“商”作“商”、“亂”作“乱”之類，此外如卷四又有“與”作“与”、“歟”作“攼”，卷五“癢”作“痒”，卷七“邇”作“迩”、“國”作“国”，卷一〇“辭”作“辝”，卷一三“遷”作“迁”，卷一四“貌”作“皃”等。故莫友芝定其爲“坊刻”，並據《文場資用分門近思録》卷首朱子序後之牌記而斷其爲“南宋末”建安曾氏家塾本。

建安，即今福建建甌。曾氏家塾，除此牌記所題，別未見有文獻予以記載，其事迹及其刊書情況皆不詳。然因此刊本中避宋諱，如卷三“匡”、“恒”、“惇”諸字缺末筆，“匡”字乃避宋太祖諱、“恒”字避宋真宗諱、“惇”字避宋光宗諱。又如卷二“朱給事曰”條之“修身謹行則不愧於屋漏”句，内中“謹”字，《伊洛淵源録》卷二《門人朋友敘述》、《程氏遺書》附録《門人朋

友敘述》所引皆作“慎”；①卷三胡安國《敘春秋傳授》條之“欲
使後學謹思明辨”句，其“謹”字，宋程公説《春秋分記》卷首《例
要》引《述綱領》、真德秀《西山讀書記》卷二四《春秋要指》引
“武夷胡氏曰”以及元汪克寬《春秋胡傳附録纂疏》卷首下《敘
傳授》皆作“慎”。②　“謹”字乃避宋孝宗諱。卷九“吕正字曰”
條之“救菑恤患，厚本抑末”句，《伊洛淵源録》卷六吕大臨《横
渠先生行狀》、《近思録》卷九引“吕與叔撰横渠先生行狀”皆作
“救菑恤患，敦本抑末”。③　即因避諱改“敦”作“厚”。此外，卷
一“謝上蔡曰”條之“充廣得去”句，其“廣”字，《論語精義》卷二
下、《程氏外書》卷一二所引皆作“擴”。④　卷一四“謝上蔡曰”
條之“顔子充廣其學”，《上蔡語録》卷一作“顔子擴充其學”。⑤
因宋寧宗名趙擴，故此改“擴”爲“廣”，乃出於避諱之需。然全
書中未見避宋理宗諱之例，並又考慮到宋寧宗“慶元黨禁”等
因素，可推知其書當刊印於宋寧宗嘉定年間。

　　然而此刊本之避諱並不嚴格，雖引文時有因避諱而改字
或缺末筆之例，但如卷三“尹和静曰”條所引録之“焞”字，卷四

---

①　朱熹：《伊洛淵源録》卷二《門人朋友敘述》，《朱子全書》，上海：上海
　　古籍出版社、合肥：安徽教育出版社，2002 年，第 942 頁；朱熹編：
　　《程氏遺書》附録《門人朋友敘述》，《朱子全書外編》，上海：華東師範
　　大學出版社，2010 年，第 413 頁。
②　程公説：《春秋分記》卷首《例要》，《文淵閣四庫全書》本；真德秀：《西
　　山讀書記》卷二四《春秋要指》，《文淵閣四庫全書》本；汪克寬：《春秋
　　胡傳附録纂疏》卷首下《敘傳授》，《文淵閣四庫全書》本。
③　朱熹：《伊洛淵源録》卷六吕大臨《横渠先生行狀》，第 996 頁；朱熹、
　　吕祖謙：《近思録》卷九，《朱子全書》，上海：上海古籍出版社、合肥：
　　安徽教育出版社，2002 年，第 255 頁。
④　朱熹：《論語精義》卷二下，《朱子全書》，上海：上海古籍出版社、合
　　肥：安徽教育出版社，2002 年，第 154 頁；朱熹：《二程外書》卷一二，
　　《朱子全書外編》，上海：華東師範大學出版社，2010 年，第 530 頁。
⑤　謝良佐撰，曾恬、胡安國輯録：《上蔡語録》卷一，《朱子全書外編》，上
　　海：華東師範大學出版社，2010 年，第 25 頁。

"豐相之薦侍講公"條之"敦"、"問敬與慎同異"條之"慎"字,卷八"敬朝覲之事"條之"慎"字,卷一〇"對人主語言"條之"敦"字等,皆未避諱。此亦屬南宋坊本之特點之一。

二、關於史料來源

莫友芝認爲《近思後録》"皆采朱子所録之外程門諸儒以下,及於朱子之說"。其前十三卷所引録言行之程門弟子,依次爲范内翰祖禹、吕正字大臨、謝上蔡良佐、游察院酢、楊龜山時、尹和靖焞、侯仲良、吕侍講希哲、朱給事光庭、胡文定安國、劉安禮諸人,而於注文中采録晦庵先生朱熹等之評語、議論;其第十四卷體例稍異,首先朱熹之言論被放置於正文中,又其所引録之程門弟子亦略現混亂,依次有吕正字、謝上蔡、尹和靖、范内翰、游察院、朱給事、張天祺戩、尹彦明焞、楊應之國寶、朱公掞光庭、劉質夫絢、侯仲良、李端伯籲、吕和叔大鈞、吕晉伯大忠、蘇季明昞、楊龜山、楊遵道迪(楊時子)、劉安節、張思叔繹、馬時中伸、周恭叔行己諸人。書中對其所引録之程門弟子言行等文字,大多並未注明其出處,但比對其内容文字,可證其取材大多采録自朱熹所纂修之《中庸輯略》、《論孟精義》、《伊洛淵源録》、《八朝名臣言行録》等書,但還有不少内容未見載於今日所傳之文獻。

其第一類乃引文注明出處者:此類條目不多,僅見卷三胡安定《春秋傳序》、《傳西狩獲麟》、《進春秋傳表》、《述春秋綱領》、《明春秋類例》、《謹春秋始例》、《敘春秋傳授》,范内翰《唐鑑序》;卷四吕正字《擬招魂》;卷五吕正字《克己贊》,楊龜山《題責沈》,注引陳了翁《責沈文》;卷七謝子《答胡康侯簡》;卷一一藍田吕氏《鄉約》,胡文定《與子書》;卷一三胡文定《答曾幾書》。

　　其餘條目皆屬第二類，即引録之文字未注明出處者，僅繫於"某人曰"下，其"某人曰"亦一般從前文省。但分析其引文情況，可分爲兩種，其一是相關内容之全部或部分見載於現存文獻中，其二爲現存文獻中未見載其所采録之相關文字。據與現存文獻對勘，屬後者之條目頗少，僅見五條：

　　卷一"侯仲良曰"條云："形而上者謂之道，形而下者謂之器。……器亦道也，道亦器也。"

　　卷二"吕正字"條云："誠者理之實，然而不可易者也。……至於與天地爲一，然後至于誠矣。"

　　卷四"范内翰曰"條云："君子養其身，以仁義爲根本，以言行爲枝葉。……燕居則觀圖史，出則規諫。此以仁義養其内也。"

　　卷八"范内翰曰"條云："生民之本，在於衣食。衣食之本，在於農桑。"

　　卷一三"范内翰曰"條云："孔子惡似而非者，……荀卿以爲不如盜，其言亦過矣。"

　　因此，通過比勘今存文獻，《近思後録》所引録條目之出處可考見者，主要爲朱熹所編纂或修訂之書，如《論語精義》、《孟子精義》、《論語集注》、《中庸輯略》、《程氏外書》、《程氏遺書》、《伊洛淵源録》、《三朝名臣言行録》、《上蔡語録》、《楚辭後語》等；胡安國《胡氏春秋傳》、《進春秋傳表》（宋王霆震《古文集成》卷二三引），謝良佐《論語解序》（吕祖謙《宋文鑑》卷九二引），吕本中《童蒙訓》，吕大鈞《吕氏鄉約》，范祖禹《唐鑑》，楊時《龜山先生語録》、《龜山集》，游酢《游廌山集》，以及自王稱《東都事略》卷七七《范祖禹傳》引録范祖禹之言行等。上述文獻皆成書於宋孝宗時期及以前。其他，還有部分成書於南宋後期甚至宋末元初文獻中所引之二程弟子門人資料，如宋真德秀《西山讀書記》、衛湜《禮記集説》、趙順孫《論語纂疏》，甚

至元人戈直《貞觀政要》注文所引"范氏祖禹曰"等。此類引文
所據之文獻，亦當成書於兩宋之際，只是今已無傳本可考
而已。

此外，書中另有數條所引之部分文字，與今所見文獻之記
載頗有多少詳略異同，如：卷五"呂侍講嘗言：我少時性本豪
縱，亦喜任俠，後所以如此者，皆痛自矯揉之力"，僅見宋末黃
震《古今紀要》卷一九《呂希哲》有"少豪縱，痛自矯揉"之語。①
又如卷九"范内翰曰"條云"戰國之時，民窮財盡……"，其注
曰："易曰：'先王以作樂崇德，薦之上帝，以配祖考。'……至於
世俗之樂，鄭衛之聲，哇淫之音，非先王之法，豈可以薦之上帝、
配祖考、降天神、出地祇也?"其正文"戰國之時，民窮財盡"以下，
見録於朱熹《孟子集注》卷一所引"范氏曰"，而注文則不載於今
存傳世文獻之中。是證其所據以引録之相關文獻今已失傳。

分析上述引録文字，可知其所據摘録之文獻主要爲朱熹
所編纂，或朱熹編纂諸書之時所依據者。因此，莫友芝認爲
《近思後録》"皆采朱子所録之外程門諸儒以下，及於朱子之
説"，符合其實際引文情況。並由上述引文情況可推知本書撰
成時間似當在朱熹生前。

三、關於覺軒蔡氏《近思後録》

關於此《近思後録》，明初胡廣等奉敕所撰《性理大全書》
卷四〇《程子門人》引録作"覺軒蔡氏《近思後録》曰"，計九條，
詳録於下：

　　　楊應之勁挺不屈，自爲布衣，以至官於朝，未嘗有求

---

① 黃震：《古今紀要》，《文淵閣四庫全書》本。

於人，亦未嘗假人以言色，篤信好學，至死不變。

劉質夫氣和而體莊，持論不苟合，跬步不忘學。

李端伯胸中閎肆開發，與人交洞照其情，和而不流，時靡有争。遇事如控轡，逐曲舞交，屈折如意。

吕和叔明善志學，性之所得者盡之於心，心之所知者踐之於身，妻子刑之，朋友信之，鄉黨宗之，可謂至誠敏德矣。

和叔與人語，必因其可及而喻諸義，治經説得於身踐而心解，其文章不作於無用。

楊遵道孝友和易，中外無間言。平居無喜愠色，與人辨論，綱振條析，發微指極，冰解的破，聞者欽聳。退而察其私，言若不能出諸口，蓋度不身踐，不苟言也。

劉安節貌温，望之知其有容，遇人無貴賤小大，一以誠，雖忤己者，未嘗見其怒色惡辭。其與人遊，常引其所長，而陰覆其不及。

張思叔因讀《孟子》"志士不忘在溝壑，勇士不忘喪其元"，始有得處，後更窮理造微，少能及之者。

馬時中天資重厚，雖勇於爲義，而恥以釣名，居朝凡所建明，輒削其稿，故人少知者。①

又清張英等撰《御定淵鑑類函》卷二〇二引録蔡覺軒《近思後録》之"楊遵道"、"劉質夫"二條，卷二七五引録蔡覺軒《近思後録》"吕和叔"條，皆同於《性理大全書》所引，當屬其轉引録於此。

上述引録諸條皆見載於佚名《近思後録》卷一四，如此則此佚名《近思後録》確如《性理大全書》所云，乃蔡覺軒所撰？

蔡覺軒即蔡模，字仲覺，蔡元定之孫。"淳祐四年（1244

---

① 胡廣等：《性理大全書》卷四〇《程子門人》，《文淵閣四庫全書》本。

年)以丞相范鍾薦,謝方叔亦乞表異之,詔補迪功郎,添差本府
教授。嘗輯文公所著書爲《續近思録》及《易傳集解》、《大學衍
説》、《論孟集疏》、《河洛探賾》等書行世。學者稱曰覺軒先
生"。① 又據趙希弁《郡齋讀書附志》卷下云:"《續近思録》十
四卷,右寶慶丁亥(1227年)蔡模纂晦庵先生之語以續之。"②
即蔡模《續近思録》成書於宋理宗初年,由此可證約成書朱熹
生前、刊印於宋寧宗嘉定年間之佚名《近思後録》,當非蔡模所
撰,其著者別有其人。《性理大全書》等書所引《近思後録》,實
誤題著者名。

四、關於《近思後録》著者

關於續編《近思録》,朱熹即多次提及當時有人在嘗試。
如《朱子語類》卷一〇一記云:

> 程子門下諸公便不及,所以和靖云:"見伊川不曾許
> 一人。"或問:"伊川稱謝顯道王佐才,有諸?"和靖云:"見
> 伊川説謝顯道好,只是不聞'王佐才'之語。"劉子澄編續
> 《近思録》,取程門諸公之説。某看來,其間好處固多,但
> 終不及程子,難於附入。(原注:必大録云:程門諸先生
> 親從二程子,何故看他不透? 子澄編《近思續録》,某勸他
> 不必作,蓋接續二程意思不得。)③

---

① 朱彝尊:《經義考》卷三五引翁合《墓志》,北京:中華書局,1998年,
　第194頁。
② 晁公武撰,孫猛校證:《郡齋讀書志校證·讀書附志》卷下,上海:上
　海古籍出版社,1990年,第1210頁。
③ 黎靖德:《朱子語類》卷一〇一《程子門人》,北京:中華書局,1986
　年,第2555頁。

同上卷一〇五曰：

> 因説《近思續録》，曰：“如今書已儘多了。更有，却看不辦。”①

又如《晦庵别集》卷三《劉子澄》亦云：

> 《近思續録》俟旦夕看畢奉報。第三録亦佳，但如此編録，得無勞心否？因看書所得，隨手抄録不妨。若作意收拾，搜尋布置，即費心力，亦須且省節爲佳也。蓋中年精力非少日可比，不可不愛惜耳。②

劉子澄名清之，字子澄，吉州廬陵人。與朱熹多有交往，學者號静春先生。卒於淳熙十六年（1189 年），年五十七。③而朱熹與劉清之書中又云“某幸如昨，但伯恭逝去，令人悲痛不可言”。伯恭即吕祖謙字，卒於淳熙八年（1181 年）七月二十九日。④ 可證朱熹此書當撰於淳熙八年八、九月間。因有關劉清之續編《近思録》之史料，僅見上述朱熹所言。故分析朱熹所言，可知：其一，劉清之於淳熙八年中已纂成《近思續録》，並進而續編“第三録”，然未詳“第三録”成書與否。其二，劉清之乃“取程門諸公之説”，以續編《近思録》。其三，朱熹雖以“蓋中年精力非少日可比，不可不愛惜耳”爲由，勸説劉清之

---

① 《朱子語類》卷一〇五《朱子二》，第 2630 頁。
② 朱熹：《晦庵先生朱文公别集》卷三《劉澄之》，《朱子全書》，上海：上海古籍出版社、合肥：安徽教育出版社，2002 年，第 4889 頁。
③ 李幼武：《宋名臣言行録·外集》卷一四《劉清之静春先生》，《文淵閣四庫全書》本。
④ 杜海軍：《吕祖謙年譜》，北京：中華書局，2007 年，第 290 頁。

不須"作意收拾，搜尋布置"編續《近思録》，而其實質乃是認爲程門弟子言行"其間好處固多，但終不及程子，難於附入"，即"接續二程意思不得"，故"勸他不必作"。此外，南宋後期采録二程弟子言行以續編《近思録》者，據現存史料記載，僅見劉清之一人。而傳世本《近思後録》之編纂時間、取材範圍等，頗吻合於上述分析之第一、第二條，故推斷其著者疑即劉清之所編之《近思續録》。至於如莫友芝所云"皆采朱子所録之外程門諸儒以下，及於朱子之説"之"朱子之説"，即書中注文所引録之"晦庵先生曰"（卷一四置於正文中），似爲後人整理文本時所添入。此外，《近思後録》未著撰人名氏，則或與朱熹上述之反對態度有一定關係。

日本寬文八年刻本
《近思別録》編者考

程水龍

現見《近思別録》十四卷存世最早的刻本,是日本寬文八年(1668年)刻本。其卷端卻未注明編纂者,關於《別録》何時何人編纂,因現存宋代文獻缺乏明確記載,國内又無《別録》傳本,而日本、韓國存世的《別録》刻本與抄本也没有署名何人編纂,故有必要探明此書的編者。

查尋歷代書目,僅有明清時期極少數書目對此書偶作著録,如明代焦竑《國史經籍志》卷四著録:"《近思別録》八卷。"①卻没有注明何人編纂。清代邵懿辰《增訂四庫簡明目録標注》云:"日本刻宋蔡模輯《續録》、《別録》各十四卷。"②也未説明日本刻本的詳情。繆荃孫《藝風藏書續記》認爲《性理群書句解後集》二十三卷"卷一至卷十二《近思録》,卷十四至卷二十《近思續録》,卷廿二、卷廿三《近思別録》。《續録》爲節齋蔡模所編,取朱文公之格言依《近思録》門類編録,故曰《續録》;《別録》,亦節齋所編,所取皆南軒、東萊之格言,故曰《別

---

① 焦竑:《國史經籍志》,馮惠民、李萬健等選編《明代書目題跋叢刊》,北京:書目文獻出版社,1994年,第302頁。
② 邵懿辰撰,邵章續録:《增訂四庫簡明目録標注》,上海:上海古籍出版社,1959年,第391頁。

録》。"①繆氏是就《性理群書句解後集》而言，筆者查驗後發現，現藏韓國的《後集》卷二二的卷端署："此集乃覺軒專集南軒、東萊二先生格言以爲《別録》。"②如此看來，《近思別録》與蔡模有一定的關聯，但是若僅僅依據上述著録和相關文字確定該書是蔡模編集，則顯得理據不足。

由於國內未見《近思別録》傳本，在此我們只有依據韓國、日本現存此書的傳世文本，來考察該書的編纂者是否爲蔡模。韓國現存《近思別録》十四卷，抄本，半葉十二行二十九字。高麗大學校有藏。但因此抄本未注明何時何人所抄，故無從考究，尋其源頭。

至於日本刻本《近思別録》的編纂者，陳榮捷《朱學論集》云：蔡模"依《近思録》十四卷輯朱子説爲《近思續録》。采自朱子《文集》、《四書集注》、《四書或問》、《語類》、《易學啓蒙》，不加評語。模又依《近思録》十四卷另采朱子兩至友張栻與呂祖謙之説爲《近思別録》，共一百零八條。二者合刊。日本東京尊經閣藏有寬文八年版本"。③

可是，關於蔡模編纂《近思別録》的問題，前人的著録或推斷，未作詳解，難以令人信服，且也不見宋代文獻記載蔡模編有此書。如果説《近思別録》是蔡模編集，那麽蔡模在集編《續録》之後，有無必要編纂《近思別録》呢？從現存版本中又如何考察該書與《近思續録》的關聯、與蔡模的關係？因而，筆者不揣孤陋，今從現存日本寬文八年刻本《近思別録》文本内容、選録理據、版本形態、編纂體例等方面進行綜合考察。

---

① 繆荃孫：《藝風藏書續記》，藝風堂刊本，1912—1913 年。
② 熊節集編，熊剛大集解：《新編音點性理群書句解》，朝鮮李朝成宗十九年(1488 年)木版本。
③ 陳榮捷：《朱學論集》，上海：華東師範大學出版社，2007 年，第115 頁。

一

　　從《續録》、《別録》所集語録内容和南宋學術背景看，如果説蔡模的《續録》是獨尊朱熹，弘揚朱學的話，那麼《別録》所輯張栻、吕祖謙之語，則有助於給讀者提供比較全面的反映南宋東南三賢思想精華的入門讀本。

　　（一）蔡模專輯朱熹一人語録爲《續録》，意欲將朱門學術立於獨尊的地位。然而，在南宋後期朱子學受推崇的背景下，如何更全面、更有效地傳播理學，值得朱學後人深思。

　　朱熹（1130—1200 年）字元晦，號晦庵，徽州婺源（今江西婺源）人。是我國近古時期最著名的哲學家，“既是中國古代思想的集大成者，也是道學的集大成者”。① 淳祐元年（1241年）朱熹與程顥、程頤、周敦頤、張載一起從祀於孔廟。

　　蔡模（1188—1246 年）字仲覺，學者稱覺軒先生。蔡沈長子，朱熹門人。作爲朱學干城的蔡模，對朱熹學術思想自然推崇有加，仿照朱熹與吕祖謙合輯的《近思録》，集編《近思續録》十四卷，弘揚朱子學術思想，理所應當。其 438 條語録純爲朱熹一人，取材主要源自朱熹《晦庵集》、《朱子語類》、《周易本義》、《四書或問》、《太極圖説解》、《四書章句集注》、《西銘解》、《易學啟蒙》、《書傳》、《經説》、《手帖》、《詩集傳》等。朱熹有代表性的學術思想基本囊括其中。蔡模編集之旨與紫陽、東萊同一苦心，“首明道之大體，以示之端，繼言爲學之要、修己治人之方，終則辨別邪異，統論聖賢，以一其向。使學者得此而潛玩焉，觸類引伸，豁然貫通，循夫擇善固執之理，裕夫明體達用之功，則于朱子之廣大閎博者，亦可得其門而入矣。由是邪

———————

① 張立文：《宋明理學研究》，北京：人民出版社，2002 年，第 398 頁。

説不攻而自破,正學已晦而復明,則覺軒之述,其有功于朱子,
並有功於聖學".① 朱熹一生著述弘富,士子後學難以遍讀,
蔡模選輯其中格言要語分類編次成《續録》,在南宋後期朱子
學漸盛之際顯得很有必要,亦具非常之功,故此書在後世朱子
學思想傳播中發揮了極其重要的作用。

　　然而,與朱熹同時期的理學大家,尚有張栻、吕祖謙等人。
以朱熹爲代表的"閩學"、以張栻爲代表的"湖湘學"、以吕祖謙
爲代表的"婺學"(或稱"吕學"),在當時和對後世影響都很大。
若仿照《近思録》來輯録南宋理學名家之精要粹言去引進後學
登堂入室的話,那麼,僅有《續録》匯集朱熹精要之語,尚顯不
夠完美。因爲朱子學並非墨守摒棄一切之學問,"善讀朱子書
者,正當遍求諸家,以收去短集長之益".② 試想若能編纂一種
讀本,將朱子與南宋張、吕諸先生類聚較研,也可算是集群儒之
大成於斯,則可讓讀者得東南三賢學術之梗概。朱學門人蔡模,
若要做到三者兼顧,僅僅集編《續録》,有失偏頗,難以與當時學
術界對接,也難以獲得其他學派的共鳴,那麼仍有必要匯集朱熹
之外的對程朱理學傳揚大有益處的入門求道文本。

　　從現存《續録》、《別録》内容的選取可見,如果説它們都是
蔡模有意爲之的話,則可見蔡模難免有門派之見,然他又欲展
示南宋理學家中東南三賢的學術思想。《別録》的編輯,意在
宣揚學界中與朱子地位相當、交往甚密的張栻、吕祖謙,這在
當時的學界也合情合理。

　　《別録》中張、吕二人的語録共計一百零八條,較之《續録》
所輯語録,明顯偏少。如果説二書均爲蔡模所爲,那麼在篇幅

① 柯崇樸:《近思續録序》,蔡模:《近思續録》卷首,清康熙二十八年天
　蓋樓刻本。
② 黄宗羲著,全祖望補修:《宋元學案》卷四八《晦翁學案上》,北京:中
　華書局,1986 年,第 1495 頁。

上有輕重之別也不爲怪，朱熹門人在三賢學術思想的宣揚上自有主次之異。但是，在南宋後期的學術背景下，朱熹以“南軒、東萊諸君子爲友”，張、呂的學術思想與程朱理學有較多相通之處，若要傳揚程朱理學，則不可將湖湘學派、婺學置之不理，輯録他們的精要語録，更有助於增强理學的傳播力度，可助程朱理學思想更加廣泛的傳播。如此，二書爲蔡模所纂，則情理可通。

（二）從著述立説、引進後學的角度來説，張栻、呂祖謙之學可以輔翼程朱理學於不墮。

著書之道，務在啓發後學，使後人易於領會其中精髓。行遠自邇，登高自卑。《近思録》的編撰就是以之爲初學入道之門，使人識聖門蹊徑。作爲朱熹再傳弟子的蔡模，領悟並實踐了朱熹、呂祖謙共輯《近思録》的旨意，首先輯録朱熹著述中的精要語録而成《近思續録》。蔡模會不會就此爲止呢？有無可能再輯録與程朱理學緊密相關的他人著述另成一書，以供時人和後學進學呢？

朱熹、張栻、呂祖謙三人生年相仿，張栻、呂祖謙皆爲朱熹首選之講友，學術思想彼此相容者較多，過從甚密，時稱“東南三賢”。朱熹雖稍年長，可相較于張栻、呂祖謙而言，則享年久長，這爲他日後在南宋學界發揮重大而深遠的影響產生了一定作用。

張栻（1133—1180 年）字敬夫，廣漢（今四川綿竹）人。張浚之子。張栻曾求學於二程再傳弟子胡宏，並繼承了胡宏的理學思想。乾道年間以張栻爲代表的湖湘學派，與閩學、婺學、江西學等具有同等重要的影響力。“南軒似明道，晦翁似伊川”，“湖南一派，在當時爲最盛”。① 因而，“張栻或許是

---

① 《宋元學案》卷五〇《南軒學案》，第 1609、1611 頁。

1160 年代最有影響的道學家"。① 終年四十八歲，謚宣。淳祐
初年從祀於孔廟。

張栻家傳忠孝，其本人"爲人坦蕩明白，表裏洞然，詣理既
精，通道又篤"；論説行事，上下皆信之。"自南軒出，而與考亭
相講究，去短集長，其言語之過者裁之歸於平正"。② 張栻與朱
熹交往頻繁，相與切磋學問，也是朱熹最爲推崇者之一，朱熹認
爲"惟我之與兄，吻志同而心契"，③贊其"名質甚敏，學問甚
正"，④"敬夫見識，卓然不可及。從游之久，反復開益爲多"。⑤

呂祖謙(1137—1181 年)字伯恭，婺州(今浙江金華)人。
與朱熹、張栻齊名，終年四十五歲，謚成，後人稱成公。因曾祖
呂好問被封爲東萊郡侯，學者又稱祖謙謂"東萊先生"，或稱
"小東萊"。朱、呂二人都曾是胡憲的門生，二人交往甚密，"呂
祖謙大概是朱熹最親近的朋友"，黄宗羲曾説："朱子生平相與
切磋得力者，東萊、象山、南軒數人而已。"⑥儘管《宋史》編撰
者將呂氏歸於"儒林"，而非"道學"，但後人並未因此而看低
他，全祖望曾爲祖謙抱不平，以爲"後世之君子終不以爲然"。
而且我們從朱熹特邀呂祖謙共輯理學入門讀本《近思録》可
知，呂祖謙對程朱理學的貢獻、對朱子學術思想的影響，皆鮮
有人能及。元皇慶二年(1313 年)，呂祖謙從祀於孔廟。

---

① （美）田浩著：《朱熹的思維世界》第二章，西安：陝西師範大學出版
　社，2002 年，第 46 頁。
② 《宋元學案》卷五〇《南軒學案》，第 1611 頁。
③ 朱熹：《晦庵先生朱文公文集》卷八七《又祭張敬夫殿撰文》，朱傑人、
　嚴佐之、劉永翔主編：《朱子全書》，上海：上海古籍出版社、合肥：安
　徽教育出版社，2002 年，第 4075 頁。
④ 朱熹：《晦庵先生朱文公續集》卷五《答羅參議》，《朱子全書》，第
　4746 頁。
⑤ 《宋元學案》卷五〇《南軒學案》，第 1635 頁。
⑥ 《宋元學案》卷五〇《南軒學案》，第 1635 頁。

程朱理學屬於理學中"主流派的正統派"。[1] "吕學"也屬於主流派,是理學陣營中的一個重要派支。該學派是吕祖謙將吕氏家學傳統和道學其它流派結合發展起來的,是十二世紀一支主要的理學流派。"吕學與朱學中的若干部分,是吕中有朱,朱中有吕,難分彼此"。[2] 吕祖謙對朱熹思想體系的每個組織部分都很瞭解,並受其啓迪,在"吕學"的軀幹上還清楚地留着"朱學"的烙印。[3] 故清人王學炳在《吕東萊先生本傳》中云:"觀先生(吕祖謙)諸書,而朱文公之學可知。""門庭徑路雖別,要其歸宿于聖人,則一也。"[4]可見,朱、吕學術相互影響,其思想與北宋新儒學一脈相承。

可見,張栻、吕祖謙對於朱熹而言,可謂左肱右臂。試想,如果在南宋後期能有一種反映張栻、吕祖謙思想精華的類似《近思録》性質的讀本面世,則對程朱理學,尤其是對朱子學影響力的增强、朱子學的久遠傳播不無裨益。

既然反映張、吕學術思想的語録可羽翼朱子之學,且與朱子之學形成並立之勢,那麼仿照《近思録》再匯集選輯張、吕二人著述編成一種新的讀本,以之引進後人,自然也在情理之中。於是,蔡模在《續録》之後繼續編集《别録》則極有可能了,既可與《續録》相匹配,亦可彌補其不足。

---

① 張立文 1983 年爲《吕祖謙思想初探》作序云:"宋明理學……成爲後期封建社會的官方哲學,影響和支配着整個上層建築領域。在理學中有主流派的正統派,如程朱'道學';有主流派的非正統派,如陸王'心學';有非主流派,如王安石的'新學',二蘇的'蜀學',吕祖謙的'婺學'等。吕祖謙爲理學家,恐無疑問。"潘富恩、徐餘慶:《吕祖謙思想初探》,杭州:浙江人民出版社,1984 年。

② 潘富恩、徐餘慶:《吕祖謙評傳》,南京:南京大學出版社,1992 年,第48 頁。

③ 潘富恩、徐餘慶:《吕祖謙評傳》,第 74 頁。

④ 《宋元學案》卷五一《東萊學案》,第 1653 頁。

　　（三）《别録》的内容爲何選取的是張栻、吕祖謙二人語録？其理據何在？

　　現存《近思别録》十四卷，内容主要是張栻、吕祖謙的格言，在語録編次上或因二人年齡而定次序，即先張栻後吕祖謙。關於張栻的語録，主要選輯張氏《南軒集》、《孟子説》、《論語解》等；關於吕祖謙的語録，主要選輯吕氏《東萊别集》、《東萊吕太史文集》、《麗澤論説集録》、《吕氏家塾讀書記》、《增修東萊書説》、《左氏博議》等。一百零八條語録中，張栻語録占49％，吕祖謙語録占51％，二者難分主次。這些語録的思想内容，多爲張、吕兩位理學家闡發明理躬行、切於後學的格言，重在詮釋、表彰周敦頤、程顥、程頤的學術思想，既有功於程朱之學，又有功於往古聖學的傳揚。

　　《續録》集編時以朱熹語録爲主，而《别録》的輯録爲何選取張、吕二人的語録呢？這就有必要從他們在南宋學界的影響來審視編者的這種取向。

　　1. 張栻、吕祖謙，在政治上的影響力較同時期的學者大，均受周敦頤、二程理學的熏陶，與集理學之大成者朱熹差不多都是同道中人。

　　張栻出身于官僚家庭，父親張浚出將入相，歷仕高宗、孝宗兩朝近四十年，政治影響力大，且在學術思想上受其師程頤弟子譙定影響較大。張栻，幼承庭訓，好學深思，隨着年歲的增長，所見卓然。張栻爲政，修身務學，治民以寬。歷任嚴州知府、吏部員外郎、侍講、左司員外郎、袁州知府、廣南西路安撫使、轉承事郎、秘閣修撰、荆湖北路安撫使等職。他亦官亦學，"外爲軍民所屬望，内爲學者之所依歸"，①在爲官之地或

――――――――

① 朱熹：《晦庵先生朱文公文集》卷八七《祭張敬夫殿撰文》，《朱子全書》，第 4075 頁。

學術研討中傳播理學思想，與朱熹交往密切、情誼深厚，僅保
存在《南軒集》中張栻給朱熹的書信、問答就達 98 篇，保存在
《朱文公文集》中朱熹給張栻的書信、問答也有 54 篇。另外還
有許多題詩作序、往來唱和的材料。① 這完全可以表明，朱子
學若能得到張栻及其學派的推崇，將會對整個學界産生積極
的影響。

　　吕祖謙的祖上爲趙宋政權的世臣，一直得到宋朝皇室的
信任。吕氏家族在政府中的影響力在北宋達到最高峰，十一、
十二世紀吕氏家人輔佐宋室的功績無人能及，有"累朝輔相"
之稱。吕氏家族非常重視讀書與治學，家學源遠流長，在學術
界威望甚高，有"雜博"的特點，學術表現出類拔萃。吕家七世
有十七人被列入《宋元學案》，其中三人各有專章論述，另有一
人與范鎮並列；其中最重要的是吕希哲、吕本中、吕祖謙，且與
二程洛學關係極爲密切。

　　吕祖謙本人仕途平坦，歷任國史院編修官、實録院檢討
官、秘書郎、著作郎等職。在政治上取隨和不争、息事寧人的
態度，他"尊長所命，非甚害義，皆當曲從"；他與學術界有着長
期廣泛來往，"至躬自厚而薄責於人"的良好士德又使他在學
人中間有良好的人緣，學人與之保持着良好的學術友誼。"與
同時代任何一個學者相比，吕祖謙的相知友好都要多得多，學
術聯繫面也最廣。"②治學"以關、洛爲宗，而旁稽載籍，不見涯
涘。心平氣和，不立崖異，一時英偉卓犖之士皆歸心焉"。③
學術交流上，氣量較大，待人誠懇，且善於聽取各方意見，如乾
道五年吕祖謙任嚴州學教授時，與張栻鄰牆，日夕講論；多次

① 張栻著，楊世文、王蓉貴校點：《張栻全集》"前言"，長春：長春出版
　社，1999 年，第 6 頁。
② 潘富恩、徐餘慶：《吕祖謙評傳》，第 44 頁。
③ 《宋史》卷四三四《儒林傳四》，北京：中華書局，1977 年，第 12874 頁。

與朱熹結伴而遊，學術交往甚密。呂祖謙的學問比較全面地反映了南宋社會思潮的特點。

在朱熹眼裏，呂祖謙既是親戚又是學術同道。《朱文公文集》中朱熹《答呂伯恭》書信有 104 封，比任何人都多，而且呂氏基本上每封必復。呂祖謙給朱熹的信有 67 封流傳下來。"從 1163 年起到呂祖謙 1181 年去世爲止，兩人一直相互影響甚巨"。[1] 朱熹欲要在南宋提升自己的威望、建立受人崇敬的學術流派，不能不依靠呂祖謙這位南宋學術領袖爲之發揮作用。故朱熹贊呂祖謙："以一身而備四氣之和，以一心而涵千古之秘。推其有，足以尊主而庇民；出其餘，足以範俗而垂世。"[2]

2. 張栻、呂祖謙二人理學思想在其學術生涯中占有相當的分量，他們常常從事於講學、教育活動，在教育界、士子中的影響很大。如張栻開湖湘之學統，培養出大批學術與政治人才，從遊者甚衆；呂祖謙"一度爲南宋學術領袖，是浙東呂學的開山之祖"，[3]故四庫館臣評價云：呂祖謙"在南宋諸儒之中，可謂銜華佩實"。

若專就呂祖謙傳道授業而言，呂氏有寬容、開放、温和之舉，故使得他能吸納一大批知識分子在自己身邊，形成了一個良好的人脈圈。諸如尤袤、陸游、周必大、薛季宣、陳傅良、陳亮、葉適、張栻、朱熹、陸九淵等，與呂祖謙保持着密切的、充分的學術交往，還常常不辭艱辛相互拜訪，或書信切磋，或面議講論等。"呂祖謙在世的最後十餘年，與士大夫建立無比廣泛的人際關係，吸引衆多學生登門請益，其他道學家都望塵莫及"。[4]

---

① （美）田浩：《朱熹的思維世界》第四章，第 114 頁。
② 朱熹：《呂伯恭畫像讚》，《朱子全書》，第 4004 頁。
③ 杜海軍：《呂祖謙文學研究》，北京：學苑出版社，2003 年，第 310 頁。
④ （美）田浩：《朱熹的思維世界》結語，第 307 頁。

在南宋乾、淳年間，呂氏在教育界的影響力比朱熹大，在
1181 年呂氏去世前，從學呂祖謙的學生遠遠超過朱熹，即朱
熹當時的影響無法與呂祖謙抗衡。① 單就婺州之地來說，呂
祖謙門人後學異常多，潘氏、時氏等望族有一家兩三代人追隨
呂祖謙問學的現象，呂祖謙雖天年不足，可是仍造就了大量人
才。他不僅在金華，乃至在全國教育界皆有很大的影響力。
這也是當時朱熹非常需要的。即便呂氏去世後，金華呂學的
影響依然很深，南宋麗澤諸儒，呂學成分相當大，重視理學，如
何基、金履祥、柳貫等曾整理注釋過理學經典讀本《近思錄》，
發揮其義理。《近思錄》經過麗澤諸儒的傳播，影響更大、更深
遠。因而有的學者認爲"呂祖謙在南宋教育方面做出的貢獻，
是他那個時代無人可比的"。② 張栻之學頗具特色，與呂氏有
類似之處，故不贅言。

　　然而歷史卻造就了朱熹，使之成爲集理學之大成者，原因
之一是因張栻、呂祖謙皆英年早逝，故全祖望在《宋元學案》中
感慨道："向使南軒得永其年，所造更不知如何也"，③"朱、張、
呂三賢，同德同業，未易軒輊。張、呂早卒，未見其止，故集大
成者歸朱耳！"④張、呂的早卒，使得其在本學派、南宋學界以
及後世的影響後來讓位於朱熹，所以朱子學在南宋末及後世
的影響能遠遠超越南宋的其他理學家。四庫館臣云："紫陽倡
道東南，祖謙實羽翼之。"⑤實際上，何嘗呂祖謙羽翼朱子學，
張栻之學亦如是。

---

① 杜海軍：《呂祖謙文學研究》，第 262 頁。
② 杜海軍：《呂祖謙文學研究》，第 264 頁。
③ 《宋元學案》卷五〇《南軒學案》，第 1609 頁。
④ 《宋元學案》卷五一《東萊學案》，第 1678 頁。
⑤ 永瑢等：《四庫全書總目》卷一三五，北京：中華書局，1965 年，第
　1148 頁。

　　因此,南宋後期,欲想在士子、後學中傳播朱子學,並藉此反映東南三賢理學思想之精華,不借助於張栻、吕祖謙之力,恐難有理想的效應。三者交往,彼此獲益。朱熹早已看到這一點,作爲《别録》的編輯者也理應看到,因爲張、吕二人的人品、學問及其潜在學術影響力,在程朱理學思想傳播中擁有特殊地位,有利於提升程朱理學擁有的影響力。故編纂《續録》者兼而編集《别録》,可得兼收並蓄的學術支助,同時也顯露出編纂者特有的智慧。

二

　　《别録》的選材剪輯,與《續録》編者蔡模集編時的手段、思維方式一致。

　　(一)《續録》是蔡模從朱熹代表性著述中取材,語録的剪輯編纂,主要呈現如下幾種情形:

　　1. 或不改動原文文字,直接將其録入《續録》,如:

　　卷一"盡己之謂忠"條:"盡己之謂忠,推己之謂恕。……夫子之一理渾然而泛應曲當,譬則天地之至誠無息,而萬物各得其所也。……曾子有見於此而難言之,故借學者盡己、推己之目以著明之,欲人之易曉也。蓋至誠無息者,道之體也,萬殊之所以一本也;萬物各得其所者,道之用也,一本之所以萬殊也。以此觀之,一以貫之之實可見矣。"①

　　2. 或將原文進行删减,或增添少量文字,將一段文字編作一條語録,如:

　　卷七"上蔡先生有言"條:"上蔡先生有言:'富貴利達,今

────────

① 此條語録直接取自朱熹《論語集注》卷二,見《四書章句集注》,北京:中華書局,1983年,第72頁。

人少見出脱得者,非是小事。邇來學者何足道？能言真如鸚鵡。'此言深可畏耳。學者須是此處立得腳定,然後博聞約禮之工有所施耳。"

此條語録源自《晦庵集》卷五二《答吳伯豐》,原文是："但念上蔡先生有言：'富貴利達,今人少見出脱得者,非是小事。邇來學者何足道？能言真如鸚鵡。'此言深可畏耳。伯豐講學精詳,議論明決,朋遊少見其比。區區期望之意不淺,願更于此加意。須是此處立得腳定,然後博文約禮之工有所施耳。"①蔡模剪裁時,删去"但念"、"伯豐……加意",增加"學者"。

卷二"學之大小"條："學之大小,固有不同,然其爲道則一而已。人之幼也,不習之于小學,則無以收其放心,養其德性,而爲大學之基本。及其長也,不進之于大學,則無以察夫義理,措諸事業,而收小學之成功。"

此條語録源自《大學或問》,原文是："學之大小,固有不同,然其爲道則一而已。是以方其幼也,不習之于小學,則無以收其放心,養其德性,而爲大學之基本。及其長也,不進之于大學,則無以察夫義理,措諸事業,而收小學之成功。"②蔡模删"是以方其"四字,增"人之"二字。

3. 偶爾也有將出自不同篇章中的文字進行剪裁,編輯成爲一條語録,如：

卷五"有不善"條："'有不善,未嘗不知,知之未嘗復行。'顏子只是天資好,如至清之水,纖芥必見。'不遷怒,不貳過。'此是顏子好學之符驗,卻不是只學此二件事。顏淵學處,專是非禮勿視、聽、言、動處。"

---

① 朱熹：《晦庵先生朱文公文集》卷五二,第 2443 頁。
② 朱熹：《大學或問》,《朱子全書》,第 505 頁。

此條語録"有不善……必見"部分,蔡模選輯《朱子語類》卷七六;①"不遷怒……動處"部分,選輯《語類》卷三〇。②

(二)《別録》取材于張栻、吕祖謙的代表性著作,對二人語録的編輯方式與《續録》非常相近。例如:

1. 卷一一"凡預此集者"條:"凡預此集者,聞善相告,聞過相警,患難相恤,游居必以齒,相呼不以丈、不以爵、不以爾汝。"

此語録直接取材於《東萊太史别集》卷五③,未作任何改動。

2. 卷一"或曰程子"條:"或曰:程子謂'善固性也,惡亦不可不謂之性也',然則與孟子'性善'之説有異乎?曰:程子此論,蓋爲氣稟有善惡言也。氣稟之性可以化而復其初。夫既可化而復其初,是乃性之本善也。"

此條語録源自張栻《孟子説》卷六,原文是:"或曰:程子謂'善固性也,惡亦不可不謂之性也',然則與孟子有二言乎?曰:程子此論,蓋爲氣稟有善惡言也。如羊舌虎之生,已知其必滅宗之類,以其氣稟而知其末流之弊至此。謂'惡亦不可不謂之性'者,言氣稟之性也。氣稟之性可以化而復其初。夫其可以化而復其初者,是乃性之本善也,可不察哉!"④編纂者選録時,改"有二言"爲"性善之説有異",删減"如羊……之性也"及"其"、"以"、"者"等文字,增"既"字。

卷三"論語首篇"條:"論語首篇所記,大抵皆欲學者略文華、趨本實,敦篤躬行,循序而進,乃聖人教人之大工夫。"

---

① 黎靖德:《朱子語類》卷七六,北京:中華書局,1986年,第1949頁。
② 黎靖德:《朱子語類》卷三〇,第767頁。
③ 吕祖謙:《吕祖謙全集》第1册,黄靈庚、吴戰壘主編,杭州:浙江古籍出版社,2008年,第359頁。
④ 張栻:《張栻全集》,第427頁。

　　此條語錄源自張栻《論語解》卷一，原文是：“此篇列于魯論之首，所記大抵皆欲學者略文華、趨本實，敦篤躬行，循序而進，乃聖人教人之大方。”①編者改“此篇列于魯論之首”爲“論語首篇”，“大方”爲“大工夫”。

　　卷一“東萊先生曰易有”條：“東萊先生曰：‘易有太極，是生兩儀’，非謂既生之後無太極也，卦卦皆有太極；非特卦卦，事事物物皆有太極。乾元者，乾之太極也。坤元者，坤之太極也。一言一動，莫不有之。”

　　此條語錄源自呂祖謙《麗澤論説集錄》卷一，原文是：“‘易有太極，是生兩儀’，非謂兩儀既生之後無太極也，卦卦皆有太極；非特卦卦，事事物物皆有太極。乾元者，乾之太極也。坤元者，坤之太極也。一言一動，莫不有之。”②編纂者選錄時，增“東萊先生曰”，删“兩儀”。

　　3. 卷一四“賈生英俊”條：“賈生英俊之才，若董相則知學者也。治安之策，可謂通達當世之務，然未免乎有激發暴露之氣，其才則然也。天人之對，雖若緩而不切，然反復誦味，淵源純粹。蓋有餘意，以其自學問涵養中來也。橫渠皆是身經歷做工夫，剖決至到，故於學者凝滯處尤爲有力。”

　　此條語錄，“賈生……中來也”部分，選輯於張栻《南軒集》卷一六《賈董奏篇其間議論孰得孰失》篇；③“橫渠……有力”部分，選輯於《南軒集》卷二六《答蕭仲秉》篇。④

　　因此，從上述《續錄》、《別錄》編纂思路、手法的比較可見，《別錄》與《續錄》一樣，均從語錄者最具代表性著述入手去選材；對材料的剪裁基本形成以上幾種主要模式，與《續錄》幾乎

---

① 張栻：《張栻全集》，第 74 頁。
② 呂祖謙：《呂祖謙全集》第 2 册，第 2 頁。
③ 張栻：《張栻全集》，第 782—783 頁。
④ 張栻：《張栻全集》，第 914 頁。

同出一轍。因而,這兩種文本極可能出於具有此思維特徵的同一編者所爲。

三

從寬文八年刻本形態上看,《近思別録》與蔡模《近思續録》版式基本相同,刊刻者視其爲同一人所編。

現藏日本國立公文書館的寬文八年刻本,蔡模集編《近思續録》十四卷,422 條。半葉八行十七字,四周單欄,白口,綫魚尾。無界欄。框高 20.00 釐米,寬 15.10 釐米。卷端題"考亭門人蔡模集編"。版心刻書名(如"近思續録")、卷次、頁碼。此刻本字體爲長仿宋體,且在漢字旁邊標日文訓讀符號。

此刻本三册,與《近思別録》十四卷一册,按先後編排,合爲一函。《別録》的版式與蔡模《續録》一樣,爲半葉八行十七字,四周單欄,白口,綫魚尾。框高 20.00 釐米,寬 15.10釐米。卷端無題。版心刻書名(如"近思別録")、頁碼。字體相同。

稍有區別的是:《別録》没有像《續録》卷端那樣署"考亭門人蔡模集編",除卷一卷端題書名(即"近思別録")、卷次、篇名(如"道體")外,第二至十四卷只署"第某卷"、篇名。如此看來,日本學者及刊梓者是將二書作爲蔡模一人的著述刊行,兩種文本共用一個牌記,即第四册卷末内封牌記:"寬文戊申中秋日　洛陽角倉通鹽屋町　小松太郎平刊行"。

故從形態比較而言,《別録》刻本的版式特徵、字體與裝訂在一起的蔡模《近思續録》刻本相同,刊刻者視二者皆蔡模編輯。

而且能夠佐證這種意識的是現存日本國會圖書館藏本

《新刊音點性理群書句解》"後集"①中收録有《近思別録》十四卷，編排在蔡模《近思續録》十四卷之後，而且在《近思別録》卷一卷端署："此集乃覺軒專集南軒、東萊二先生格言以爲《別録》。"

四

從編纂體例看，二書均仿《近思録》十四卷體例編次，《近思別録》各卷題名與蔡模《近思續録》基本相同，篇名擬定疑出自同一人之手。

《續録》正文各卷題名分別是：道體、爲學、致知、存養、克治、齊家、出處、治體、治法、臨政處事、教人、警戒、辨別異端、總論聖賢。十四卷438條語録，每條單列，頂格刻印。

《別録》十四卷正文各卷卷端題名分別是：道體，爲學大要，致知，存養，克己，家道，出處義利，論治體，論治法，論政事，論教學，警戒，辨異端，觀聖賢。輯張栻、吕祖謙語録共計108條，每條單列，頂格刻印。

並且，《續録》正文前所刻《近思續録目録》載："第一卷道體類，五十一條；第二卷爲學類，六十四條；第三卷致知類，四十九條；第四卷存養類，四十六條；第五卷克己類，二十四條；第六卷家道類，十六條；第七卷出處類，凡二十三條；第八卷治體類，十八條；第九卷治法類，二十四條；第十卷政事類，二十一條；第十一卷教學類，十條；第十二卷警戒類，十七條；第十三卷辨異端，十條；第十四卷人品類，四十九條。"②又云："《別

① 熊節編，熊剛大集解：《新刊音點性理群書句解》前集二十三卷、後集二十三卷，日本國立國會圖書館藏本，明代初年平壤府重刻本。
② 需要説明的是，日本寬文八年刻本此處所記卷名、語録條數與正文存在一些差異，主要是因爲條目分合所致，而其內容卻基本一致。經比較，國內存世的清康熙年刻本也存在類似情況，或與刻工刊印有關。

録》目録同右,凡百八條。"

　　由於寬文八年刻本《別録》單列爲一册,没有專門刻印《目録》,從《續録》目録載録的文字可推斷,刊者或編者以爲《別録》"目録同右",故没有必要再編"目録"。而且二者正文中的篇卷體例相同、篇名幾乎完全相同,難分彼此。所以,《續録》、《別録》的體例,宜出自同一人所思,定然不會是兩位不相關者編集。

　　無獨有偶的是,韓國高麗大學校現藏《近思續録》、《近思別録》抄本,《別録》卷端也未署"蔡模集編"字樣,而抄寫者也是將二書前後編列,蔡模《續録》十四卷與《別録》抄本合爲一册裝訂,文中編纂體例、版式風格等完全一致。由此可見,朝鮮朝時代的學者在抄寫時也認爲兩書屬於同一人編纂,故抄編在一起,或許也因前文《續録》卷端已署"覺軒蔡模編",故《別録》卷端則省略。並且現藏日本國立公文書館的朝鮮萬曆二十七年寫本:《近思續録》十四卷、《近思別録》十四卷,合爲二册。也是如此。可見此二書在兩個不同的國度,卻如同形影不離的姊妹常常一起面世,總是合刻或合抄在一起。所以日本江户時代的大儒山崎嘉説:"蔡覺軒以先生之書編爲《續録》,采張氏、吕氏之書爲之《別録》。"①

　　通過上述幾個方面的比較闡釋,我們認爲寬文八年刻本《近思別録》與蔡模《近思續録》編集的用意、思維理念以及編輯體例等基本相同,儘管《別録》卷端未署名"蔡模編",但它理應是南宋蔡模集編。

_____

① （日）寬文十年山崎嘉《近思録序》,載日本京都壽文堂武村市兵衛刊
　本《近思録》,東京大學有藏。

《近思録》注者考二則[*]

程水龍　曹　潔

從存世文獻考察,宋代理學入門經典《近思録》的注解者有三位,即楊伯嵒、葉采、熊剛大。其中的楊氏,人們鮮有知其詳情者,至於葉采,《宋元學案》之類的文獻雖有記録,但頗令人疑惑,故有必要作以考述,以助閲讀《近思録》注本者。

一、楊伯嵒生平考

《近思録》注本中現存最早的刻本是南宋刻本《泳齋近思録衍注》十四卷,然人們對其注解者楊伯嵒知曉甚少。關於此人的生平,翻檢現存文獻資料,僅見片言隻語,且説法不一,如云"名伯巖"、"伯嵓"、"字彦瞻"、"字彦思"、"彦德"、"號泳齋"、"朱子門人"、"代郡人"、"錢塘人"等等説法,至於哪一種更爲確切,其生平詳情如何,尚不清楚,故有必要作仔細考證,還其本來面目,以助學界對其著述作進一步研究。

(一) 關於楊氏的名、字、號

楊伯嵒,名伯嵒,或伯嵓。"嵒"、"嵓"古同"巖",二字形雖

＊　此爲國家社科基金項目《朱子〈近思録〉東亞版本研究》(15BZX041)
階段研究成果。

異，然説他姓楊名伯嵒，並没有錯。《四庫全書總目》卷四二"經部小學類"著録"《九經補韻》一卷"。館臣云："宋楊伯嵒撰。伯嵒字彦思，號泳齋，自稱代郡人。然南宋時代郡已屬金，蓋署郡望也。淳祐間以工部郎守衢州。周密《雲煙過眼録》載伯嵒家所見古器，列高克恭、胡泳之後。似入元尚在矣。"①《總目》卷一三五"子部類書類"著録："《六帖補》二十卷"。館臣又云："宋楊伯嵒撰。伯嵒有《九經補韻》，已著録。"②

由於尚不明白《總目》所著録的楊氏這兩種文本是何時何地刊印或抄寫，故相比之下，現存南宋刻本《泳齋近思録衍注》蘊藏的信息更顯可貴。據此刻本《衍注》卷端題署"代郡楊伯嵒彦瞻"，③及宋代鄧牧《洞霄圖志》卷六《樓真洞神光記》載："紹定辛卯孟夏，郎官楊公彦瞻遊九鎖山幽巖邃谷，無所不歷。……且無忘楊公之德，公名伯嵒，彦瞻其字，和武恭王孫，好善忘勢，不異儒家子。"④清葛萬里《別號録》卷一所云"泳，楊伯巖，彦瞻"，⑤則肯定了楊伯嵒，字彦瞻，號泳齋。

但是，楊氏除"字彦瞻"外，有無"彦思"，或別的字號呢？據《欽定續文獻通考》卷一六〇《經籍考》載："楊伯嵒《九經補韻》一卷。伯嵒字彦思，號泳齋，代郡人。淳祐間以工部郎守衢州。……於嘉定十七年冬而書成焉。"⑥宋周密《雲煙過眼録》云："楊彦德，伯巖，號泳齋。"依此，楊伯嵒之"嵒"也有寫作

---

① 永瑢等：《四庫全書總目》卷四二，北京：中華書局，1965 年，第 362 頁。
② 《四庫全書總目》卷一三五，第 1152 頁。
③ 程水龍：《〈近思録〉集校集注集評》，上海：上海古籍出版社，2012 年，第 17 頁。
④ 鄧牧：《洞霄圖志》卷六，《文淵閣四庫全書》本，第 587 册，第 462—463 頁。
⑤ 葛萬里：《別號録》卷一，《文淵閣四庫全書》本，第 1034 册，第 125 頁。
⑥ 嵇璜、曹仁虎等：《欽定續文獻通考》，《文淵閣四庫全書》本，第 630 册，第 1184 頁。

"巖"的,其字一作"彦思"或"彦德"。

(二)關於楊氏的郡望及居住地

從前文所據文獻看,楊伯嵒生活在南宋時期,他是代郡人還是錢塘(今浙江杭州)人？爲何歷史上會出現這種地域差異？這兩地與他有何關係呢？

古人行文或落款往往在自己的名字前冠以籍里,從現存《衍注》宋刻本的卷端署名"代郡楊伯嵒"、南宋嘉定十七年(1224年)楊氏所作《九經補韻原序》末云"代郡楊伯嵒彦瞻序"[1]可知,代郡或許就是楊氏的故里。

代郡,即代州(今山西原平)。據史料記載,宋徽宗宣和七年(1125年)十二月,金國攻占了代州。南宋時期,代郡已不屬於宋朝的版圖,而生活在此時的楊伯嵒,行文卻自言"代郡",或許是表明自己郡望所在,或是對故土的思念。

歷史上關於楊氏籍貫,還有"錢塘"一說,如《浙江通志》卷一一四《職官四》中云:"楊伯嵒,錢塘人。"[2]浙江的錢塘與北方的代郡相距遙遠,爲何會有這樣的差異呢？這裏有必要考察楊氏祖籍和當時實際居住地的關聯。

代州,隋朝開皇五年(585年)建置,唐天寶初改雁門郡,乾元年間仍名代州,北宋因之置爲代郡,金人占據此地後置震武軍。《代州志》對楊氏與代州的關聯有載,云:"楊業,太原降將劉繼業也。太宗聞其勇召見,復姓名,拜代州刺史。遼寇雁門,業以數百騎大破之。虜畏業甚,望見旌旗輒引去,號'無敵'。後潘美敗耶律斜軫,入寰州,業欲稍避其鋒,護軍王侁等

---

① 楊伯嵒:《九經補韻原序》,《文淵閣四庫全書》本,第237冊,第768頁。
② 嵇曾筠等監修,沈翼機等編纂:《浙江通志》卷一一四,《文淵閣四庫全書》本,第522冊,第88頁。

强業戰，業泣而出師，設伏陳家谷口，至暮俿又撤谷口兵，故業戰窮，爲虜所獲，不食死。子延玉亦死。他子延昭號六郎，知保州，孫文廣知宜、邕二州。"①很顯然，楊氏家族與代郡有過真切的關係。

《宋史》卷二七二載：

> 楊業，并州太原人。父信，爲漢麟州刺史。業幼倜儻任俠，善騎射，好畋獵，所獲倍於人。……弱冠事劉崇，爲保衛指揮使，以驍勇聞。累遷至建雄軍節度使，屢立戰功，所向克捷，國人號爲"無敵"。太宗征太原，素聞其名，嘗購求之。既而孤壘甚危，業勸其主繼元降，以保生聚。繼元既降，帝遣中使召見業，大喜，以爲右領軍衛大將軍。師還，授鄭州刺史。帝以業老於邊事，復遷代州兼三交駐泊兵馬都部署，帝密封囊裝，賜予甚厚。會契丹入雁門，業領麾下數千騎，……契丹大敗。以功遷雲州觀察使，仍判鄭州、代州。

朔州之敗後，被俘，絶食而死。宋帝詔曰："故雲州觀察使楊業誠堅金石，氣激風雲。挺隴上之雄才，本山西之茂族。自委戎乘，式資戰功。……可贈太尉、大同軍節度，賜其家布帛千匹，粟千石。"②宋初，楊業已久居代州，鎮守邊關，爲"茂族"。《平定楊氏宗譜》也云，先祖中楊肇在宋太平興國四年(979年)遷平定，與北宋名將楊業同宗同族。代州一帶的楊氏屬"新昌房楊氏世系"，③據該世系表及《宋史》記載，可以肯定北宋時楊

---

① 明萬曆周弘禴纂，張橋校，施重光修：《代州志》，傳抄本，上海圖書館藏。
② 《宋史》卷二七二，北京：中華書局，1977年，第9303—9305頁。
③ 楊景宏等編：《平定楊氏家譜》，2002年電腦排印本，上海圖書館藏，第18—20頁。

重貴(楊業)居代州一帶,爲郡中望族。

　　另據《乾隆崞縣志》卷八“人物傳”,記載了崞縣(今山西原平)楊宗閔、楊震、楊沂中、楊偰、楊倓四代關係。① 宋時崞縣屬代州,故亦云楊氏爲代州人。

　　《宋史》載,楊業有七子,“業既殁,朝廷録其子供奉官延朗爲崇儀副使,次子殿直延浦、延訓並爲供奉官,延瓌、延貴、延彬並爲殿直”。“延朗本名延朗,後改焉。……契丹憚之,目爲楊六郎”。② 楊延昭長年治兵護塞,子楊文廣。

　　楊業的另一支脈是楊延彬,其子楊宗閔,楊宗閔子楊震,《宋史》有載:“楊震字子發,代州崞人。以弓馬絶倫爲安邊巡檢。”宋靖康元年與子楊居中、楊執中守麟州建寧砦,“闔門俱喪,唯長存中從征河北獨免。明年宗閔亦死事於長安。震時年四十四。建炎二年,詔贈武經郎。存中貴,請於朝,諡曰恭毅”。③ 崞,即崞縣。楊存中是楊震長子,是楊震這一支唯一幸存的血脈。據“新昌房楊氏世系”表載,楊存中有三子:楊契(按,一作“偰”)、楊倓、楊偰。

　　楊存中秉承了楊家一門的光榮傳統,一生從事抗金戰鬥,與當時名將岳飛、韓世忠等苦心維持着南宋的偏安。據《宋史》載:

　　　　楊存中,本名沂中,字正甫,紹興間賜名存中,代州崞縣人。祖宗閔,永興軍路總管,與唐重同守永興,金人陷城,迎戰死之。父震,知麟州建寧砦,金人來攻,亦死於難。……乾道元年班師,加昭慶軍節度使,復奉祠。時興屯田,存中獻私田在楚州者三萬九千畝。二年,卒,年六

---

① 邵豐鍭、顧弼修,賈瀛纂:《乾隆崞縣志》,清乾隆二十二年刻本。
② 《宋史》卷二七二,第 9306、9308 頁。
③ 《宋史》卷四四六,第 13166—13167 頁。

十五,以太師致仕,追封和王,謚武恭。……存中天資忠
孝敢勇,大小二百餘戰,身被五十餘創,宿衛出入四十年,
最寡過。孝宗以爲舊臣,尤禮異之,常呼郡王而不名。
父、祖及母皆死難,存中既顯,請於朝,宗閔謚忠介,震謚
忠毅,賜廟曰顯忠,曰報忠。又以家廟、祭器爲請,遂許祭
五世,前所無也。……所居建閣以藏御書,孝宗題曰"風
雲慶會之閣"。子,偰工部侍郎;倓簽書樞密院事、昭慶軍
節度使。①

厲鶚《宋詩紀事》卷四七載:"楊偰。偰字子寬,崞縣人,居臨
安。和王存中之子。紹興十五年進士,仕至權工部侍郎。"②
　　關於楊伯嵒與楊存中等人的關係,岳珂《金佗續編》卷二
八《鄂武穆王岳公真讚并序》載"近有士夫得楊武恭王之孫伯
嵒者言";③鄧牧《洞霄圖志》又載"宋紹定辛卯,有楊公伯嵒
者,武恭王之孫,遊山至棲真洞"。④ 周密所輯《絕妙好詞箋》
卷三亦載:"伯嵒字彥瞻,號泳齋,楊和王諸孫,居臨安。淳祐
間除工部郎,出守衢州,錢唐薛尚功之外孫,弁陽周公謹之外
舅也。有《六帖補》二十卷、《九經補韻》一卷行世。"⑤
　　另據周密《武林舊事》,楊沂中的園宅,在南山路有楊郡王
府上園亭、小麥嶺有松庵、西湖三隄路有楊園,北山路有楊和

---

① 《宋史》卷三六七,第11433—11440頁。
② 厲鶚:《宋詩紀事》卷四七,《文淵閣四庫全書》本,第1485冊,第
　　49頁。
③ 岳珂:《金佗續編》卷二八,《文淵閣四庫全書》本,第446冊,第
　　747頁。
④ 鄧牧:《洞霄圖志》卷四《西洞神光》,《文淵閣四庫全書》本,第587
　　冊,第430頁。
⑤ 周密原輯,查爲仁、厲鶚同箋:《絕妙好詞箋》卷三,《文淵閣四庫全
　　書》本,第1490冊,第40頁。

王府水閣、楊府廨宇、聚秀園、雲洞園、環碧園等。① 可見楊氏家業之大,没有幾代人的定居積蓄,恐難有如此規模。依此推斷,宋室南渡後,楊氏家族定居臨安(今杭州)是可以肯定的。

從上述文獻記載可知,楊存中即"楊和王"、"武恭王",南宋著名武將。楊存中隨高宗南渡後,主要居住地在臨安。其子楊偰爲南宋高宗紹興十五年(1145年)進士,官至工部侍郎,居臨安。《乾隆崞縣志》卷三"進士"欄下載:"宋(年代失考),楊俅。"那麼,楊伯嵒作爲楊存中之孫,宜爲已經定居臨安的楊偰或楊俅之子。稱楊伯嵒籍里是南宋時期"錢塘人"或"臨安人",符合實情,且與楊氏祖居郡望之地"代郡"之間並不矛盾。

而且,依據與楊家聯姻的親屬住地,也可佐證楊伯嵒長期居住臨安。據《絶妙好詞箋》卷三,楊伯嵒與宋代的薛尚功、周密等皆有姻親關係,即楊伯嵒是錢塘人薛尚功的外孫,是周密的外舅(即岳父)。

薛尚功,字用敏,錢塘人。南宋紹興年間爲通直郎,後官至僉書定江軍節度判官廳事。博洽好古,精通篆籀,尤好鐘鼎書,著有《歷代鐘鼎彝器款識法帖》二十卷。周密,字公謹,號草窗,又號弁陽老人,南宋文學家。祖籍濟南,流寓吴興(今浙江湖州)。取楊伯嵒女爲妻,"楊大受、楊大芳或伯嵒之子,草窗妻黨",周密"晚年以與楊沂中諸孫大受有連,依之居杭",②著有《武林舊事》、《草窗詞》、《癸辛雜識》等。既然當時與楊家有姻緣關係者,多居住在南宋京城附近,或依附楊家而住臨安,那麼南宋時的楊伯嵒爲"臨安人"也是可考的。

---

① 夏承燾:《周草窗年譜》,見《唐宋詞人年譜》,上海:上海古籍出版社,1979年,第353頁。
② 夏承燾:《周草窗年譜》,見《唐宋詞人年譜》,第318頁。

（三）關於楊氏的生卒及其主要仕宦經歷

　　楊伯嵒生年無考，卒年可依據《周草窗年譜》所載：“寶祐二年甲寅，二十三歲。春，往桐川。楊伯巖卒。”①寶祐爲南宋理宗年號，楊氏於寶祐二年（1254 年）卒。至於楊伯嵒是否死於桐川，不得而知。或許是楊伯嵒死後葬於桐川，或許是周密護送岳父靈櫬回籍時路過桐川。

　　關於其生平主要經歷，各種文獻記載瑣碎，或語焉不詳，今據現存零星資料可以做如下推斷。如據楊氏作《九經補韻原序》的時間，即南宋嘉定十七年（1224 年），若云其青壯年有此著則很有可能。另清戴咸弼《東甌金石志》“楊伯嵒祝祖寧龍鼻洞題名”孫詒讓按語云：

　　　　伯嵒，南宋末人，著有《九經補韻》、《六帖補》等書，今並有傳本。……伯嵒爲楊和王沂中曾孫，見《吕午六帖補序》）。又周密《癸辛雜識》云：“先子爲衢倅時，外舅楊彦瞻知郡，既而除工部郎中。”蓋即《總目》所據。又嘗以朝請郎知臨江軍，見舊鈔本薛尚功《鐘鼎款識》題字。據《癸辛雜識》，則泳齋爲周公謹婦翁，其所著《九經補韻》，自序題嘉定十七年。既已富有著述，即未中年亦必在弱冠以後。自嘉定十七年至德祐元年宋亡，又歷五十二載，則泳齋入元蓋已七八十歲，老年息影，更歷滄桑，未必尚遠出遊。覽此題必在宋時所刻無疑也。②

孫氏考訂推測“龍鼻洞”楊氏題名時間或在嘉定年間，那麼此

① 《周草窗年譜》，見《唐宋詞人年譜》，第 328 頁。
② 戴咸弼撰，孫詒讓校補：《東甌金石志》，《續修四庫全書》本，第 911 册，第 396 頁。

時楊氏精力旺盛,遠遊則順理成章。

關於嘉定之後楊氏仕宦經歷雖不詳,據其他文獻仍可考察到部分綫索,如前引鄧牧《洞霄圖志》卷四《西洞神光》云"宋紹定辛卯"楊伯嵒游山至棲真洞,紹定辛卯,即理宗紹定四年(1231年),壯年的楊氏遊歷各地是完全可能的。

清康熙年《衢州府志》卷一二"知州"欄下載:"淳祐四年,楊彦瞻。"①楊彦瞻即伯嵒,淳祐四年(1244年)知衢州,《周草窗年譜》亦云淳祐四年"外舅楊伯嵒守衢州"。淳祐六年丙午(1246年),周密十五歲,侍父衢州,"歲丙午、丁未,先君子監州太末時,刺史楊泳齋員外……一時名流星聚"。② 可見楊伯嵒與周密父親都曾在衢州爲官,淳祐七年周密隨父離開衢州,而與楊伯嵒家締結婚約大概在此前後。故淳祐六年、七年,楊伯嵒當時守衢州,應該沒有異議。

至於《欽定續文獻通考》卷一六〇《經籍考》載:"伯嵒……淳祐間以工部郎守衢州。"陳榮捷《朱學論集》云楊伯嵒"淳祐(1241—1252)中守衢州",③恐是大略之意。因爲據宋張淏《會稽續志》卷二載:"楊伯嵒以吏部郎官除,淳祐七年五月十六日到任,八年正月一日除樞密院檢詳諸房文字。"④也就是説,楊伯嵒淳祐七年五月升任吏部郎官,淳祐八年升至樞密院。且《紹興府志》"職官表"云楊伯嵒淳祐七年爲浙東提刑。

由上述幾則材料推知,楊氏主要生活年代,應在南宋寧

---

① 《中國地方志集成》(浙江府縣志輯),上海:上海書店,1993年,第229頁。
② 《周草窗年譜》,見《唐宋詞人年譜》,第325頁。
③ 陳榮捷:《朱學論集》,上海:華東師範大學出版社,2007年,第105頁。
④ 張淏:《會稽續志》卷二,《文淵閣四庫全書》本,第486册,第466頁。

宗、理宗朝。至於其生年，從其祖上尚武、家境顯貴的角度推想，其享年不會很短。嘉定十七年他已著就《九經補韻》，此時他絕非少年，若正值壯年，宜三十歲左右。依此上推，筆者以爲楊氏或出生於南宋寧宗朝早期。

（四）楊氏的主要著述

《文淵閣四庫全書》收録楊伯嵒著述有：《九經補韻》一卷、《六帖補》二十卷。楊氏《九經補韻》的刊刻時間，據楊氏《九經補韻原序》於嘉定十七年完成並作序，刊行時間應在此後不久。其《六帖補》的刊刻地點與時間，張秀民《中國印刷史》認爲南宋淳祐四年（1244 年）"衢州學宮刻楊伯巖《六帖補》"二十卷。[①] 至於楊氏《泳齋近思録衍注》的刊刻地點與時間，僅有陳榮捷《朱學論集》認爲楊伯嵒於 1246 年衍注《近思録》。[②] 筆者《〈近思録〉集校集注集評》則以爲此書刊刻於衢州，因爲據前文可知淳祐年間楊氏以工部郎守衢州，那麼作爲衢州地方長官，他應有條件刊行自己的著述。

此外，關於楊氏是不是"朱子門人"，目前僅見清人茅星來《近思録集注附説》有記載：

> 姚氏曰：予丁卯館錦邨，有出《近思録》宋刻相示，録中凡先聖賢與諸先生必空一字，想朱子原本式也。五卷末較他本多一條，後於友人處得楊泳齋《衍注》，閲之，注甚約，而精要亦少，其書實宋刻，但嫌其中多載《章句集注》語。蓋此時《章句集注》未行世，而門人只以師説示學者故也，但與前所見本又有不盡同者。楊名伯嵒，字彥

① 張秀民：《中國印刷史》，上海：上海人民出版社，1989 年，第 80 頁。
② 陳榮捷：《朱學論集》，第 105 頁。

瞻，朱子門人。①

但是查閱清萬斯同《儒林宗派》卷一〇"朱子門人"，②未見有楊伯嵒之名；而且陳榮捷《朱子門人》、方彦壽《朱熹書院及門人考》，均未見到關於楊伯嵒爲朱子門人的記載，故筆者對"門人"之説存疑。

二、《宋元學案》所載兩位"葉采"考辨

《近思録》是朱熹、吕祖謙輯集北宋周、張、二程四子語録而成的一部理學入門書。在《近思録》的衆多注本中，南宋葉采集解本流布最廣。葉采集解蕆事於朱子逝世將近半個世紀的淳祐八年(1248 年)，並於淳祐十二年奉書表奏於朝，獲得皇家的重視和贊許。從此以至清代中葉，葉氏《集解》一直盛行不衰，成爲發行量最大的《近思録》通行注本。其面世後不久，便遠播東亞的朝鮮、日本，該注本也成爲東亞區域最具代表性的《近思録》注本。儘管"葉采"其人在東亞從事《近思録》文獻研究者、閱讀者的心目中具有不同尋常的地位，但是，關於他的諸多信息依舊不甚明朗，或存在爭議。例如《宋元學案》這部學術思想史名著，記載有南宋理宗年間的"建安"葉采、"邵武"葉采，他們是否指同一人呢？筆者在此欲努力考辨澄清，以求教方家。

(一)《宋元學案》關於"葉采"的兩處記載

一是《宋元學案》卷六五《木鐘學案》"西山家學"下，"秘監

---

① 茅星來：《近思録集注附説》，《文淵閣四庫全書》本，第 699 册，第 161—162 頁。
② 萬斯同：《儒林宗派》，《文淵閣四庫全書》本，第 458 册，第 556 頁。

葉平巖先生采"條記載：

> 葉采，字仲圭，（雲濠案：謝山《學案》原底云："一字
> 平巖。"）邵武人。初從蔡節齋受《易》學，已而往見陳北
> 溪。北溪以其好躐高妙，而少循序就實工夫，屢折而痛砭
> 之。先生自是屏斂鋒芒，俛意信向，駸趨着實，北溪深喜
> 之。（雲濠案：《學案》原底有云："初事節齋，後事李方
> 子。"）寶慶初，爲秘書監，嘗論郡守貪刻之害，上嘉納之。
> （梓材謹案：《道南源委》、《儒林宗派》皆以先生爲文修
> 子，蓋自文修從朱子於武夷，遂居建寧，及先生登淳祐進
> 士，爲邵武尉，故訛而爲邵武人歟?）①

二是《宋元學案》卷七〇《滄洲諸儒學案下》"果齋門人"
下，"縣令葉先生采"條記載：

> 葉采，建安人，安仁令子是之仲子也。鄉貢進士。婿
> 於李公晦，從公晦問學，得其指歸。（梓材謹案：《學案》
> 原底於《葉平巖傳》云："初事節齋，後事方子。"方子即公
> 晦。蓋宋有兩葉采，事節齋者平巖，事公晦者先生，因同
> 名而誤及之珥。又案：先生嘗爲昌化宰。見胡石塘所作
> 《陳孝子傳》。）②

上述兩處關於"葉采"的記錄，不同之處是：1. 一字仲圭，
一無字號；2. 一稱"秘監葉平巖先生"，一稱"縣令葉先生"；
3. 一爲邵武人，居建寧，一爲建安人；4. 一是葉文修子，一是葉

---

①　黄宗羲原著，全祖望補修：《宋元學案》卷六五《木鐘學案》，北京：中
華書局，1986年，第2108頁。
②《宋元學案》卷七〇《滄洲諸儒學案下》，第2331頁。

子是子;5. 一是師從蔡淵、陳淳,一是師從李方子,且爲李氏女婿;6. 一位是理宗淳祐年進士,一位是鄉貢進士;7. 一位曾任邵武尉、秘書監,一位曾任縣令、昌化宰。

《學案》中的兩處記載皆云葉采是朱熹再傳弟子。清代道光年間王梓材、馮雲濠在校訂此書時,所據底本均言葉采"初事節齋,後事李方子"。清光緒二十六年刊本《邵武府志》在宋代"知軍"欄下記載:"葉采字仲圭,建安人,嘗從李方子學。"[①]看來,朱熹弟子李方子是葉采的老師應該没大問題。李方子(1169—1226年)字公晦,號果齋,昭武人,朱熹武夷精舍門人。

由於《宋史》無"葉采"傳記,《學案》所記載的"葉采",則主要生活在南宋理宗朝,爲建州人。宋代福建路有六州、二軍。建州(東漢建安初年設爲建安縣,宋紹興三十二年升建州爲建寧府)下轄七縣,即建安、浦城、嘉禾、松溪、崇安、政和、甌寧。"邵武爲閩西郡,初吳立爲昭武,又爲邵武,又爲邵陽,又爲樵陽,舊志云古以南爲昭,武者以地在武夷山南,故爲昭武",[②]緊鄰建州。

《木鐘學案》所言的"葉采",其師從的蔡淵、陳淳二先生,《宋史》均有記載:蔡元定,建州建陽人,其子蔡淵(1156—1236年)字伯靜,號節齋,建陽人,朱熹滄洲精舍門人。陳淳(1153—1217年)字安卿,號北溪,漳州龍溪人,朱熹滄洲精舍門人。若從上述李、蔡、陳三人所居住地域看,他們都屬於南宋福建路,且長期在建州境内隨朱熹研學。在古代交通不便的情況下,求學問道者往往都會選擇距離自家較近者師從之,因

---

① 王琛等修,張景祁等纂:《邵武府志》卷一五,清光緒二十六年刊本,見《中國地方志叢書》第 73 號,臺北:成文出版社,1967 年,第 280 頁。

② 王琛等修,張景祁等纂:《邵武府志》卷一,見《中國地方志叢書》第 73 號,第 27 頁。

而不論建安的葉采,還是邵武的葉采,都有可能師從此三人。

可是,若知二"葉采"詳細籍里,還得追索其父輩履歷。

(二) 葉湜與葉文修的籍貫、子嗣

關於葉采的父親,《滄洲諸儒學案上》載:"葉湜——子采,見上《果齋門人》。"①意爲葉采是葉湜之子。查尋《學案》李果齋門人欄下注云:"葉采——陳天澤、陳沂,別見《北溪學案》。"②再閲《北溪學案》,云"秘監葉平巖先生采,別見《木鐘學案》",③而《木鐘學案》所載梓材案語,卻説葉采"爲文修子"。

如果《學案》編校者清楚葉采信息,此處記載文字爲何交叉混雜呢? 由此看來,《宋元學案》關於"葉采"的兩處記載是雜亂不清的。而關於"葉采"父親——① 葉湜、② 葉文修,現存文獻又如何記載的呢?

1. 葉湜有子"葉采"。

《滄洲諸儒學案上》載:"葉湜,字子是,建安(今建甌市)人。以父任調新華簿,去尉寧都,歷安仁令以卒。壯歲遊朱文公之門,得以直養氣之説,故其爲人磊落明白,無所回隱。"④清初史學家萬斯同《儒林宗派》卷一〇"朱子門人"亦云:"葉湜,子是,建安。"⑤明代朱衡《道南源委》卷三有類似記載,説"葉公湜字子是,甌寧人"。現存清康熙年《甌寧縣志》亦載有此人。

葉湜嘗與真德秀同僚,真德秀稱許之。而《滄洲諸儒學

---

① 《滄洲諸儒學案上》,第 2256 頁。

② 《滄洲諸儒學案上》,第 2246 頁。

③ 《北溪學案》,第 2236 頁。

④ 《宋元學案》卷七〇《滄洲諸儒學案上》,第 2321 頁。

⑤ 萬斯同:《儒林宗派》卷一〇,《文淵閣四庫全書》本,第 458 册,第 557 頁。

案》（上、下）關於葉湜、葉采的記載，均參考過南宋真德秀《西山文集》，今查該書卷四四《葉安仁墓志銘》，曰：

> 昔余爲泉山守，同僚之賢有數人焉。昭武李公晦、建安葉子是其尤也。……君既去泉而塞於任，越若干年乃得知饒之安仁……不數年而公晦殁，又數年而子是殁。子是之仲子，蓋婿於李氏者也，前爲婦翁求銘而未及作，今又爲其父求銘焉。……子是名湜，世爲建望族……君壯歲遊文公朱先生之門，得以直養氣之説，故其爲人磊落明白，無所回隱。……姒鄭氏，繼劉氏，兵部郎中炳之女，又繼亦其季，皆封孺人。子果、采、槃、槳，女適進士翁德廣。采，鄉貢進士，即前所謂婿李氏者，從公晦問學，得其指歸，方進而未已也。①

此文是葉湜去世後，其子葉采請真德秀撰寫。真德秀與葉湜曾共事，既然相處於同一時期，那麽其言當可信。《葉安仁墓志銘》所言葉湜（1168—1227 年）字子是，爲建安望族，後歷官饒州安仁（今江西餘江）令，以循吏稱。朱熹門人。先後娶鄭氏、劉氏爲妻。葉采爲其仲子。因而，《滄洲諸儒學案》所載葉采是"建安人"，應該是有所依據的。葉采是其父同僚李方子的女婿，並從李方子問學。這與《滄洲諸儒學案下》的記錄相吻合。

並且清初所編《江西通志》卷六五"名宦"下也有類似記載，猶可佐證，云："葉湜字子是，建安人。少遊朱文公之門，以父任得邵州新化簿，改尉寧都。……後以宣義郎知贛縣，一以

---

① 真德秀：《西山文集》卷四四，《文淵閣四庫全書》本，第 1174 册，第 702—705 頁。真德秀，福建浦城人，謐文忠，學者稱西山先生。南宋理學家，與李方子、陳淳交遊，墨守朱子之學。

所得於師者施之政,督吏胥不少假借,而以家人父子遇其士民,兩造至庭,一見即決,無所宿滯。邑有田訟,更數令不能辯枉直,湜一見,詰問具得其情,縣人稱神明。"①

葉湜、真德秀、李方子三人既爲同僚,又近乎師友。關於葉采師從李方子之事,因爲其父與李氏皆爲真德秀"同僚之賢",志趣相投,葉采從李氏問學自然合情合理,而且從其成爲李氏女婿這一角度看,葉采應是李氏得意弟子。

從姻親及地理區域看,葉采的老師不只是李方子一人。其母劉氏爲劉炳之女,劉炳(1146—? 年)字韜仲,建陽人,從學朱熹於寒泉精舍。劉氏很有可能將建陽境内的名士蔡淵推薦給葉采爲師。葉采在武夷就讀期間,曾謁見朱熹弟子陳淳,淳以其好躐高妙而屢貶之。葉采由是而屏斂鋒芒,循序就實。故後來便有葉采師從蔡淵、陳淳之説。

可是,清初《閩中理學淵源考》卷二〇《縣令葉子是先生湜》,又云:

> 葉湜字子是,甌寧人。舉進士,以父任調新化簿,遭母喪,服闋,從江淮宣司闢,以論軍事不合,去尉贛之寧都,改承事郎,丞惠安縣。時守泉者真文忠公,文公嘗言"僚佐之賢者數人,而湜與昭武李方子公晦其最"。公晦學邃氣平,本經術明世用,子是堅强介直,遇事無難意,處劇無倦容。他人所不能爲與所不敢爲者,吾盡舉屬之二人,勁易不同,同歸於是。文忠既得二人之助,二人亦相得甚歡也。湜仕終安仁令,壯歲遊朱文公之門,得直養之説,故其爲人磊落明白,無所回隱,每自謂"生平與賓客言

---

① 謝旻等監修:《江西通志》卷六五"名宦",《文淵閣四庫全書》本,第515册,第268—269頁。

者,皆可語妻子"。①

　　比較前文所引文獻可見,除葉湜的籍里稱謂稍異外,《道南源委》、《淵源考》與《葉安仁墓志銘》、《江西通志》所載葉湜爲官經歷基本吻合。至於説葉湜"甌寧人"的問題,或與宋代不斷變更縣屬區域有關。宋英宗治平三年(1066年)析建安、建陽、浦城三縣地置甌寧縣,哲宗元祐四年(1089年)"析建安地之半復置甌寧縣",南宋時甌寧屬建寧府管轄,與建安爲鄰,故建安、甌寧有時指同一地域。如康熙年間《甌寧縣志》卷八"儒行",民國年間合建安、甌寧兩縣志爲一的《建甌縣志》卷三二"儒林"下均載有"葉湜",②且所記内容與《西山文集》基本相同。

　　2. 葉文修恐無子名"葉采"者。

　　葉文修,即葉味道(1167—1237年)。據《宋史》卷四三八載:"葉味道,初諱賀孫,以字行,更字知道,温州人。少刻志好古學,師事朱熹,試禮部第一。……登嘉定十三年進士第,……所著《四書説》、《大學講義》、《祭法宗廟廟享郊社外傳》、《經筵口奏》、《故事講義》。"③

　　另據《木鐘學案》"文修葉西山先生味道"下載:"葉味道,初名賀孫,以字行,更字知道,温州人。師事文公。試禮部第一。時制策禁僞學,先生所對,率本程學,不爲顧避。知舉胡紘斥之。學禁開,登嘉定進士,調鄂州教授。……授太學博

①　李清馥:《閩中理學淵源考》卷二〇,《文淵閣四庫全書》本,第460册,第298—299頁。
②　詹宣猷等修,蔡振建等纂:《建甌縣志》,民國十八年鉛印本,見《中國地方志叢書》第915號,第375頁;鄧其文纂修:《甌寧縣志》,清康熙三十二年刊本,見《中國地方志叢書》第94號,第145頁。
③　《宋史》卷四三八,第12986—12987頁。

士,兼崇政殿説書。……尋終著作郎。……謚文修。"①

　　與這兩處史料記載大體相同的是《閩中理學淵源考》卷二
〇《文修葉先生味道》："葉味道,初名賀,以字行,更名知道。
其先括蒼人,後居建陽。與弟任道俱師事朱子。……謚文
修。……子采,見蔡節齋學派。"②《福建通志》卷四七"人物"
條云："葉味道,以字行,其先括蒼人,徙居建陽。師事朱熹,試
禮部第一。嘉定十三年舉進士。……謚文修。……子采,字
仲圭,從蔡淵、李方子學。淳熙初登第。著有集解《近思録》、
《西銘性理》等書。累官翰林院侍講。"③

　　明嘉靖年間刻本《建陽縣志》卷一二載:

　　　　葉賀孫字味道,括蒼人也。師事朱文公,遂居建陽之
　　後山。初賀孫試禮部第一,對學制策率本程頤。……謚
　　文修。子采。采字仲圭,號平巖。從蔡淵學,又與李果齋
　　遊學造益。深居武夷八曲鼓子書堂,講讀暇遊玩賦詩。
　　往見陳安卿,以其好躐高妙,屢砭之,遂循序就實。……
　　淳祐初登第,調邵武軍。以學行稱。及轉景獻府教授,集
　　《近思録》,表呈上悦,遷爲秘書監。論郡守貪刻,上納之,
　　遷樞密院檢討。累官翰林侍講。乞歸。景定初詔起,病
　　不能赴,旋卒。④

清康熙、道光與民國年間的《建陽縣志》記載內容與之相近。

----

① 《宋元學案》卷六五《木鐘學案》,第 2105 頁。
② 李清馥:《閩中理學淵源考》卷二〇,《文淵閣四庫全書》本,第 460
　　册,第 302 頁。
③ 郝玉麟等監修,謝道承等編纂:《福建通志》卷四七,《文淵閣四庫全
　　書》本,第 529 册,第 611—612 頁。
④ 馮繼科纂修:《建陽縣志》卷一二"列傳儒林類",明嘉靖年間刻本。

《道南源委》卷之三所載①與前文大同少異。

　　從這幾處文獻記載基本可以斷定：葉味道，謚號文修，故人稱"文修葉西山先生味道"。宋時，括蒼屬温州。建陽縣於宋理宗景定元年（1260 年）改名嘉禾，或云景定三年因爲縣産嘉禾改名嘉禾縣，與建安縣相鄰，隸屬建寧府，統而言之稱"建寧"，這是葉味道後來定居之所。那麼，《木鐘學案》説葉味道"温州人"、"文修"、"從朱子於武夷，遂居建寧"，其籍里定爲"温州人"較妥。這與《淵源考》云"其先括蒼人，徙居建陽"，基本相符。

　　至於葉采是否是葉味道之子、葉味道的父親是否是葉適，《宋史》、《木鐘學案》均未記載。《建陽縣志》、《道南源委》、《淵源考》、《福建通志》所云是否屬實呢？葉適、葉味道均是南宋名家，一般説來其生平史料中父子關係尤其是有名望者的子嗣關係應有記録，既然在正史史料與學界研究認知中，未見他們與葉采存有父子或祖孫關係，那麼葉采是葉文修之子一説則值得三思。而且歷史上已有學者質疑關於葉采"知道子"之説，《道光建陽志》的編纂者認爲："此舊志云爾，今考《近思録集解》自序，竟無一語敘及家學，上書表亦未敘及先人受職，世受國恩云云，不知何故。"②因此，如果集解《近思録》的葉采父

①　朱衡《道南源委》云："葉公味道，初名賀，以字行，更字知道。其先括蒼人，後居建陽。與弟任道俱師事朱子。試禮部第一。僞學禁行，公對策率本程氏，知舉胡紘曰'必僞徒也'，遂落第。復從朱子於武夷山。學禁開，登嘉定庚辰進士，除鄂州教授。……謚文修。升一官。故事未有也。與蔡仲默、黄惠卿、劉韜仲、童伯羽、真西山、張洽諸君友善。著有《四書説》、《大學講義》、《易會通》、《祭法宗廟廟享郊社外傳》、《經筵口奏》、《故事講義》。子采。"見《叢書集成初編》第 3344 册，第 86—87 頁。

②　梁興、李再灝修，江遠青等纂：《道光建陽志》，抄本，見《福建師範大學圖書館藏稀見方志叢刊》第 17 册，北京圖書館出版社，2008 年。

親是葉味道的話，葉采在呈給理宗的奏表中隻字不提頗有名望的父輩，似乎也不近情理。

雖然葉適、葉味道、葉采三人的關係，現存建陽《溪山葉氏宗譜》有載，但是該《宗譜》卷四記載葉味道爲葉適第三子的問題，已經方彦壽《朱熹書院及門人考》批駁，認爲是"葉氏後人在清代重修宗譜時，胡亂更改，强拉名人藉以廣大門庭之所爲"。[1] 既然葉適不是葉味道的父親，而且正史中尚未見到關於葉采爲葉味道子的確鑿記録，尤其是《宋元學案》本身在"文修葉西山先生味道"條下，也未有"葉采"是葉味道之子的相關記録，那麼，目前若僅憑藉清人的《淵源考》和《木鐘學案》"西山家學"下清道光年間王梓材的一條案語——"皆以先生爲文修子"，如此判定葉采爲葉味道子，是難以令人信服的。

（三）"邵武人"葉采與"建安人"葉采

如果葉湜與葉味道二人均有子名"葉采"的話，那麼其籍里當隨其父而有別。然而前文已論及作爲葉味道兒子的"葉采"頗值得懷疑，故在此不再考察。那麼，葉湜子"葉采"到底是"邵武人"，還是"建安人"呢？

1. 關於"邵武人"葉采。

考察現存部分文獻，《福建通志》卷五一"文苑·邵武府"下記載："葉采字仲圭，邵武人，初從蔡淵受《易》，已而往見陳淳，淳以其好躐高妙而少循序，痛砭之。自是屏斂鋒鋩，駸趨着實。慶曆初爲秘書監，嘗論郡守貪刻之害，理宗熹納之。"[2] 清光緒二十六年刊本《邵武縣志》，所記與之相同。

----

[1] 方彦壽：《朱熹書院及門人考》，上海：華東師範大學出版社，2000年，第 151 頁。

[2] 郝玉麟等監修，謝道承等編纂：《福建通志》，《文淵閣四庫全書》本，第 529 册，第 746 頁。

　　然同爲《福建通志》,該書卷二五《職官六》"邵武府"下卻云"葉采,建安人"。① 而《福建通志》卷三五"選舉三‧宋科目"下,載淳祐元年(辛丑)徐儼夫榜進士時載"建安縣……葉采"。② 《福建通志》爲清初所編,距南宋已四五百年,編者本身對"葉采"籍里也存兩説,即邵武、建安。如此看來,《通志》所言葉采籍里,莫衷一是。

　　《萬姓統譜》是明代萬曆年間淩迪知撰,曰:"葉采字仲圭,邵武人。初從蔡淵受《易》學,已而往見陳淳,淳以其好躐高妙,而少循序就實工夫,屢折而痛砭之。采自是屏斂鋒鋩,倪意□□,駸趨着實,淳深喜之。寶慶初爲秘書監,□□郡守貪刻之害,上嘉納之。"③

　　上述兩處記録的邵武人葉采,師從蔡、陳二人,與《木鐘學案》所載吻合。而且現存《北溪大全集》有一處記載可以佐證,葉采老師陳淳有《答葉仲圭》一文,其題下注云"邵武人,名采"。④ 葉采爲邵武人,似乎也沒大問題。

　　但是,對於《木鐘學案》葉采"邵武人"的記載,清人王梓材再校時説:"自文修從朱子於武夷,遂居建寧,及先生登淳祐進士,爲邵武尉,故訛而爲邵武人"。其實這種説法可能源自《道南源委》所載:"采字仲圭,少從蔡節齋、李果齋學,嘗居武彝書堂,遊玩賦詩。陳安卿以好躐高妙屢砭之,遂循序就實,構漁隱精舍,問學日進。淳祐初登進士第,授邵武尉。歷景獻府教

① 郝玉麟等監修,謝道承等編纂:《福建通志》卷二五,《文淵閣四庫全書》本,第 528 册,第 293 頁。
② 郝玉麟等監修,謝道承等編纂:《福建通志》卷三五,《文淵閣四庫全書》本,第 529 册,第 110 頁。
③ 淩迪知:《萬姓統譜》卷一二四,《文淵閣四庫全書》本,第 957 册,第 702 頁。
④ 陳淳:《北溪大全集》卷三三,《文淵閣四庫全書》本,第 1168 册,第 767 頁。

授,遷秘書監,論郡守貪刻。遷樞密檢討,知邵武軍。作郡乘,築祠郡泮以祀朱子。復置田若干頃,祀朱子於光澤,以果齋配。累官翰林侍講,乞歸。"①

　　事實上,南宋時的邵武與建安有別,非同一地。現存《邵武縣志》、《建陽縣志》均將"葉采"納入本縣儒林傳中,或許因爲葉采在南宋末期有一定的名望,後世修志者爲炫耀本地歷史名人,凡有絲毫牽連便將葉采納入本志之中。而且這兩種縣志也晚於《道南源委》而成書,恐受其影響。因而,其所記仍難以盡信。

　　對此,我們認爲《學案》云其"邵武人",是因爲葉采曾在邵武爲官,故被後人誤以爲邵武人。那麼《學案》又爲何保留該記載呢? 或是王梓材意在保持《學案》馮刻本的觀點,在應何紹基之約重校時,對此類問題處置謹慎,未直接删改原刻本馮氏案語,而是於原文後以另加梓材案語的方式予以注明。因而,我們推斷"邵武人"葉采之説或難成立,淳祐年集解《近思録》的葉采宜是"建安人"。

　　2. 集解《近思録》者應是"建安人"葉采。

　　據《閩中理學淵源考》所載《侍講葉仲圭先生采》,其内容與《木鐘學案》相近似,曰:"葉采字仲圭,初從蔡節齋受《易》學,又嘗從李果齋、陳安卿遊。安卿以其好高妙,少循序,屢折而痛砭之。自是屏斂鋒芒,騖趨着實,構漁隱精舍,問學日進。淳祐元年登進士第,授邵武尉,歷景獻府教授,遷秘書監。論郡守貪刻,遷樞密檢討,知邵武軍。……累官翰林侍講,乞歸。所著《近思録》,嘗以進呈,理宗稱善,又著解集《西銘》、《性理》等書。"②

----

① 朱衡:《道南源委》,見《叢書集成初編》第 3344 册,第 87 頁。
② 李清馥:《閩中理學淵源考》卷二五,《文淵閣四庫全書》本,第 460册,第 326—327 頁。

此葉采,字仲圭。南宋理宗淳祐元年(1241 年)進士,曾歷官邵武尉、秘書監、知邵武軍、翰林侍講。師從蔡、李、陳三人。

如果結合《福建通志》卷三五"選舉三""宋科目"下所載,淳祐元年(辛丑)徐儼夫榜云"建安縣……葉采"進士。① 卷二五《職官六》"邵武府"下,又云"葉采,建安人"。② 那麼,從淳祐元年進士科看,前文《淵源考》所言"淳祐元年登進士第"的葉采,是建安縣人。而且後世文獻多有類似記載,如元刻明修本葉采《近思錄集解》所錄葉采序文末云"建安葉采謹序"。《千頃堂書目》卷一一著錄:"葉采《近思錄集解》十四卷,建安人。"③《四庫全書總目》云:葉采"字仲圭,號平巖,建安人"。④

(四) 結論

1. 從《宋元學案》成書本身來推斷,《學案》中關於"葉采"的兩處記載,或因《學案》原稿殘缺,後雖經修補,但修補加工既經多人之手,傳本又經多家刊訂,以致《學案》所載文字相互間出現差異、混雜,這也屬情理之中;又或許最後的校定者王梓材、馮雲濠對前人記錄的信息難以取捨,以致出現目前版本所保留的信息。故我們認爲,因爲葉湜、葉文修同姓,均爲朱熹弟子,又生活在同一時期,相關文獻的正確或錯誤記錄中皆有與"葉采"相關處。而黃宗羲當初恐來不及仔細審查諸多文獻,且此書是未撰就的初稿,《學案》中有些文字則是黃百家、

---

① 郝玉麟等修:《福建通志》卷三五,《文淵閣四庫全書》本,第 529 册,第 110 頁。
② 郝玉麟等修:《福建通志》卷二五,《文淵閣四庫全書》本,第 528 册,第 293 頁。
③ 黃虞稷:《千頃堂書目》卷一一,上海:上海古籍出版社,1990 年,第 317 頁。
④ 永瑢等:《四庫全書總目》卷九二"子部二儒家",第 781 頁。

全祖望續輯或補定，“謝山續補者十居六七”之説，並非誇張。所以，今見關於“葉采”的兩處記録，文字較少，無全氏案語，而大字下的較多案語，乃王梓材、馮雲濠等修訂刊行時補加。這些案語也流露出疑慮，如云“《道南源委》、《儒林宗派》皆以先生爲文修子，蓋自文修從朱子於武夷，遂居建寧，及先生登淳祐進士，爲邵武尉，故訛而爲邵武人”，“蓋宋有兩葉采，事節齋者平巖，事公晦者先生，因同名而誤及之珥”。兩處“蓋”字表明王梓材也是在推測，並未肯定。一般説來，古人多異地爲官，不會將爲官之地作爲自己的籍貫。《學案》本身的兩處記録存有疑點。

2.《宋元學案》總體上是按籍貫分類編纂，對於某些人物的籍貫，編撰時常云“某某人”，但現存“梓材”、“雲濠”的案語，有的是在行文中作夾注，如“一作某某人”，以示參考，另如《槐堂諸儒學案》的“傅夢泉”條、“包揚”條，《西山真氏學案》“陳均”條等；有的注明可資查考某人籍貫的其他文獻，如《士劉諸儒學案》“士建中”條，《百源學案上》“邵雍”條等；有的對同名者，則注明另一人字號、籍貫，如《劉李諸儒學案》“劉立之”條等；有的因遷徙難知籍貫，以案語考辨之，如《安定學案》“盛僑”條等；有的因某家祖輩遷徙，注明遷徙前後的籍貫，如《泰山學案》“徐庸”條等。不論是黄宗羲原文、全祖望補修文字，還是方式多樣的案語，未見將某人爲官之地作爲籍貫表述的，此處極有可能是因葉采“爲邵武尉”而“訛爲邵武人”，且《學案》中此類行文幾乎找不到第二例；再説，王梓材云“葉采”“爲文修子”，未交代緣由，令人難以置信。

3. 筆者通過上述考辨，歸結如下：葉味道没有名叫“葉采”的兒子，集解《近思録》者是葉湜之子葉采，建安人。曾問學於蔡淵、李方子、陳淳，爲朱熹再傳弟子。南宋理宗朝並不存在兩個“葉采”，《滄洲諸儒學案下》記載的“建安人”葉采與

《木鐘學案》所記“邵武人”葉采，極有可能是同一人。《木鐘學案》所云“邵武人”，正如王梓材所言，即葉采曾爲“邵武尉”、“知邵武軍”，故而致訛。而且東亞區域現存的所有《近思録》序跋文中，在言及《近思録》葉采集解時，從未見説“邵武葉采”或“邵武人”葉采者，而多言“建安葉采”。① 這似乎也可佐證未有“邵武”葉采一説。

---

① 《歷代〈近思録〉傳本的序跋、題記匯編》，載程水龍《〈近思録〉集校集注集評》，上海：上海古籍出版社，2012 年。

互動與擴容：晚明徽州、東林之間朱子學思想網絡的關係

——以婺源江起鵬《近思録補》爲中心的考察

丁小明

　　婺源士人江起鵬在當下的學術討論中被提起，多半是因爲他編撰的《近思録補》，如陳榮捷、王汎森在他們關於明代理學的研究中都曾提及此書，不過這些前輩學人们在他们的文中對江起鵬其人其書並無專門研究。事實上，江起鵬及《近思録補》一書在明清思想史甚至朱子學研究中，一直處於無人問津的境地。究其原因，可能是歷史記憶内存有限，而明萬曆年間的重要角色又實在太多，像江起鵬這樣的小人物也就很難有走到前臺的機會了。只是當我們不滿足於思想史上一些長期趨勢或宏大敘事的研究，而希望以更細密的眼光來觀察奇妙變幻的思想光景之後的諸多動因時，一些過去不被人所重視的人物才會進入我們關注的視野。比如，當我們降低關注的層面，從晚明徽州出發，來檢索地方士人社群與時代思想及精神的關係，以及徽州地區與其它地區之間多種力量在思想領域相互關聯、相互滲透甚至相互競争的現實狀況時，江起鵬其人其事的價值以及《近思録補》一書的意義才會顯現出來。他的人生經歷、師友資源以及所思慮的話題非但在徽州士人中具有典範意義，就是放置在朱子學學術史及晚明思想史這樣的大空間中來討論，也不乏"小中見大"的獨特價值。故此，

本着以上宗旨，下面我們將從生平事迹、《近思録補》寫作動機與體例、學術史及思想史的意義這三方面來考察江起鵬其人其書。

一、江起鵬生平事迹考

江起鵬其人其事，地方史志中不乏載記，其中比較詳細是《婺源縣志》中的江氏小傳，兹引如下：

> 江起鵬，字羽健，游坑人。甫七齡，封公子郁即授以《近思録》、《讀書録》，曰"此理學正脈也"。稍長，益以明道語。萬曆壬午領鄉薦，乙未成進士。知永寧縣，夷漢雜處，土寒瘠而人頑獷。鵬至，爲創義學，置社師，申保甲，解嘯聚，俗是用恬。調繁姚江，甫下車即訪盜魁，覆畝給券，清弊釐奸。斥苞苴，絶私請，愛民造士，坐臻雅化。歲大旱，步禱霖雨。礦使至，毅然抗止，邑民肖像立碑。擢南京工部主事，視庫，條陳十事刻石。握錢衡，疏言利弊七事。轉禮部，清伶役三百餘户。升精膳正郎。講學編摩過勞，卒。著有《近思録補》、《悟道詩》、《心性編》、《遵行録》、《知姚問答》。①

此外，上圖所藏的《萬曆乙未科進士同年序齒録》一書中有江氏生年、家庭成員及仕宦經歷的基本記載，全文如下：

> 字羽健，號蓮雲，行一，丁巳九月初十日生。治易經。曾祖江玄釗、祖江有、父江子郁、弟江起鴻、江起鵬，娶汪

_____

① 葛韻芬重修：《婺源縣志》卷二四，民國十四年（1925年）刻本。

氏，母吴氏，子江可觀、江可懷、江可思、江可容、江可元。壬午鄉試第一百十四名，會試第一百八十七名，廷試三甲第九十六名，刑部觀政，本年八月授直隸永寧縣知縣，調浙江餘姚縣，辛丑三月（按：1601 年）升南工部營繕司主事。①

　　比較兩種傳記，我們看到他們所記各有側重的。地方志主要以記載江起鵬的仕宦經歷爲主，《進士同年序齒録》則着重説明江起鵬的家庭情況，此外，《進士年齒録》中的不少内容可補地方志之不足。比如江起鵬的生年公元 1557 年（嘉靖丁巳），1595 年（萬曆乙未）中進士後即在刑部觀政，同時又是這一年外放直隸永寧縣知縣，公元 1601 年他擢升南工部等等，這些具體時間都是地方志所失載的。拼合這兩者，我們可以對江起鵬其人，包括他的仕宦經歷、家庭情況都有所了解。但對於其學，除了小傳介紹他的理學著作，其它我們則一無所知。讀其書而不知其人固不可，對於一位積功甚深的儒家學者而言，假若我們不知其思想的來龍去脉，是無法準確把握與評價其價值與意義的。不過江氏著述除《近思録補》外，餘者均已散佚不存，而其聲名也是“世少人知”，所以要在茫茫史海中去鈎沉他的知識背景，建構他的精神世界，進而論衡其學，真是何其難哉。經過一番故紙揚塵，我們在清代江賡所纂修《蕭江家乘》中發現了江起鵬所撰的《省躬訓十條》，②《省躬訓十條》是江起鵬以五言古詩的形式來表達他在“讀書、明理、孝友、勤儉、睦族、安分、生理、慎交、御下、重本”等方面對後人的忠告式的訓言，其中“孝友”、“勤儉”、“讀書”、“明理”這四條訓言的内容聯係其自身家世及治學來説理處尤多，大有自述平

① 《萬曆乙未科進士同年序齒録》，上海圖書館藏明萬曆刻本。
② 江賡纂修：《蕭江家乘》卷一〇，清道光三十年（1850 年）敦倫堂刻本。

生修身齊家的梗概之意，這四條訓言的内容對我們還原江起鵬的精神世界有着太大幫助，所以，我們不避冗長，全録如下：

讀　書

念我原無學，學來苦更多。幼未從師傅，稍長誰琢磨。童蒙三十餘，且教且吟哦。夜半不敢寐，侵晨已默坐。勤苦乃如此，兒輩曷虛過。窮年就師長，所學竟如何？

明　理

讀書貴明理，我亦無師承。但喜《讀書録》，《近思》爲章程。每置几案間，朝夕勤猛省。有過必自書，有善即景行。所以路不差，漸次亦少明。諸書今具在，兒輩爲箴銘。

孝　友

念余終天恨，不得養二親。兼之有二弟，殘疾與夭淪。所以勤苦學，爲親圖顯名。今雖兩褒封，何如負米情。獨爲營葬事，頗盡寸草心。親没鴻九齡，鵬亦僅四歲。母氏恐累予，悲泣渾無計。我言不必憂，手足無分别。可憐鴻謹馴，一疾成永訣。鵬也無所知，娶婦多悖戾。又多比匪人，屢次生惡孽。十歟今割與，亦足稱世業。兄弟無所恨，事親終有缺。兒輩亦有親，何以使之悦。兄弟苦多人，切莫聽婦説。長者頗有知，少者宜自勵。

勤　儉

吾不理家務，起家俱爾母。每憶貧乏時，飢飡衣綴補。後來稍優裕，更自勵勤苦。留銀置田産，支持買酒腐。及予登弟後，猶自甘淡素。自己咬菜根，甘肥供師傅。典釵襖與裙，至今人傳布。到晚猶勤劬，未晚先分付。所以起家業，絲毫皆其助。

　　相比前面兩種傳記，《省躬訓十條》中“孝友”、“勤儉”兩條所記江起鵬的生平資料更爲具體：父親早逝，家道中落，兄弟幼稚，他跟母親相依爲命、食貧苦志。江起鵬的早年人生就是一曲充滿艱辛的悲愴進行曲，但也正是他早年生活的困頓與苦難磨礪了他的意志，激發他讀書問道的動力，並最終内化成一種成聖成賢的精神資源。

　　與此同時，在江起鵬大器有成、振起家聲的背後，不能不提到他的母親吳氏，江起鵬在“勤儉”一條中用飽含深情的詩筆回憶母親吳氏“至今人傳布”的芳範懿行，吳氏含辛茹苦地鞠育江氏兄弟，用全部身心支持江起鵬讀書仕進，就是在江起鵬登科之後，她還“甘淡素”、“咬菜根”。在江起鵬的個人生命史上，母親吳氏的身教對於他的影響至爲深刻。我們甚至可以説，在江起鵬早年生涯中，激勵他一心向學不是他的父親，也不是程朱理學，以及《近思録》、《讀書録》這些理學著作，而是爲他們兄弟辛勞持家的寡母吳氏。

　　在了解江起鵬早年人生經歷後，下面我們要探究江起鵬的社會交往與學術養成，並借此了解江起鵬思想形成與發展的過程。關於他早年的求學經歷，他在《近思録補·小引》中有所提及：

　　　　予至不才，年十齡，先大夫授以《近思録》、薛文清公《讀書録》，曰：“此理學正脈也。”年十三，授以程明道先生《語略》、王陽明先生《則言》。迄年登志學，而先大夫仙逝矣。手澤具在，時爲儆心。既而爲塾師，得胡敬齋先生《居業録》，益用向往。

《近思録補·小引》的這節文字，頗有些精神自傳的意味，結合
《省躬訓十條》中"讀書"、"明理"這兩條訓言，我們大致能夠釐
清江氏早年的問學歷程。由《小引》可知，江氏幼承庭訓，父親
江子郁是他讀書問道的蒙師，正是在父親耳提面授之下，他早
年就熟讀朱子《近思録》，並由此明悟程朱之説才是理學正道。
但由於父親早逝，家道中落，他"未從師傅"授業問學，只是按
照其父的教誨，以"近思爲章程"，並"朝夕勤猛省"，几案間每
置薛瑄《讀書録》、程顥《語略》、王守仁《則言》等書，往往"夜半
不敢寐"，而"侵晨已默坐"，如此的勤學苦讀，不僅使得江起鵬
學問大進，對理學的理解也是"漸次亦少明"。顯然，江起鵬從
程朱理學之中所習得，不止乎發明經義與修身養性，"成聖成
賢"的向往在艱難困苦的磨練下愈發堅定。"有過必自書，有
善即景行"，自警自勵也遠較空談性理的儒生來得深刻，這些
努力最終爲造就一名虔誠的程朱信徒提供了條件。

在江起鵬體悟程朱理學的心路歷程中，既有其父江子郁
的開蒙引路之功，亦有他本人食貧志堅的勵學。隨着年齡增
長和閱歷增加，在他求知問道的路途中，師友對他的影響漸
重，《小引》中提及其鄉先賢著名理學家范淶對他指點尤爲重
要，茲録如下：

> 嗣令姚江，予鄉先達范晞陽公時謂予曰："方今學者，
> 談虛騖空，深爲世道憂。羅整庵先生《困知記》、蔡虛齋先
> 生《密箴》，皆正學也。"予亟求二書讀之，實有啓發。

這里的"鄉先達范晞陽公"就是范淶。范淶是晚明徽州地區的
大儒，其"學宗程朱、期以實踐"，並著有《休寧理學先賢傳》、
《范子唬言》、《朱文公語録類要述》等書闡述朱子學説。對於
江起鵬來説，上引的范淶這段話有兩層意義。首先，范淶所抨

擊的"談虛騖空"的學風,其實質正是指向晚明甚囂塵上的陽明心學。這一點,對早年熟讀王陽明《則言》的江氏而言,在他未遇范淶之前,極有可能是難辨"朱陸異同"的,所以,范氏"深爲世道憂"的"棒喝"之聲,對於江起鵬可能有着較大的震撼。第二層則是指示江起鵬在尋求義理真諦的道路,應該以研習何種典籍爲方向。從江起鵬的記述中,我們可以感到是他能成爲一名堅定而虔誠的程朱信徒,名儒范淶對他的指點與啓發甚爲重要。

與此同時,江起鵬篤守程朱理學,特別是在編輯《近思錄補》一書的過程中,他的周圍也聚集起一批推崇朱子學的同道中人,雖然陳德遠、汪子木、葛水鑑、汪惟正等人的生平簡歷目前無法考得,但他們"皆汲汲以正學爲念,若有同心"的信仰,與范淶所揭示的理學正道,可謂同出一轍。需要特別指出的是,在萬曆三十一年《朱子語類大全》重刻本卷首上所列出編者姓名中,我們發現在維護朱子之學,固守程朱理學宗旨的大旗下,江起鵬擁有着更多的同道者,且看看如下名單:

> 宗後學監察御史高安朱吾弼重編
> 邑後學禮部郎中汪國楠
> 邑後學禮部主事江起鵬
> 浙後學婺源知縣嘉興譚昌言
> 宗後學婺源教諭新淦朱家梀同校
> 宗後學中書舍人休寧人朱家用
> 歙後學中書舍人吳養春
> 歙後學光禄寺署丞吳勉學
> 十三世孫翰林院博士朱德洪同閲
> 宗後學庠生高安朱家紀
> 十三世孫庠生朱崇沐校梓

在這樣一個看似不經意的編者名單中，可以發現他們之間的一些共性。首先，名單中所列的人物幾乎皆是來自徽州或是跟徽州有着緊密關係，換言之，這樣一個編者群體很可能有着較强的地域認同感。再者，在朱德洪、朱家紀、朱家楸、朱家用、朱吾弼、朱崇沐這幾位朱姓的編者之間，顯然有着比地域認同更親近的宗族認同。最後，對於這個群體而言，比地域、宗族認同更重要的莫過於他們對朱子學的價值認同，應該説，這也是他們作爲一個同道群體來刊刻《朱子語類大全》的目的所在。更進一步地説，《朱子語類大全》編者對朱子學認同的同時，其現實目的則是反對以"陽明心學"爲主的時學。這一點，在《朱子語類大全》卷首，葉向高、朱吾弼、汪應蛟三人皆通過序言的形式在駁斥新學，葉向高直指弊病地説："近世之爲新學者，好齮齕朱子。"朱吾弼亦云："自新學一唱，而黠者和，合禪悦以佐其焰，士皆化爲夷狄，其視先生成言如所云'居敬窮理'、'下學上達'者，且以爲弁髦，且以爲土梗。"汪應蛟云："近世學士大夫，厭故常而騖奇詭，憚拘檢而樂簡易，一倡百和，至標空寂爲上乘。無論詆背朱子，且並孔子而弁髦之。"

可以肯定的是，葉向高、朱吾弼、汪應蛟等人極口非難的"新學"就是以王陽明爲代表的晚明心學。因此，我們不妨將江起鵬與諸多編者同仁所發起的《朱子語類大全》重刊事業，當作是他們對其時甚囂塵上的王學風潮的反擊。同時，憑借《朱子語類大全》的重刊來反擊的新學與范涞所針砭的"談虛騖空"的時風實爲一者，凡此種種，其實是代表包括江起鵬在内的明末徽州士人深切反省王學的弊病，並以推重朱子的思想來拯救時弊。

當我們在梳理與還原江起鵬的生平事迹及其師友資源之時，我們又發現，在十四紀末的徽州地區有范涞、汪應蛟、朱吾弼、汪國楠、江起鵬等等這樣一批朱子信徒，他們一直致力於整理、研究與闡發朱子學説，並以此來反抗王學風潮，可以説這是徽州學術的一個顯著特點。① 陳時龍在《明代中晚期講學運動》一書中就將東林與徽州兩地的士子作爲晚明反對陽明學的兩股主要力量，以江起鵬的師友資源以及他們的理論作爲來看，陳君的這一推論是確實成立的。

二、《近思録補》的編著動機與體例

十六、十七世紀之交，尊朱派與尊王派的緊張關系漸趨水火之勢。萬曆二十年（1592年），高攀龍的《崇正學闢異説疏》代表尊朱派對尊王派的正面回應，萬曆二十七年（1599年），顧憲成、高攀龍與管志道之間"性無善無惡"之辯不惟影響廣泛，亦促成東林學派尊朱、尊經的内在理路的成型，最終推動東林學院的建立。萬曆三十年（1602年），李贄的入獄與自殺則成爲尊王派遭遇挫折的重要標誌，幾乎在與尊王派口争筆辯的同時，尊朱派士人迅速進入朱學理論建設的快車道：萬曆三十年，高攀龍編成《朱子節要》；萬曆三十一年（1603年），以汪應蛟爲首的徽州士人團體重刊《朱子語類大全》。更有甚

---

① 據筆者所知，對這一現象予以關注的分別有周曉光《新安理學》、陳時龍《明代中晚期講學運動》等著作，其中周曉光《新安理學》曾專題討論過"明中期'心學'對徽州地區的影響"，並得出結論：首先，從明代中後期心學在徽州的影響來説，湛若水之學和王守仁之學各自發揮了相同的作用，即嚴重衝擊了徽州的朱子學。它使得此期的新安理學出現了激烈的學術紛争，新安學派中形成了兩個不同的學術陣營。一是講朱子學，一是傳播王學；他們所組成的各自陣營，均有相當的規模和影響。其次，主導徽州四百年之久的朱子之學，在明代中後期仍有一大批學者擁護，他們一如既往地以朱子學爲準則和指南，包括徽州人的人倫規範、日常行止、宗族活動等。

者，徽州理學領袖范淶，用十四年的時間，在萬曆四十年（1612年）編成《朱文公語録類要述》一書。就江起鵬個人而言，《朱子語類大全》的編撰，他列名其間，編著《朱文公語録類要述》的范淶則是他所信服的師長，面對師友競相以整理朱子著作爲急務的大環境，江起鵬當然無法置之不顧，事實也是如此，萬曆三十二年（1604 年）四月，江起鵬刊行《近思録補》一書以爲預流，該書既有他積數十年潛心肆力、融會貫通地研修朱學的心得，也有他深切反省王學以拯救時弊的焦慮與關懷。

　　儘管在《〈近思録補〉小引》中江起鵬只是交代他"欲溯紫陽先生而下，以及諸先生書，仿《近思録》例，補綴成編"的編著思路，我們從《小引》的字裏行間，還是不難看出他深切反省王學弊病並以此來拯救時弊的編著動機。比如，他在《小引》中引用范淶"方今學者，談虛騖空，深爲世道憂"的話，就是針對王學一派的弊病所説的。而當他在面對"紫陽先生書浩瀚無所從入"的困境時，得到"年友高雲從氏《朱子節要》"的啓發，才得以"編次成書"。這樣的啓發恐怕也不僅限於體例而言，對於高攀龍復興程朱理學，以挽回胥弱世風的用意很可能也是心有戚戚焉。

　　由此可見，江起鵬所處之世，正是陽明心學泛濫成災之時，如何面對陽明心學流布所引發的凌虛蹈空的世風與學風，是尊崇程朱理學的士人所必須面對的嚴峻問題。由高攀龍爲首的東林黨人掀起一股憤然衛道的思想風潮，並由此催生出一批編纂與研究程朱理學的著作，這些著作大都是以復興程朱理學來維護義理綱常爲編著動機，江起鵬的《近思録補》也是這樣的一部預流之作，其志所在則是推崇朱子正學而斥闢陽明異説。

　　如上所云，江起鵬在編著《近思録補》的伊始，曾經有過

“紫陽先生書浩瀚無所從人”的困惑，換言之，朱子思想非常龐雜，內容也很繁複，如何利用這些龐雜與繁複的思想素材來建構一個清晰的朱子學體系，這的確是朱子學理論建設中一大問題。江起鵬爲解決這一問題，在編著過程中或多或少參考過幾種同類的朱學著作。《〈近思録補〉小引》中明確提到了高攀龍的《朱子節要》一書體例對他的啓發。《朱子節要》其實是將朱熹的知識體系按《近思録》“道體類、總論爲學之要、致知類、存養類、克治類、齊家類、出處類、治道類、治法類、政事類、教人之法類、儆戒類、辨異端類、觀聖賢類”的十四卷框架進行重新分類、匯集，進而從龐雜與繁複的朱子思想素材中梳理出朱子思想的精要之處。江起鵬無疑是看到了高攀龍《朱子節要》中這一《近思録》框架結構對理解朱熹思想的重要意義所在。所以説，如何進入朱子如山如海的精神世界，高攀龍《朱子節要》提供給江起鵬一個極有效的範本。

同時，《近思録補》在體例上亦有不同於《朱子節要》之處。具言之，就是書中每卷又分若干小類目並附加小標題，如卷二“總論爲學之要”下分成“聖賢、學力，外誘，德業附知行，敬義，敬、誠敬、恭敬，無妄，誠意、養誠，心感，心志、趨向，志氣、氣質，氣、理氣，言行，忠恕、忠信，知禮、禮儀，天理人欲，古今之學，內外、名實、進退，説樂、人己、學知，循序自得，學問、聞見、悟敏，困學、學治，明善、弘毅，修德、無時不學，學力應驗，經學、文學，道學，理學，友道、師教，西銘、東銘”等二十八個小標題。據程水龍先生的推測，這種加小標題的形式很可能受到明代流行的周公恕類次本《分類經進近思録集解》一書的體例的影響，通過比較，我們發現，《近思録補》的小標題與周公恕類次本《分類經進近思録集解》吳勉學刻本的小標題非常相近。

儘管在四庫館臣的眼中，周公恕本在體例設計上新做法有着"始妄加分析，各立細目，移置篇章，或漏落正文，或淆混注語，謬誤幾不可讀"的弊端，名儒江永也表達過同樣的思想。但平心而論，這樣評價不無片面之處，就從編排結構而言，周公恕本雖是完全打亂葉采《集解》本的語錄編次，究其内容，還是以葉采的《近思錄集解》爲主體，對於葉采的正文、注文的内容改動甚少。所以説，周公恕本只是在葉采《集解》本基礎上進行過"整容"，面目雖非，究其心迹，仍然是葉采《集解》本之忠臣。

此外，在葉采《近思錄集解》的明代傳播史上，我們不可忽視的一個事實是：從明代成化至萬曆年間，葉采《近思錄集解》的廣泛傳播，主要就是靠周公恕分類改編本及其衍生的版本系統，其分類改編本《集解》的重刻本、校閲本相當多。也就是説，在葉采《近思錄集解》這一版本系統上，周公恕本能在明中後期的百年歷史中獨領風騷，當然有他的高明之處。筆者以爲，周公恕本這一分類編次的"小標題"格式爲十四卷的"近思錄大廈"提供了更爲細致的構架單元，以這樣的構架單元來建構的"近思錄大廈"，其層次分明和邏輯結構清晰，後學者通過其可對"朱學大廈"有更細致與準確的理解，所以説，被四庫館臣們所指責的周公恕分類改編本在體例設計上的缺點，恰恰是這本書最具創造性與生命力的部分。江起鵬也正是看到了周公恕本這一突出特徵，才會在他的《近思錄補》一書的編著中全盤接受了周公恕本在每卷中分類編次的"小標題"新範式。換言之，周公恕本在體例設計上的特徵也就直接成爲江起鵬《近思錄補》一書中最爲耀眼的亮點了。

三、朱子學的擴容與徽州、東林間的思想網絡

如果我們將宋代至明代《近思錄》的編著歷史比作一條日

夕潺湲的河流,這條河流蜿蜒到十七世紀以後水面漸寬、波瀾漸起,一時間湧現出一大批模仿朱子《近思録》十四卷模式的輯録、續補之作,其中有高攀龍《朱子節要》、江起鵬《近思録補》、孫承澤《學約續編》、劉源渌《近思續録》、朱顯祖《朱子近思録》、汪佑《五子近思録》、張伯行《續近思録》、《廣近思録》等等著述。這些輯録、繼補朱子《近思録》的著作我們大致可以分爲"照着講,接着講,自己講"的三種類型,具言之,"照着講"是要還原朱子學的真面目,"接着講"是要挖掘朱子學的新價值。"自己講"是要創造朱子學的新形態。前一者所關注的是朱子學彌久不變的價值,後兩者所强調地則是朱子學與時俱新的品格。

比對這三種類型,雖皆以研究朱子學術,傳播朱子之學,拓展朱子的影響力爲旨歸,但往往以"照着講"居多。儘管這些"照着講"中也不乏努力呼喚復興朱子之學的"當代觀照",他們在著作中亦是滿懷敬意地詮釋朱子,只是他們在相對遥遠的時空構架中還原朱子理論,以述舊爲翻新,没有關涉其時的"當代話語",也淡化了尖鋭的時代坐標,所以他們的書中甚少有挖掘朱子學新價值的"接着講",更難見創造性繼承朱子學的"自己講"。

相較而言,江起鵬的《近思録補》則不然。江氏在《近思録補》一書中不惟以繼承朱子的精神慧命爲鵠的,更能與時代同進,在襲用周公恕本新範式的同時,將明代學者對朱子學理論分門别類地收容進他的體系中,這一創舉其實就兼具"接着講"與"自己講"的兩重意義。

江起鵬在《小引》中交代他的編著思路是:"欲溯紫陽先生而下,以及諸先生書,仿《近思録》例,補綴成編。"從主觀上看,江氏也許只是將"紫陽先生而下,以及諸先生"的理學言論按類編次、條分縷析以成書。但客觀上,不但擴大了《近思録》的

思想框架，更是將程朱理學的認知與接受空間以"接着講"的
方式由宋代延續到明晚期。以人物來計，江氏補録涉及程子、
朱晦庵、張南軒、呂東萊、黃勉齋、李果齋、薛敬軒、蔡虛齋、胡
敬齋、羅整庵等十家之言，實際上主要是晦庵、敬軒、敬齋三
家，南軒、東萊、虛齋、整庵四子其次，程子、勉齋、果齋三家不
過各一條而已。但就結構看，江氏補録已構築起了自宋至明
的《近思録》接受史的框架，故此我們可將江氏此書當作一部
程朱理學接受簡史來看待，尤其是明代朱子學巨擘薛敬軒、蔡
虛齋、胡敬齋、羅整庵四家在新的歷史環境下如何接受朱子理
論，是亦步亦趨的繼承，還是"愛吾師更愛真理"的揚棄。不可
否認，"述朱、尊朱"與"以朱解朱"當是明代朱子學的主流，不
過，薛、蔡、胡、羅等人對朱子學説也並非"飯來張口、衣來伸
手"般地全盤接受，在不少話題上，往往在"慎思之、明辨之"的
基礎上"接着講"與"自己講"。以朱子理氣論爲例，朱子主"理
先氣後"的二分説，而在江氏補録中胡敬齋（居仁）則認爲："理
乃氣之理，氣乃理之氣。混之則無別，二之則不是。"很顯然，
胡氏既不同意朱子的理氣二分法，也不以爲"理先而氣後"。
而江起鵬補録中關於羅整庵對"人心道心"命題的理解，也是
"不能無異於朱子"的：

> 道心，性也。人心，情也。而兩言之者，動靜之分、體
> 用之別也。凡靜以制動則吉，動而迷復則凶。惟精，所以
> 審其幾也。惟一，所以存其誠也。允執厥中，"從心所欲
> 不逾矩"也，聖神之能事也。
>
> 心者，人之神明。性者，人之生理。理之所在謂之
> 心，心之所有謂之性。

"人心道心"説源自《尚書·大禹謨》，經過朱子在《四書章句

集注序》中深度詮釋後，才成爲重要的理學命題，朱子的"人心道心"說所具有的理論深度，在羅整庵之前未有理學家提出異見，按朱子的理解，"人心道心"都屬於"心"，而不是"性"。從羅氏引文可見，羅氏認爲"道心"是性，"人心"是情。顯然，羅氏關於"人心道心"的不同理解被江起鵬敏鋭捕捉並采納到書中。實在地說，江起鵬在書中所容納的這些"自己講"的"當代話語"才是我們更爲關注的理學新內容，由此我們也歸納出明代理學家對朱子學的體認和闡釋表現出兩個嬗變軌迹：一是重視實然宇宙論探討，强調實然之"氣"，凸顯下學的躬行踐履工夫，並發展成爲明代氣學。二是重視主體心性的探討，凸顯"心"的地位，表現爲上達工夫，進而發展成爲明代心學。

　　言之到此，我們不禁要爲江氏《近思録補》中通達寬大的受容場域而鼓掌叫好。如果說同時期的《五子近思録》是在《朱子近思録》基礎上有所創新的話，那麽江氏在《近思録補》中能容納明代理學家學説，甚至是他們與朱子的不同意見，他的創新尺度與《五子近思録》相比，又何止以道里計呢？朱子學在儒學史上本身就是"照着講，接着講，自己講"這三種方法的結合體，當然還是以第三種居多。"後世相知或有緣"，江起鵬所心慕手追的不正是朱子這一境界嗎？對於《近思録補》在朱子學史上的意義，也許我們可作如是觀。

　　日本學者小野和子在《明季黨社考》一書中將東林、江右、徽州、關中四地書院講學進行勾連，認爲這四地存在一種相聯系的"書院網絡"，進而聲氣互通、影響朝野。而陳時龍在《明代中晚期講學運動》一書中則將東林與徽州兩地的士子作爲晚明反對陽明學的兩股主要力量，並引婺源學者黃聲諧在清康熙二十一年（1682 年）爲張夏《洛閩源流録》所作序言以爲佐證：

> 東林起南，關中起北，異地同符，而吾鄉余少原暨登
> 原汪先生出而應之，遂與顧端文、高忠憲、馮恭定諸先生
> 麗澤講習，周旋朝野，砥柱中流。……東林、紫陽道義之
> 交，其來有自。

顯然，黃聲諧序文中最關鍵的是指出了東林與徽州兩地的士子作爲晚明反對陽明學的兩股主要力量的相互關係，即所謂"余少原暨登原汪先生出而應之"，這説明包括婺源在内的徽州地區推崇朱子思想的風潮是深受顧、高爲主的東林風氣影響的。但是陳時龍又以余、汪二人與高攀龍無實質性交往爲由，將徽州與東林之間的呼應僅局限在推崇朱子學説來反抗陽明思想的風氣上，並無哲學理念上深層交流。我以爲，陳時龍、小野和子以講學爲命題的考察固不失爲研究東林風氣對徽州影響的好視角，但是除卻面面相對、坐而論道的講論之外，東林風氣對徽州的影響並非別無他途，比如，東林著作的傳播對其思想的推廣作用就不可小覷。這一點，我們可以從江起鵬《近思録補·小引》中强調高攀龍《朱子節要》一書對他的影響中得到證明，也可以通過對比兩書内容，來證實以高攀龍爲代表的東林風氣對江起鵬這樣的徽州士子的影響深度。此處，不妨取《朱子節要》與《近思録補》的前兩章"道體"、"總論爲學之要"爲例來做一比較。經過對比發現，《朱子節要》的"道體"章共五十一條，《近思録補》朱子言論共三十九條，其中有三十一條的内容與《朱子節要》相同，兩書的重合程度達到80％，《朱子節要》的"總論爲學"章共四十七條，《近思録補》朱子言論四十二條，其中有三十五條的内容與《朱子節要》相同，重合度達到83％。經過兩書的定量比較之後，我們大體可知，江起鵬在編著《近思録補》一書的過程中，不論是體例，還是内容都深受高攀龍《朱子節要》的影響。此外，據江起鵬《近思録

補‧小引》所稱,他在編書過程中,先後與徽州士人汪惟正、朱崇沐有過交流,並得到兩人"若有同心"的一致認同。需要特別指出的是,徽州人朱崇沐既有着朱子後代的特殊身份,更以編刊朱子論著、傳播朱子思想爲己任,他不但參與了本文所提及萬曆三十一年的《朱子語類大全》的校梓工作,還校刊出版過大量朱子著作,盡管目前還没有高朱兩人直接交往的證據,但至少可以説,通過江起鵬編撰《近思録補》一書的過程,以高攀龍爲代表的東林思想對以汪惟正、朱崇沐爲代表徽州士人的間接影響確實存在。這一影響當然會波及類似朱崇沐這樣的衛道之士對朱子思想的接受與理解,並凝化在他們所校刊的一系列朱子學論著中。

　　總而言之,通過對《近思録補》受容《朱子節要》體例與内容的分析,我們大體可知,在晚明思想史上,東林與徽州之間的確是存在思想互動的網絡,而《近思録補》則是這一動態網絡上的一個重要節點,它的存在不僅深刻關聯着東林與徽州兩地的朱子學思想陣營,還推動着徽州地區抵抗與糾正王學弊病的現實訴求。

　　十六、十七世紀之交,面對王學泛起的時代河流,臨流欲渡的晚明士人紛紛伐木爲舟,積極投身到中國思想史上這一段特别精彩甚至偉大的航程中。今天,當我們聚焦預流其中的江起鵬的生平與著作之後,我們發現,在晚明王學壓力下重新浚清朱子學航道的努力中,不僅有高攀龍領航的身影,也有揚帆其後的江起鵬的身影。高攀龍指示江起鵬航渡的方向,提供航船設計圖——《朱子節要》,江起鵬亦非只知步趨的追隨者,他接受前者意旨的同時,又汲取從宋至明諸多朱子後學的造船經驗,最終打造動力更大、速度更快的"朱子之舟"——《近思録補》。所以説,從高攀龍到江起鵬的朱子學理論體系的創構,既是浚清與擴容的關係,有着漸次細化與深入的趨向。而江起鵬對高攀龍的接受又非兩個個體之間的"自相師習"，其背後還關聯着東林、徽州兩地共同對抗王學壓力的思想共振與互動。

2015 年 4 月草就於中山北路麗娃大廈

2017 年 1 月改於銅川路绿洲公寓

張習孔《近思録傳》與
清初的理學轉向

方笑一

在魯迅小説《祝福》裏，"我"回到故鄉魯鎮過年，寓居魯四老爺家，見他書桌上放着"一堆似乎未必完全的《康熙字典》，一部《近思録集注》和一部《四書襯》"。① 魯迅筆下的魯四老爺，是個"講理學的老監生"，以魯迅對中國古籍的熟悉程度，給魯四老爺安排《近思録集注》和《四書襯》作爲日常讀物，當然不是隨意爲之，而屬於小説中刻意經營的細節。作者意在説明，像此類解釋《近思録》或《四書》的著作，是那個時代愛好理學的鄉紳們的案頭"標配"，其影響之大自不待言。

《近思録》是南宋朱熹和吕祖謙合編的一部輯録北宋周敦頤、張載、程顥、程頤四人論學語録及文字的書，共計六百二十二條。從文獻學的意義上説，這些文字都見諸四人的文集、語録，編纂的目的也僅僅是使那些"窮鄉晚進有志於學，而無明師良友以先後之者"，"足以得其門而入矣"，爲以後"求諸四君子之全書"做好準備。② 應當説，從誕生之日起，《近思録》就

---

① 魯迅：《祝福》，《魯迅全集》，北京：人民文學出版社，2005 年，第 2 卷，第 6 頁。
② 朱熹：《近思録序》，朱傑人、嚴佐之、劉永翔主編：《朱子全書》，上海：上海古籍出版社、合肥：安徽教育出版社，2002 年，第 13 册，第 163 頁。

被設定爲一部理學入門讀物，而不是什麼高深莫測的原創性著作，在程朱理學洋洋大觀的著述中，它本該不那麼引人注目。

然而，正是這一部編纂於公元1174年的理學入門書，卻在七八百年的傳播積累之後，成爲理學最經典的著作之一，在南宋以來中國思想史上留下了不可磨滅的影響，甚至被後人將其與儒家經書並列，這種影響，恐怕是編纂者所始料不及的。近世以來，梁啓超、胡適、錢穆等人皆將其列入基本的國學書目之中，梁認爲"讀此書可見程朱一派之理學其内容何如"，[①]錢更是給出了"後人治宋代理學，無不首讀《近思録》"的説法，[②]並將之列入"中國有關人生修養的""人人必讀的"七部書之一，[③]而魯迅特意將《近思録集注》置於魯四老爺案頭，也從側面反映了他對於《近思録》影響力的某種認可。

《近思録集注》清人江永和茅星來各撰有一部，不知魯迅所言爲何，但兩書均非清代最早的《近思録》注本。本文所要研究的，是比這兩部注本都要早的，清代最早的《近思録》注本——張習孔的《近思録傳》，這是一部目前僅見藏於上海圖書館的孤本。《近思録傳》久爲人所忽略，其本身具有相當的學術價值與文獻價值，又清晰地標示了理學在清初的轉向，因此是很值得研究的。本文擬探討該書對《近思録》的詮釋及與清初理學轉向的相關問題。

---

① 梁啓超：《國學入門書要目及其讀法》，劉東編：《梁啓超文存》，南京：江蘇人民出版社，2012年，第396頁。
② 錢穆：《朱子新學案》，臺北：三民書局，1971年，第3册，第55頁。
③ 錢穆：《讀書與做人》，《新亞遺鐸》，《錢賓四先生全集》，臺北：聯經出版事業股份有限公司，1998年，第50册，第414頁。

一、張習孔及《近思録傳》
的文獻概況

　　張習孔,字念難,號黄岳,歙縣人,明萬曆三十四年(1606年)生於江都,卒年不詳,或於清康熙二十三年(1684年)卒於揚州。① 嘗爲諸生十年,於順治六年(1649年)中進士,官刑部郎中,順治九年官山東提學僉事,僅數月即丁母憂,“見世途嶮巇,絶意仕進,家食十餘年”,②晚年寓居揚州。張習孔爲清初著名文人張潮之父。其仕宦經歷雖談不上顯達,但對學術孜孜以求,除《近思録傳》外,尚著有《大易辨志》二十四卷,《檀弓問》四卷,《雲谷卧餘》二十卷、續八卷、《詒清堂集》十三卷、補遺四卷,《家訓》一卷,《繫辭字訓》一卷,《七勸口號》一卷,《使蜀紀事》一卷,《一書》二卷等。其中《雲谷卧餘》、《詒清堂集》被收入《四庫全書存目叢書》。其生平略見於自撰《家訓》、《宗雅集敘》,以及清人杜濬所撰《黄岳先生傳》。

　　《近思録傳》是張習孔晚年的著作,共十四卷,書前作者自序所署日期爲“康熙戊午二月甲子”,則該書最後完成於清康熙十七年(1678年),時張習孔七十三歲。此書目前天壤間僅存一部,收藏於上海圖書館。此本白口,單魚尾,正文半頁九行,行二十二字,每卷首署作者名外,亦署“男潮、漸同校”,末卷“殆亦與此意近”以下頁殘,爲殘本。上海圖書館著録爲飲醇閣刻本,書口下方有“詒清堂”三字。詒清堂原是歙縣張習

---

① （法）戴廷傑:《雅俗共融　瑕瑜互見——康熙年間徽州商籍揚州文士和選家張潮其人其事》,(意) 米蓋拉、朱萬曙主編:《徽州:書業與地域文化》,北京:中華書局,2010 年,第 630 頁。

② 張習孔:《家訓》,王晫、張潮編:《檀几叢書》初集卷一八,上海:上海古籍出版社,1992 年,第 83—84 頁。

孔舊宅的一間廳堂,寓居揚州後,其子張潮繼續用以稱呼其居所,並以"詒清堂"爲名刻書。清初著名學者朱彝尊在介紹張氏所撰《檀弓問》時嘗提及《近思録傳》,①但後世學者多未得機緣目驗其書,即使是研究張習孔或張潮的專論,也多未提及此書。② 個別研究雖然提及,但只交代了基本信息,未作專門研究。近來,程水龍先生始對《近思録傳》作了介紹,③並在《〈近思録〉集校集注集評》一書中,輯録了該書一部分文字,使我們能夠略窺此書的面貌。④ 但由於程著涉及時段較長,涵蓋書籍的範圍較廣,未遑細論《近思録傳》的學術意義,這就給本文進一步研究這部孤本的學術價值留下了空間與可能。

二、《近思録》的理論構架與
張習孔的選擇

如前所述,《近思録》一書既爲北宋四子語録、文字的輯録,内容本不是原創性的,從研究周敦頤、二程和張載思想來説,《近思録》所提供的材料也是遠遠不夠的,所以朱熹説《近思録》只是"四子之階梯"。⑤ 該書之所以産生如此重大的影響,主要原因在於,朱熹、吕祖謙在其中爲理學構建了一個整體性的理論構架。

---

① 朱彝尊:《經義考》卷一四八,北京:中華書局,1998 年,第 778 頁。
② 如王亭力:《張習孔及〈詒清堂集〉研究》,安徽大學碩士學位論文,2012 年;(韓) 宋景愛:《張潮生平考述》,《中國語文學論集》(韓國) 第 33 號,第 494 頁。
③ 程水龍:《〈近思録〉版本與傳播研究》,上海:上海古籍出版社,2008 年,第 68—71 頁。
④ 詳見程水龍:《〈近思録〉集校集注集評》,北京:中華書局,2012 年。
⑤ 黎靖德編:《朱子語類》卷一○五,北京:中華書局,1986 年,第 2629 頁。

　　理學到底涉及哪些層面，這些層面如何有邏輯地展開，四子對這些層面的問題看法如何，這些層面與士人的日常實踐有着怎樣的關係，這些問題在《近思録》中都有所展現。四子已經見諸文獻的話語，經過朱、吕的重新排布之後，展現出一個新穎的理論構架，這一理論構架的誕生，對理學的發展而言是標誌性和革命性的，它使理學思想擺脱了對於儒家經書結構的簡單依附，而呈現出鮮明獨立的理論品格。

　　《近思録》之所以産生重大影響，也依賴于後世學者對它的詮釋和發展。所謂詮釋，即編纂了多種注釋性著作，所謂發展，即産生了一大批針對《近思録》的續補著述。關於《近思録》後續著作的意義，嚴佐之先生曾有過詳盡論述。① 正是這些後繼之作，將《近思録》推上了幾與經書相侔的地位。

　　探討《近思録傳》的學術意義，需要將其置於《近思録》本身的理論構架中加以考察，又要將其置於《近思録》詮釋史之中作比較研究，如此方能使其意義得以彰顯。《近思録》的理論構架與詮釋史，成爲我們解讀《近思録傳》的兩個視角。

　　關於《近思録》的整體構架，朱熹有這樣的説明：

　　　　《近思録》逐篇綱目：一道體，二爲學大要，三格物窮理，四存養，五改過遷善、克己復禮，六齊家之道，七出處進退辭受之義，八治國平天下之道，九制度，十君子處事之方，十一教學之道，十二改過及人心疵病，十三異端之學，十四聖賢氣象。②

　　這是《近思録》編纂者本人對於全書構架的最直接交代，

───────────

① 參見嚴佐之：《〈近思録〉後續著述及其思想學術史意義》，載《文史哲》2014 年第 1 期。
② 《朱子語類》卷一〇五，第 2629 頁。

後世注家多將此綱目加以縮減，使之更爲簡潔醒目，如南宋葉采《近思録集解》十四卷標題作"道體、爲學、致知、存養、克治、家道、出處、治體、治法、政事、教學、警戒、辨別異端、總論聖賢"。① 雖有所改易，但在構架上仍體現了朱子原意。事實上，朱子設計《近思録》的理論構架有他的考慮，清人茅星來認爲"其書篇目要不外三綱領八條目之間"，揭示了《近思録》構架與《大學》之間的關係，有學者更觀察到其"與《大學》、《中庸》文本結構内在一致性"，②也有學者將《近思録》的框架置於儒、道、釋三家的思想背景下予以考察，認爲"就思想體系結構本身而言，相比於先秦'思孟學派'的心性論、漢唐儒學的天人論以及《莊子·天下》篇的内聖外王之道，佛學的境、行、果論表現出更加簡潔、概括的特色，和《近思録》在體系結構上的相似性程度也更高"。③ 余英時先生則認爲："這個'逐篇綱目'不但代表了朱、吕兩人對於儒家'内聖外王之學'的整體認識，而且也明確指示出'内聖'與'外王'的分界及爲學的次第。"④

毫無疑問，對於《近思録》理論構架的討論，在未來還將持續下去，但無論如何，在討論時，首先應當從《近思録》的讀者對象的設置着眼。因爲《近思録》是給"窮鄉晚進有志於學"者看的，在無"明師良友"指點的情況下，《近思録》的理論構架必須有助於他們儘快獨立掌握理學的思想體系。朱熹和吕祖謙

---

① 葉采：《近思録集解》，上海：華東師範大學出版社，2014年，第1—3頁。
② 劉鹿鳴：《〈近思録〉與〈中庸〉〈大學〉文本的内在同一性》，載《安徽大學學報》2009年第2期。
③ 李祥俊、賈椏釗：《〈近思録〉與中國傳統哲學的體系結構》，載《哲學研究》2014年第9期。
④ 余英時：《朱熹的歷史世界：宋代士大夫政治文化的研究》上册，北京：生活·讀書·新知三聯書店，2004年，第10頁。

之間，就該書是否應以"道體"篇居首，曾有過不同意見，呂祖謙強烈主張將"道體"置於首卷，因爲"後出晚進於義理之本原，雖未容驟語，苟茫然不識其梗概，則亦何所底止？列之篇端，特使之知其名義，有所向望而已。至於餘卷所載講學之方、日用躬行之實，具有科級。循是而進，自卑升高，自近及遠，庶幾不失纂集之指"。① 也就是説，呂祖謙要讀此書者先對義理的本原有個梗概式的瞭解，然後循序漸進、由淺入深地領悟"講學之方"、"日用躬行之實"，最後具備聖賢氣象。

正是這樣一個精心設計的理論構架，在後世竟遭到了篡改。篡改者是元明之際的周公恕，他在葉采《集解》的基礎上作了相當大的調整，編成一部《近思録分類集解》。此書原本已經不存，但程水龍先生經過對該書翻刻本的研究，認爲"周公恕打亂了葉采《集解》本原有的語録編排體例"，"又存在着脱訛、錯亂等等不足"，"産生了割裂、僵化、歪曲程朱思想的嚴重後果"。② 雖然《分類集解》篡改了《近思録》原有的構架，但它在明代影響極大，甚至代替了《集解》原本。

於是，對生活於明清之交的張習孔而言，在他撰寫《近思録傳》之時，就面臨一個選擇。到底是采用能體現《近思録》原貌的版本作底本，還是采用經過改編而廣爲流行的周公恕《分類集解》作底本呢？因爲《近思録傳》是清代第一部《近思録》注本，從張氏的選擇中，我們可以看到清人對於《近思録》原有理論構架的態度，進而一窺他對於理學的態度。張習孔的選擇是十分明確的，他説：

> 至淳祐間，建安葉氏爲之集解，自序已經進御。後乃

---

① 呂祖謙：《近思録序》，《朱子全書》，第 13 册，第 165 頁。
② 程水龍：《〈近思録〉版本與傳播研究》，第 98、107 頁。

有曰鷺洲周公恕者,取葉氏本參錯離析之,先後倒亂,且有删逸,仍冒葉氏名,曰"分類集解",創爲二百餘類,全失朱子之意。流傳既久,幾亂本真,世亦無知而辨之者,此實後學者之責也。①

這裏一針見血地指出,周公恕"參錯離析"葉采本的後果,是"全失朱子之意",毁壞了《近思録》原本十四卷的分類,也就是毁壞了朱子爲此書設計的理論構架。對於原書的構架,張習孔曾作很高的評價,認爲其"精粗、本末、先後之序,條理精善","上自天地陰陽之奥,下及修己治人之方,無弗具備",②而周氏罔顧朱子之意,"更立名目爲二百餘格,取一文而剪裁分屬,裂爲數段,俵散於各卷,聯合于他章",張氏還舉出具體的事例:"周氏《集解》於《西銘》一篇,僅取篇首四句,餘俱削去。夫《西銘》之書,固有難解,亦須載其全文,聽是非於來哲,何可任意芟除?"③周公恕任意删節張載的《西銘》,等於改變了《近思録》的原貌。這樣一種所謂的"分類集解"本,當然爲張習孔所不取。那麼張氏究竟依據何種版本作傳呢? 他説:"惟明季新安鮑氏所刻舊本白文最爲完善,與朱宅所藏家本雖有數字傳寫不同,無傷大體,今刻悉依鮑本,識者詳之。"④他用作底本的新安鮑氏刻本今已不可見,但我們可以看到,《近思録傳》的構架與葉采《集解》的各卷標題次第相同,惟卷二"論學"易爲"爲學",卷五"克治"易爲"克己",卷一一"教學"易爲"教人",卷一四"觀聖賢"易爲"聖賢",只不過是文字的改

---

① 張習孔:《近思録傳序》,《近思録傳》,清康熙十七年(1678年)飲醇閣刻本。
② 張習孔:《近思録傳序》。
③ 張習孔:《近思録傳・凡説》。
④ 張習孔:《近思録傳・凡説》。

易,意思都差不多。用張習孔自己的話來説,其書"序次篇章
悉本朱子之舊"。這不僅意味着張習孔恢復《近思録》原貌的
文獻學主張,更顯示了清初學者對於朱子所設計的理學理論
構架的尊重和認同。而這一認同,最終超越了理學的理論本
身,而指向了以理學涵養自身的躬行實踐:"上智之士,循習不
已,可以入聖,即資質中下,隨其力之所至,亦不失爲善人。"①
"聖人"是智者的修行目標,"善人"是普通人的修行目標,通過
《近思録》的研習,讀者最終將脱胎換骨爲某種理想人格,這是
張習孔對《近思録》的功能定位,而其全部的傳文,就是要幫助
該書實現這種功能。用張習孔自己的話來説,"《近思録》指示
直捷,由是而行,步步有得"。②

三、詮釋史中《近思録傳》與
清初的理學轉向

　　估定《近思録傳》的學術價值,還需要將其置於《近思録》
的詮釋史中來解讀,以探索其與清初理學轉向的關係。
　　比張習孔小五歲的清代學者杜濬,受其子張潮委托,爲張
習孔作《黄岳先生傳》,這是現存唯一的張氏傳記。其中,記録
了張氏對於明末清初學風的深切反思:

　　　　德性、問學本自一事,而後之儒者分而爲二,於是有
　　朱、陸鵝湖之辯。兩家弟子幾同仇敵,爲陸學者浸淫變
　　换,流爲狂禪,而道統裂矣。愈傳愈謬,未見其止,甚可憂

---

① 張習孔:《近思録傳序》。
② 張習孔:《訒清堂集》卷三《朱子階梯説》,《四庫全書存目叢書補編》
　　影印清康熙刻本,濟南:齊魯書社,2001年,第1册,第514頁。

也。必也以窮理盡性爲本,躬行實踐爲效。[①]

這裏的"爲陸學者浸淫變換,流爲狂禪",實際批判的不是陸九淵之學本身,而是由陸學衍生出來的晚明王學的末流,這些學者脱離現實,擯棄經史,援禪入儒,過分强調"心"的作用,使學術淪爲空談。清初有識之士反對這種學術弊端,頗有主張調和朱、陸甚至尊朱黜陸的。張習孔主張將"德性"與"問學"合一,即合道問學與尊德性爲一體,表面上是調和朱、陸,但從"必也以窮理盡性爲本,躬行實踐爲效"這樣的表述看,他顯然是尊朱黜陸的。張習孔在清初並非地位顯赫的理學名臣,也談不上擁有什麽政治資源,但清初的理學轉向,或者説朱子學的重新抬頭,脱離了他這樣的中下層學者的支持和認同,是不可能實現的。而《近思録傳》所標示的理學轉向,可以歸結爲以下兩個方面。

首先,《近思録傳》强化了理學的經世作用,告誡和批判統治者,强調他們的政治責任。

我們先看一則《近思録》原文,然後看張習孔是如何將其引向政治批判的。《近思録》卷七《出處》有云:

> 《蠱》之上九曰:"不事王侯,高尚其事。"《象》曰:"不事王侯,志可則也。"《傳》曰:"士之自高尚,亦非一道。有懷抱道德,不偶于時,而高潔自守者;有知止足之道,退而自保者;有量能度分,安于不求知者;有清介自

---

① 杜浚:《黄岳先生傳》,《甲道張氏宗譜》卷三七,《中華族譜集成·張氏譜卷》,成都:巴蜀書社,影印清乾隆四十七年(1782年)刻本,1995年,第10册,第893頁。其中張潮的"潮"字爲墨釘,據《星源甲道張氏宗譜》卷六〇補,上海圖書館藏清光緒二十四年(1898年)木活字本。

守，不屑天下之事，獨潔其身者。所處雖有得失小大之
殊，皆自高尚其事者也。《象》所謂'志可則'者，進退合
道者也。"①

　　此段解釋《周易》蠱卦上九之爻辭"不事王侯，高尚其事"。
王弼注云："最處事上而不累於位。"孔穎達《正義》云："最處事
上，不復以世事爲心，不繫累於職位，故不承事王侯，但自尊高
慕尚其清虛之事。"②這都是從爲官處位者對於王侯的態度出
發的，意謂身居高位者不被世事、職務所羈絆。《象傳》所謂
"不事王侯，志可則也"，《正義》進而解釋説："身既不事王侯，
志則清虛高尚，可法則也。"③無疑是將居位者這種爲官處事
的態度視爲一種法則，可供效法。其立足點仍然是居位者，而
不是上面的王侯。《近思録》引程頤《易傳》將問題展開來説，
重點在"高尚其事"。程頤將"高尚"分爲四種類型：第一類是
不遇於時而能自守，第二類是能知足而退守，第三類是不求聞
達而保持清高，第四類是不屑事務而獨善其身。在程頤看來，
這四類都是"高尚"的表現，都是值得提倡和效法的，他更將
《象傳》所言"可則"，即可以效法，理解爲"合道"。程頤的觀點
幾乎涵蓋了士人在當時保持自身高潔的諸種類型，其關注核
心仍在於士人的處世態度，而並非王侯的情況。在其《易傳》
中，還有解釋《象傳》的話，《近思録》沒有引用："蓋進退以道，
用舍隨時，非賢者能之乎？"④可見在程頤心目中，能做到以上
四類"高尚"的，便堪稱"賢者"，至於處在士人之上，決定其命
途窮達的"王侯"，這裏並未關注。

━━━━━━━━

① 張習孔：《近思録傳》卷七。
② 《周易正義》卷三，《十三經注疏》，北京：中華書局，1980年，第35頁。
③ 《周易正義》卷三，《十三經注疏》，第35頁。
④ 程頤：《周易程氏傳》卷二，北京：中華書局，2011年，第107頁。

　　在張習孔《近思録傳》之前，有兩種《近思録》注本，一種是上文提及的葉采《集解》，另一種時間更早，是宋人楊伯嵒的《泳齋近思録衍注》。楊氏乾脆没有注釋這句話，葉采不過是將程頤列出的四類表現，每一類之下舉出兩則古人的事迹，第一類舉伊尹、太公，第二類舉張良、疏廣，第三類舉徐孺子、申屠蟠，第四類舉嚴子陵和周黨，言語極爲簡略，並無實質性闡説。① 而張習孔的詮釋是這樣的：

　　　　上九超然於事功之外，一似乎無神於帝王之治者。不知確然不拔之志，固可以爲當世之師表也。“志”字不是隱居不仕之志，是清高而不染之志。國家之壞，由官邪也。今方能飾治而振起，則尊高潔之志，以勵天下之廉恥，使不至於復壞，故曰“志可則”也。②

　　開頭仍提倡“清高而不染之志”，立足點在士人，但後半段話鋒一轉，指向了“國家”的問題和職責，“國家之壞，由官邪也”，應該是經歷了明亡的張習孔最痛切的感受，他不僅僅將高潔之志視作士人的某種政治態度或處世態度，而且要求國家“飾治而振起”，通過尊高潔之志來重新激發人們的廉恥之心，改變社會風氣，以拯救國家。在這樣的詮釋中，張習孔顯然是將矛頭指向統治者和上層官僚，揭示了國家敗亂的根源所在。這與之前各家的詮釋無疑存在着相當大的差異，而更具有現實意義。
　　又如同卷《近思録》有云：

① 葉采：《近思録集解》卷七，第 141 頁。
② 張習孔：《近思録傳》卷七。

漢策賢良,猶是人舉之。如公孫弘者,猶强起之,乃
就對。至於後世賢良,乃自求舉爾。若果有曰"我心只望
廷對,欲直言天下事",則亦可尚已。若志在富貴,則得志
便驕縱,失志則便放曠與悲愁而已。

這是從帝王策賢良的制度出發,來探討人才應該由別人
推薦,還是應該毛遂自薦,舉薦之後,應該以怎樣的態度來面
對最終的得志與失志。這無疑也是士人出處中的一個大問
題。楊伯嵒的《衍注》依然没有解釋此段,葉采《集解》只是補
充了公孫弘的大致經歷,所説僅限於史實。張習孔則解釋説:

此事亦在朝廷法制之善,人舉與自舉,俱出上旨。若
使公卿推薦,而無召人自赴之令,人豈有自舉者?可見善
風俗,正人心者,全在上耳。

他再次將問題推向朝廷的法制,指出人舉或自舉的實施,
都需要朝廷出臺明確的法令作爲制度保障,否則根本無法實
行。這就完全離開了士大夫的得志與失志,而將問題的關鍵
歸結爲國家法令制度是否缺失,是否合理。最後强調的仍是
最高統治者的職責:"善風俗,正人心者,全在上耳。"在《近思
録傳》中,甚至可以見到一些對君主更爲直接的警告,如:"古
人云:'民猶水也,水能載舟,亦能覆舟。'後世人君慮其能覆我
也,故聚財養兵,以力制民,使其不敢逆我爾,不知民困而國之
元氣亦傷矣。"[1]掌權的君主,不能因爲害怕自己被老百姓推
翻,就花錢培養軍力來控制百姓,使他們不敢反抗,這樣只能
損傷國家的元氣。這是張習孔從儒家的德治出發,來要求規

----

① 張習孔:《近思録傳》卷一〇。

範和限制君主的權力。

　　雖然理學與政治的關係十分密切,但在明末清初,在王學末流的影響尚未完全褪去之時,刻意强調理學經世致用的一面,尤其是藉以對君主和朝廷進行告誡和規諷,對國家政策予以反思,對政治和社會風俗加以批判,這是理學發生轉向的一個重要表現。張習孔其實是重拾了理學在當時已爲人所忽視的一種批判性傳統,這是理學原本就具有的。正如美國學者包弼德(Peter K. Bol)所指出的:"在理學的模式中,君主更接近人而不是神。他必須遵照士人階層對'學'的規範修身,而人民對他的支持也取決於他是否能夠成功地引導政府維護公共利益。"①正因爲君主是人而不是神,張習孔可以對照《近思録》中的話語,去要求帝王做應當做的事,去規範朝廷的政策,去承擔他們必須承擔的起衰振弊的職責,這種提醒在當時的歷史情境中,是極有意義的,在《近思録》的詮釋傳統中,也是十分醒目的。

　　其次,《近思録傳》重新重視理學的知識傳統,强調經史的作用。

　　陸王之學發展了理學中"尊德性"的一面,當這種傾向臻于極致時,"聞見之知"自然被排斥,在這個背景下,知識不再受到重視,享有應有的地位。余英時先生在分析王陽明所倡"良知"時有一段評論:

　　　　"聞見之知"在陽明的哲學系統中没有獨立自足的地
　　　位則顯然可見。因此他竟公然指責《論語》上那些關於
　　　"多聞"、"多見"的説法爲"失卻頭腦"。正是由於陽明對

① (美)包弼德著,(新加坡)王昌偉譯:《歷史上的理學》,杭州:浙江大學出版社,2009年,第105頁。

“聞見之知”抱着一種壓抑的態度，他的弟子輩最後便走上了“反知識”的一條路。①

“致良知”與“反知識”的隱秘的内在關聯在這裏被揭示出來，既然王學末流“反知識”，那麼清初宗程朱之學的學者就特别會去强調理學中“道問學”的一面，强調“聞見之知”的意義，進而將經史重新納入關注的範圍。

張習孔讀書極爲廣博，他自述“性好書，《史》、《鑒》、百家暨詩賦、稗野間有所覩”，②這樣的知識背景加上宗尚程朱之學的傾向，使得他在詮釋《近思録》時相當重視經書史籍。

這種重視知識、重視經史的表現，可以分爲兩個方面來看。其一，《近思録》中，尤其是卷三“致知”篇中有大量關於閱讀經書的語録，張習孔在詮釋時集中展露了他對經書和閱讀的看法。其二，《近思録》的内容總體來説是比較抽象的，而張習孔在詮釋時没有僅僅拘泥于理學的概念，而是經常援引經史來作旁證，這本身就是他善於讀書、善於運用知識的表現。

先看第一個方面。《近思録》卷三有程頤答張載書中的一段文字，批評其所論“有苦心極力之象，而無寬裕温厚之氣”，“意屢偏而言多窒，小出入時有之”，希望對方能“完養思慮，涵泳義理”，以達到“條暢”的境界。張習孔在解釋時，談到了讀書、窮理與作文三者間的關係：

> 讀書與窮理，固非兩途；至用之爲文，亦有二致。命意則得於窮理，遣辭則得於讀書。張子之文，意屢偏而言

---

① 余英時：《清代學術思想史重要觀念通釋》，見氏著《中國思想傳統的現代詮釋》，南京：江蘇人民出版社，1995年，第250頁。
② 張習孔：《詒清堂集》卷一《宗雅集敘》，《四庫全書存目叢書補編》，第1册，第466頁。

多窒者,意之所至,辭不能達之。是以意本全,而覽者只
覺其偏也。此是讀書未熟之故,然觀其本傳,固嘗博學多
才,張子豈未讀書者哉?意其後來,離博而返約,只從義
理考索,而文章之道,棄之久矣。此所以遣詞命意多塞澀
而難通也。①

他認爲張載的問題在於,他早年讀書,但後來由博返約,
只關心義理問題,所以心中的意思没有辦法用恰當的文辭表
達出來,顯得偏狹滯澀。張習孔在這裏强調的是讀書對於寫
作的促進作用,義理需要條達順暢的表述方式,才更容易被人
接受,從這個角度説,讀書對於探究義理也自有益處。非但如
此,張習孔在注釋關於"格物"的條目時,將讀書視作"格物"的
重要手段,並將矛頭直指王陽明。他説:

> 《中庸》謂"雖聖人有所不知焉",有不知何害其爲聖
> 人乎?人但不得藉口此言,而諉於不學,如姚江氏之云
> 也。且先生之教人多術矣,或讀書,或論古,或應事,皆窮
> 理,皆格物也。②

認爲王陽明(姚江氏)不應該借《中庸》的話爲"不學"尋找
藉口,無論是讀書還是實踐,都是格物窮理的一種方式,只有
堅持通過各種方式格物,最後才會有豁然貫通的一天。
張習孔談論起經書和史籍來饒有興味,他在詮釋"讀書者
當視聖人所以作經之意,與聖人所以用心"一語時,提出自己
對五經的看法:"蓋以《詩》、《書》者,孔子之所删也。《易》,則

---

① 張習孔:《近思録傳》卷三。
② 張習孔:《近思録傳》卷三。

伏羲、文、周之言，孔子之所贊也。《禮》、《樂經》，孔子之所定者，今無其傳，而聖人之緒言，間有見於今《禮記・樂記》之中。《周禮》則周公之製作在焉，而《春秋》則孔子之特筆也。諸經未可作一意讀，故欲其句句而求、晝誦而夜思之也。"五經的情況不同，應當根據每一經的性質來仔細閱讀，一句也不放過。具體而言，他認爲"《詩》、《書》二經，古人行事，有可參考者"，而《論》、《孟》"平易近人，讀之易曉，實至道之所存也，一字一句，皆有根柢"。① 對於諸經特點的把握，來源於張習孔本人長期的閱讀體驗，當然首先是對於知識和閱讀行爲本身的認同，這一認同，可以看作清初理學轉向的一個重要方面。

再看第二個方面。張習孔在解釋時善於援引經史作爲旁證，這樣《近思録》的語句就變得更容易理解。如《近思録》卷三載程顥"每讀史到一半，便掩卷思量，料其成敗，然後卻看，有不合處，又更精思"，這是從讀者閱讀的角度而言，張習孔卻把話題轉向了史書的作者："作史者，以後世而記前世之事，於成文之先，其筆意遂有所以致成敗之字句。"接着補充了史書中的具體事例："如符堅之敗，凡於其寵鮮卑、拒忠諫處，皆摹寫其偏愎之況。徽、欽之禍，於納張瑴、背金盟，皆豫載有識者憂危之語，故其成敗，閲半即可料也。"類似的例子還有不少，張習孔往往信手拈來，增加了閱讀《近思録》的趣味，限於篇幅，這裏不一一列舉。

陳榮捷曾指出："《近思録》除佛道經書之外，注釋比任何一書爲多。"② 在這衆多的注釋中，張習孔的《近思録傳》無疑不能算是最出色的，但它是觀察明末清初中下層士人學術傾向的一個重要文本。在這部碩果僅存的孤本中，我們看到程

---

① 張習孔：《近思録傳》卷三。
② 陳榮捷：《近思録詳注集評》，上海：華東師範大學出版社，2007 年，第 2 頁。

朱之學是怎樣在王學末流的衰退中重新抬頭的,也可以看到
這個階層的士人是怎樣將他們的政治關懷和知識關懷寄寓在
程朱理學的理論構架之中。明末清初是中國學術變動的大時
代,在這個大時代中,誠然産生了黄宗羲、顧炎武、王夫之這樣
的大學者,也有很多是像張習孔這樣的普通學人,他們以自己
的方式,默默地改變着明清之際學術思想的版圖,静候着考據
學全盛時代的到來。

從《讀近思録》看汪紱朱子學

丁紅旗

乾隆三十八年(1773 年)九月,時任翰林院侍讀學士、安徽學政的一代名士朱筠在《汪雙池先生墓表》中這樣描述:

> 婺源爲我家文公之故里,宋、元、明以來,巨師魁儒繩繩相繼,流風未湮,於今見者,實惟段莘汪先生(汪紱)、江灣江先生(江永)尤著。

不惟如此,汪紱於乾隆五十一年(1786 年)入《婺源縣志・儒林傳》,嘉慶十七年(1812 年)入《國史・儒林傳》,道光九年(1829 年)入祀鄉賢祠。其著述,從乾隆三十六年(1751 年)首印《參讀禮志疑》後也一直續有刊刻。汪紱是乾嘉中期皖學的代表,也是一位重要的朱子學者,其學術旨歸,一如《清史稿・儒林傳》所説的"一以宋五子之學爲歸"。唐鑑《國朝學案小識》就是把他列入"翼道學案",表彰其翼道之功。還值得一提的是,汪紱早年著書十餘萬言,旁及百氏九流,三十歲後付之一炬,"盡焚其雜著數百萬言,而一於經。研經則參考衆説,而一衷於朱子"。[①] 可見其推尊、捍衛朱子之堅決、勇毅。

---

① 余龍光:《汪雙池先生年譜》所附《汪雙池先生行狀》,載《乾嘉名儒年譜》第三册,北京:北京圖書館出版社,2006 年,第 425 頁。下簡稱"《年譜》"。

但是，就是這麼一位重要的朱子學者，其地位和價值並未得到充分的發掘和認識，不僅對其研究的論文寥寥，專著如《清代理學史》(中卷)，①囿於體例，所論也有些簡略。今不避固陋，試做一番鈎沉，以期能抛磚引玉，爲深入理解汪紱的朱子學提供一點有益的啓迪。

一、汪紱、江永二賢書信
中所關注的視野

乾隆元年(1736 年)冬，從浙江楓溪館返歸故里婺源的汪紱開始寫信給江永，探求學術、世道人心，特別是對朱子學的理解等。這一年，汪紱四十五歲，江永五十六歲，都處在思想、學術的成熟期，也是精力較爲充沛的時期。没見回音，次年冬，汪紱又作書於江永。三年春，江永始答信。秋，汪紱再次寫信。四年春，江永再答。汪、江二賢的書信論道，在當日的學術界是一件重要的事，婺源李椿田爲汪紱《儒先晤語》撰的跋中，就稱二賢"議論所關甚大"。這也可說是當日學界關注、研究範圍的一個縮影。其書信往來，集中見《年譜》，亦見《雙池文集》。② 需先説明的是，汪、江二人都是在朱子學的浸潤中成長，江永在第一封答信中曾自述：

> 弟昔爲學，未知向方。十八九歲讀《大學》，熟玩儒先之言，知入手功夫在格物，程子所謂"今日格一物，明日格

---

① 龔書鐸主編：《清代理學史》(中)，廣州：廣東教育出版社，2007 年，第 69—76 頁。
② 載《續修四庫全書》影印道光甲午一經堂刻本，第 1325 册；又載《清代詩文集匯編》第 271 册，與《續修四庫全書》爲同一版本。

一物,久則自然貫通"者,深信其必然。①

並一再強調認同汪紱所言的朱子修身養性的功夫,"區區
之心,惟願讀書窮理以破愚,省身克己以寡過"。②

至於汪紱,則是在熟習程朱理學的母親江太孺人的不倦
教誨下成長:

> 學非有師授,其《四書》及《詩書易禮綱目》,則自孩提
> 受於母膝矣。母,余姊也。姊氏自幼嗜學,五六齡,明月
> 之下,三夕而《學》、《庸》習熟,圈外小注不遺一字。……
> 及長,惟《周易》及邵子《經世書》,及朱子《綱目》玩不釋
> 手。他若唐宋詩詞雜書,皆不寓目。故甥無師,而有成就
> 如此。③

概括起來,這些書信表現出汪紱對當日朱子學現狀的憂
心和思考,有兩個方面:

一、期待江永能"振興末俗,一挽支離靡蔓之狂瀾";當
然,這也是自己義不容辭的責任,"猶在紱也"。一個"狂"字,
説明其範圍廣、力度大。具體來説,是指時人多求工於時藝,
一變朱子學而爲詞章,以利於八股科舉:

> 後人專工於時藝,而無暇以窮經,故滿紙引用經言,
> 究無當於經義。……後世經學貪多務得,涉獵不精,而經
> 學益多龐雜。④

---

① 《年譜》,第 257 頁。
② 《年譜》,第 270 頁。
③ 《年譜》引江廷鏞《四書詮義序》,第 321 頁。
④ 《年譜》,第 287 頁。

於是乎復移朱子之説以役詞章。而講章家治經,亦多爲八股計,便於八股者收之,不便於八股者棄焉。[①]

甚且嚴重者,"莫不以畔傳離經爲事,朱子之道或幾乎晦矣"。[②] 在乾隆十二年(1747年)成書的《易經詮義·序》中,汪紱也提到了這一嚴重的情形:"若乃時下説經,專供制藝。而深焉者,則又旁搜穿鑿,以詆排朱子爲事,此則紱之所深羞而切惡者也。"[③]更有甚者,即便是研討經書者,也多有嚴重的缺陷,即汪紱所説的"多失先王之意,注疏家尤多紕繆";是以"不惟不足以治經,而反足以亂經"。[④] 這確實是一個亟待重視、解決的問題。

這種極端惡化的情形是否僅是汪紱的一家之言,或危言聳聽呢? 乾隆五年(1740年)十月,清高宗在訓示諸臣研精理學時説:"兩年來諸臣條舉經史,各就所見爲説,而未有將宋儒性理諸書切實敷陳,與儒先相表裏者。蓋近來留意詞章之學者,尚不乏人,而究心理學者蓋鮮。……遂置理學於不事。"[⑤]甚至在乾隆末,還出現了"自命通經服古之流,不薄朱子則不得爲通人。而誹聖排賢,毫無顧忌"[⑥]的極端情形,而且,此處所談正是徽歙一地的情況。汪紱的舅舅江廷鏽在爲汪紱《四

---

① 《年譜》,第217頁。
② 《年譜》,第218頁。
③ 《年譜》,第233頁。
④ 《年譜》,第275頁。
⑤ 《清高宗實録》卷一二八"乾隆五年十月己酉"條,載《清實録》,北京:中華書局,1985年,第10册,第875—876頁。
⑥ 章學誠撰,倉修良新編:《文史通義》内篇二《書朱陸篇後》,上海:上海古籍出版社,1993年,第78頁。又,據文中"戴君下世,今十餘年",考戴震於乾隆四十二年(1777年)五月去世,論述的爲乾隆末年情形。

書詮義》作序時也説："淪及明季,凡執筆爲文者,皆以能畔朱子爲快。……(國朝)是以欲尊朱而或反背朱,非以明經,而適以害經者亦已多矣。"①可見汪紱所言正是當日的實情,情況殊爲嚴重,不是有意地虛飾誇大。

二、對時人稱許江永"博洽"不無微詞。第二封信中,汪紱先陳明"商羊、萍實與掘地之羊、專車之骨,識與不識,於孔子聖德殊不增損一毛",説白了,在汪紱看來,就是一味地訓詁、釋義並不能解決問題,"商羊"(見《孔子家語·辯證》《論衡·變動》:"商羊者,知雨之物也;天且雨,屈其一足起舞矣。")、"萍實"(見《説苑·辨物》:"此名萍實,令剖而食之,惟霸者能获之,此吉祥也。")的故實,知與不知,並不損於孔子的聖德,即無助於德性的培養。回到現實中,"今之號爲遵守紫陽者,亦或以小言細物與朱子争博洽",言外之意就是暗指江永現在做的經籍考證就與此類似,結果恐怕只能是"徒以博稱慎修"。更進一步,如果以"博洽自見",則"或不無一失",更不可以此自負。這當然有弦外之音,實際上是指江永稱得上煌煌巨著的《禮書綱目》(八十卷)。對於此書被朝廷徵集,江永曾在信中解釋其委曲:

> 凡三代以前禮樂制度散見經傳雜書者,悉有條理可考。書凡三易稿,初曰《存羊編》,次曰《增訂儀禮經傳》,三稿始易今名,爲《禮書綱目》,蓋八門爲總綱,而各篇則綱中之綱也。……卷帙既多,但能録古注與釋文,更欲增入唐宋義疏與古今諸儒議論,苦無力乏人抄寫,有志未逮。書成將廿載,不欲示人,藏之敝簏,幾爲蟲蝕鼠穿。②

---

① 《年譜》,第 319 頁。
② 《年譜》,第 260 頁。

即本不欲示人，只是"近年始有相識者轉相傳録，漸播聞於遠方"，而後適逢其會，並非一己有意攀附，"藉此爲梯榮之具"。至於汪紱所提及的"小言細物"，"録古注與釋文"，未能一味遵循朱子學説，"但欲存古以資考覈"，並非有意以博學誇人，傲視學林；當然，更不是以此來破碎、背離朱子學説。

對此辯解，在第四封信中，汪紱又進一步闡發這一弊端：

> 惟節收古注及釋文，爲學者入門之路。苟其折衷以朱子之説，而抉擇精詳，夫亦止此足矣。若及唐宋疏義與古今諸儒議論，蒐羅太多，則議論恐不能無雜。三代而下，代有禮書，如《開元禮》，以及大明，其間禮制增損，多失先王之意，注疏家尤多紕繆，至有吕坤等"四禮"之疑，（按：吕坤，明萬曆時人，著有《四禮疑》。《明史》有傳。）是不惟不足以治經，而反足以亂經。不增入焉，正可以全經，而不爲闕略也。①

可見，兼收古注及釋文，在汪紱看來，還要做到兩點：一要"折衷以朱子之説"，以朱子學説爲標準衡判；一要"抉擇精詳"，不要蕪雜。重要的是，這些注疏"尤多紕繆"（亦可參見下面《理學逢源》中對注疏的批評），實不足爲憑據采信。與此相關，是汪紱對江永爲迎合世俗舉業而摭拾故實，"十餘年來，四方雕板相踵，遂風行海宇，家有其書"②的《四書典林》、《四書古人典林》亦多有不滿，認爲這樣只會大開方便之門，誘人投機，荒怠學業，而無補於經學，甚至進一步惡化淺浮、墮落的學風。信中，汪紱不止一次地質疑、申説：

---

① 《年譜》，第 275 頁。
② 江永：《四書古人典林・序》，合肥：安徽大學出版社，2011 年，第 1 頁。

而別有《四書名物考》之刻。夫名物之考,務博洽耳。於禮經孰緩孰急? 而顧先以此問世,不幾揚末學之波歟?①

然與其開方便之門,孰若激勵之使從事於經學? 如果資分庸下,則足下又安能以《典林》一書强之記憶? 彼其於抄録且不無憚煩,而欲使之成誦,以幾"左右逢原"(按:汪引江書信中語),不愈難哉! 若不能必其成誦,而祇於臨時習閱,以飾寒儉,則艾東鄉所譏爲小盜盜大盜,或無辭於餖飣之失矣。②

這也是汪紱一貫的觀點,乾隆十年(1745 年)所做的《詩經詮義》就言"深病記醜之徒搜爬舊序,矜博聞而與朱子爲難。……亦考據,以證其小誤漏遺"。③

這也實際上具體而微地反映了二人學術走向、志趣的不同,借用錢穆的評價,即是"大抵江氏學風,遠承朱子格物遺教則斷可識也。與江氏(永)同時並稱者有汪紱,……多尚義解,不主考訂,與江氏異。……惟汪尚義解,其後少傳人,江尚考覈,而其學遂大"。④ 時風所向,這也直接影響了時人對其學術的認可和接收。

當然,對汪紱而言,亦頗寄托其母,或者説其家族力圖通過科舉而振興家業的熱望。汪紱的祖上,聲名最盛者是其五世祖汪應蛟,萬曆甲戌(1574 年)進士,累官户部尚書,《明史》有傳。但其後,因時局動蕩,山河轉移,到了清朝,汪氏家族不

---

①《年譜》,第 245 頁。

②《年譜》,第 286—287 頁。

③《年譜》引《汪雙池先生行狀》,第 431 頁。

④ 錢穆:《中國近三百年學術史》第八章《戴東原》,北京:商務印書館,1997 年,第 340—341 頁。

僅不能再現昔日風光,甚且日趨窘迫、破落了,到了其祖時,僅
爲府學生,已了無功名。到其父汪士極一輩,更落落日下了,
只爲一讀書之人。家道業已中衰,在清中葉,科舉幾乎是時人
認同的一個正常讀書人的唯一出路了。能説明的是,盡管汪
紱曾説過不能"奔競虚名,馳驅利禄",①但在晚年,還是應試
了,乾隆七年(1742年)夏,由"族中從遊諸弟姪"的"力請",五
十一歲的汪紱應督學禮部侍郎嵩壽之請,試於府城,補縣學生
員。九年六月,應鄉試金陵。十八年七月,再次應金陵鄉試,
時已六十二歲。二十四年七月,雖已病有加,孫子殤,仍命其
子汪思謙去應金陵鄉試,由此致譏於時人,"故世稱先生高尚,
不欲用世者,皆妄臆也"。② 這可能是汪紱晚年生計一度頗爲
困頓,族人又力勸的結果。

二、《讀近思録》與《理學逢源》

汪紱關涉朱子學的著作,最重要的兩種,即《理學逢源》與
《讀近思録》。在前所舉的書信中,二人討論"當務之急"時,江
永在第一封答信中曾陳述:

> 若儒先之書,尚有整頓者,如《近思録》,當采朱子之
> 言爲注釋;《論孟或問》,當附精義以便觀考,近亦漸就
> 緒也。

一年後,即乾隆四年(1739年)春,江永再答汪紱時,《近
思録集注》業已撰寫完畢:

---

① 《年譜》引汪紱《紫陽書院記》,第346頁。
② 《年譜》,第402頁。

　　所欲整頓之書頗多,《近思録》,吾人最切要之書,案頭不可離者。俗本離析破碎,宋時葉采之注,亦未備。嘗爲之詳注,采取朱子之言以注朱子之書。朱子説不備,乃取葉説補之。葉説有未安,乃附己意足之。十四卷,已有成書。

　　按:此處江永信中説的"十四卷,已有成書",應指已有部分寫就的書稿,非謂已全部成書,因爲其弟子修撰的《江慎修先生年譜》明載其乾隆七年(1742 年)"《近思録集注》成"。從情理上説,收集朱熹注、葉采説,並加以鈎沉、整理,也非短日内所能完成,宜乎七年撰成,其間歷五年的時間。遺憾的是,汪紱信中没具體談到對《近思録》的態度;但其當極爲重視,因爲汪氏至少在乾隆十九年已撰成對汪紱來説重要的朱子學著作——《讀近思録》。汪紱直接承繼朱子的理學,不僅表現在以朱子説爲標準,浸潤在其間,"研經則參考衆説,而一衷於朱子。志專一而用力勤";[①]還表現在潛心深究理學,乾隆八年,編集《理學逢源》十二卷;十八年,撰《讀問學録》一卷(即陸隴其《問學録》、《讀禮志疑》);二十三年,撰《讀讀書録》二卷(讀明儒薛瑄《讀書録》)。這些"讀書"系列,實見出汪氏的理學造詣,也某種程度上融貫、彰顯在《理學逢源》、《讀近思録》中。

　　至於《讀近思録》的撰作年代,《年譜》繫於乾隆十九年(1764 年),汪紱時年六十三,已近人生暮年。但不無遺憾的是,作爲年譜的編訂者余龍光此處並没有列出繫年的依據。而這一時期,從"乙丑到乙亥(1745—1755 年),凡十一年,或家食,或客遊,俱未詳",[②]汪紱居止不定,即便是余龍光本人

①《年譜》引《汪雙池先生行狀》,第 425 頁。
②《年譜》,第 367 頁。

也不甚清晰了。但有一點能肯定,這一時期,是汪紱著述的一個高峰時期,據《年譜》,再加上《序》,能確鑿判明繫年的作品就有許多。這大約得益於長期館於楓溪,教授異鄉,得以有衆多閑暇和精力從事著述,且知識不斷累積的緣故。從這一點看,余龍光繫於此年,也算是信而有征。不過,這一問題可能還能深入。據汪、江二賢往來的書信,江永在 1738 年答信中,對汪紱所言的宗子法、井田制進行了批駁,第四封汪紱的答信中亦進行了詳細解釋。這一内容,在《讀近思録·治法篇》中有清楚表述。又,此年汪紱的信中,言及"介甫又何嘗通經術",①與《讀近思録·教學篇》的内容完全一致。這些相同,至少能説明相關内容汪紱早有思考。或者説,從内證上看,這麽多的内容都已涉及,且觀點一致。就不能不考慮《讀近思録》的撰作時間的提前,畢竟一卷(三萬字)的篇幅容易寫就。

　　道光二十五年(1845 年),"潛研性道","平生力崇正學,闢(王)陽明,不爲調停兩可之説"②的唐鑑撰成《國朝學案小識》,其"翼道學案"列《婺源汪先生(紱)傳》,最後論斷"然先生之書如《讀近思録》、《理學逢源》諸編,皆能發先儒所未發,洵大有功於程、朱者也,即與程、朱之書並行可也"。③ 唐氏推崇《讀近思録》,實際上更具體地體現在傳中占主體地位(占整個篇幅的十分之九)的陳述、引録汪紱的學術觀點,完全源自《讀近思録》。此足以見其在唐氏心中的重要位次。無獨有偶,近代經學大師劉師培《左盦外集》卷一八中,專列《汪紱傳》,其所列汪紱爲學之要(占三分之二的篇幅),亦完全出自《讀近思録》。這非是一時的巧合,而足以説明《讀近思録》確實代表、

① 《年譜》,第 294 頁。
② 《唐確慎公集》前附《墓志銘》、《先正事略》,載李健美校點《唐鑑集》,長沙:岳麓書社,2010 年。
③ 《唐鑑集》,第 372 頁。

融貫了汪紱的朱子學觀點。

　　在唐《傳》中，從格物致知、訓釋經學、存養、克治等四個方面，較爲全面地引録汪紱的見解、學識。唐氏是清中葉著名的程朱學者，道光二十年（1840 年），曾國藩、倭仁都曾隨其考德問業。其所評價，實際上也代表着那一時代朱子學者所推崇、認可的方面。至於劉師培，亦是從這四個方面引録，只不過順序略有不同，大致可認爲是唐《傳》的簡略本。劉氏作爲清末久負盛名的學者，二人不約而同地集中在這四個方面，也實際上揭示了《讀近思録》的核心内容。《讀近思録》，顧名思義，就是對朱子《近思録》的解讀，兼帶闡明一己的觀點，如《道體篇》中“性命之微深矣遠矣”，“太極，性理之尊號”，“誠者，理之真”，“動乃見天地之心”，“器亦道，道亦器”，“時中”；《論學篇》中“多識所以畜德，此格物致知之事”，“《訂頑》極規模之大，《砭愚》盡檢束之細”；《存養篇》中“敬勝百邪”，“閑邪則誠自存”；《出處篇》中“君子既仕而在位，則當爲天下杜漸防微”；《政事篇》中“凡人欲速見小利，皆無遠慮之故”等，大抵人生的各個方面，如哲理、修身、養性、出處、大節等均有所論議，論述得較爲全面，簡明扼要。對於歷史上的聖賢，在《觀聖賢篇》中也有評議。這些，今人讀來都不無裨益，也是《讀近思録》的價值和閃光點所在。

　　再看《讀近思録》的姊妹篇《理學逢源》。《理學逢源》是一部更爲龐大、深博的理學著述，始撰於康熙六十年（1721 年），成於乾隆八年（1743 年），積二十三年之久，幾乎是半生心血的結晶，其用心盡力可窺一斑。汪紱之所以撰寫，是激憤於異端末學、功利之徒的熾盛，“況乎異端邪説，與夫記誦詞章之學，又從而汨之，使高焉者必惑於寂滅虛無之説，而下焉者又役於功名富貴之途”，“是邪説誣民，幾於滅熄，可無懼歟”！①

————————

① 《年譜》，第 323—324 頁。

其憂懼之情,溢於言表,由此奮而衛道,編撰《理學逢源》,“因是書以窺聖學之旨”,扭轉世道人心;因爲“欲窮理致知,反躬實踐,則舍四子、六經之書,及周、程、張、朱之教,其未由也”。其編撰過程,汪紱在《序》中有明述:

> 顧曩時所輯,猶未免雜亂無章,恐不足以窮聖學之蘊。而乃因與(汪)麗南往復談論,還復潛心理會,補闕删蕪,定書凡十二卷。①

《理學逢源》一書分内篇《明體》、外篇《達用》,共四類:“聖學類”、“物則類”、“王道類”、“道統類”。其編寫的凡例,汪紱亦有陳述:

> 每類之首,必援引經書以冒一類之意,亦以明立言之有本。……一類之中,各分數條,而每條之中,皆首以己意立言以發明之,實則竊取先儒之意者居多,非私見也。其後繼以雜引經書,則又所以實立説之旨,以見所言之一貫耳,非徒引蔓也。……所引先儒之言,則多以先後爲序,而先儒中惟以周、程、張、朱之説爲主,間及程、朱門人及邵子(邵雍)及南軒(張栻)、東萊(吕祖謙),亦間及元明諸儒,又間及董(仲舒)、韓(愈),及荀(子)、揚(雄)、文中(王通)。其不敢濫及者,欲的然有所宗主,不徒以其言也。②

此亦可見汪紱嚴守朱子之矩矱,不越雷池半步,也即余龍

---

① 汪紱:《理學逢源・序》,《續修四庫全書》,第 947 册,上海:上海古籍出版社,2002 年,第 192 頁。
② 《理學逢源・序》,《續修四庫全書》,第 947 册,第 203—204 頁。

光《年譜・凡例》所言的"一以朱子爲折衷,其朱子所未及言者,則推廣朱子之心以發明之"。① 這對捍衛朱子學當然是一件吃緊的事。這一編類原則在《讀近思録》中也體現得淋漓盡致,闡發程、朱理學的微言奧義成爲其不可移易的首要准則。其内容、旨歸,可借用《嚴州府志・儒林傳》的精當評語加以概述:

> (三十歲以後)益肆力問學,以斯文爲己任,治經則博綜義疏,窮理則剖析精微,而皆折衷於朱子。每有獨得,往復發明,撰述等身,悉歸純正。②

具體一點,此僅就《理學逢源》卷六《内篇・物則類》中《經學》的概述來窺其一斑。其雖自言"折衷朱子焉,足矣";但其所言"無徇外,無誇多,詳説而探其源,躬行以體其實",③作爲綱領,卻有其指導意義。所論多是深體切悟、甘苦之言,如"六經需循環理會,義理無窮;待自家長得一格,則又見得別","讀書不必多,要知約。多看而不知約,書肆耳。須將聖人言語玩味,入心記着,然後力去行之,自有所得"等。然後引張載、朱子的相關言論進一步論證。由此嚴謹、井然的結構,綱舉目張,自是能深入一層理解經學意旨。總之,一如沈維鐈《理學逢源・序》中所言"今先生是編,又將與西山(真德秀)《讀書記》同爲《近思録》階梯矣"。④

當然,也毋庸諱言,對程、朱理學的一意尊奉、"力崇正學"

---

① 《年譜》,第147—148頁。
② 《理學逢源》附,《續修四庫全書》,第947册,第193頁。
③ 《理學逢源》卷六《内篇・經學》,《續修四庫全書》,第947册,第409頁。
④ 《理學逢源・序》,《續修四庫全書》,第947册,第191頁。

無疑限制了汪紱學識、才情的揮灑，使得其在一些義理上殊少發明，一些觀念、看法也顯示了其不免落後、保守，甚至迂腐的思想成分，如《近思録·治法》中，汪紱仍在越世高談設立宗子，能使民風"更厚"，亦可"省得多少事"；又説"商鞅興富强之利，鼂錯言納粟之策，明帝致金人之法，此皆萬世罪人"；甚至認爲"不復古禮，不變今樂，不可以求至治"。《近思録·治體》篇中談到要恢復上古時代的井田制，認爲"必欲辨上下，定民志，非井田、封建不可"，並説"然井田、封建不可卒復，則亦宜定一經制"。甚至在鄉賢江永一番質疑後，此點仍堅守不移。當然，這也有時代的局限，不可一味强求。

三、漢學天下的突圍

汪紱生活的時代，已漸趨是漢學的天下，理學的衰退已無可挽回。從高層來説，乾隆二十一年（1756 年）二月，乾隆皇帝首次對朱熹《四書章句集注》表示異議，此後四十年間，在三十二次經筵中，有十七次明顯立異，這就殊非偶然之舉了。[1]這種轉向更切實的表現就是乾隆二十一年後，殿試的時務策加上了經史文獻内容的考核——此足以構成一種對越世高談理、氣、性、命等理學信徒入仕的限制。同時，一些漢學家，幾乎囊括了乾嘉漢學的骨幹，如莊存與、王鳴盛、錢大昕等，都因科舉而吸納到各級政權中，亦足以是一種示範，或暗示。實際上，乾隆三十七年至四十七年間，昭示一代"稽古右文"盛典的修纂《四庫全書》，也一定程度上是對文獻整理的肯定，其被稱

---

① 見陳祖武：《從經筵講論看乾隆時期的朱子學》，載《國學研究》第九卷。又見氏著《清代學術源流》，北京：北京師範大學出版社，2012年，第 194—195 頁。

爲"漢學大本營,《四庫提要》就是漢學思想的結晶體",①也勢在必然。功利所趨,在乾隆四十年和珅當權以後,士人們便紛紛將"濂、洛、關、閩之書束之高閣,無讀之者",甚至書商也不願多刻印理學著作了,且以此回答購求者,"近二十餘年,坊中久不貯此種書,恐其無人市易,徒傷貲本耳"。② 這種情形下,汪紱與一些人,如翁方綱、方苞、雷鋐、韓夢周、陳庚焕、陰承方等,仍在堅守着理學的堡壘,實屬不易,也難能可貴。

在汪紱的周圍,漢學流派已在嶄露頭角,隱然崛起:開吳派經學的吳縣惠氏,經惠周惕、惠士奇,到惠棟,都在致力於漢學。乾隆九年(1744 年),惠棟撰成《易漢學》,同時撰《古文尚書考》,復原漢儒《易》學,實具開一代風氣的意義;乾隆十四年(1749 年),惠棟開始撰《周易述》。皖派的江永,已如上述。至於開浙東學術的全祖望,一生則留意史學,"於桑海之變三致意焉",晚年"留心明季遺聞,以表章節義爲己任",③著《困學紀聞三箋》、《續宋元學案》,七校《水經注》,即重視史學、實證。全氏卒於乾隆二十年(1755 年)。汪紱坐館楓溪,出入浙江,至少對全氏有所耳聞,或熟知。

現在看,至少從兩個方面,即尊奉程、朱義理,"力崇正學"的限制和一時缺乏有力門人弟子的推尊,以及釋義的方式很大程度上限制了時人對汪紱學説的走近和接受。當然,大的環境,對明末以來王學越世高談性理等空疏學風的批判,"三禮館"的考證、徵實學風,以及清高宗對名實不符的理學家的厭惡等,也構成了一種較強的限制和約束。不過,

---

① 梁啓超:《中國近三百年學術史》,天津:天津古籍出版社,2003 年,第 24 頁。

② 昭槤:《嘯亭雜録》卷一〇"書賈語"條,北京:中華書局,2010 年,第 317—318 頁。

③ 支偉成:《清代樸學大師列傳》,長沙:岳麓書社,1998 年,第 204 頁。

這並不是説不能突圍，走出漢學的籠罩，從學理上説，這是一個總結、融匯的時代，至少還能有以下三種方式可以推進程、朱學的發展：

一、編撰理學史，在學理上彰顯其歷史進程、價值和意義等。理學發展到乾隆時期，業已累積了豐富的可資借鑒的思想、經驗等資料，而需要加以系統性總結。這實際上也是當日的一個潮流，即便在清順治、康熙時期，學術史的編撰就有二十五種之多，①如康熙五年（1666 年）孫奇峰撰《理學宗傳》二十六卷，十九年范鎬鼎撰《廣理學備考》四十八卷，二十八年竇克勤撰《理學正宗》十五卷等。不過，即便是晚出的編撰於道光二十五年（1845 年）的唐鑑《國朝學案小識》，其對傳主生平介紹的簡略、學術評價的欠缺都是其不可遮掩的缺陷，也都説明了編撰學術史的巨大空間。這種編撰實際上在道光、宣統時還一度成了一個高峰，也説明自其有必要和價值。

二、校釋、集注，整理一個可資取信的文本。這方面，鄉賢江永《近思録集注》無疑就是一個很好的範例（其整理的方式見前引）。

三、因時制宜，强化與現實社會的聯繫，突顯經濟之學。咸豐、同治時期，一些理學人士如唐鑑、倭仁、吳廷棟、曾國藩、何桂珍等，之所以能興起一個理學的高峰，其間重要的原因就在於能與時推遷，發掘、重視經濟之學，即實學，進而匡濟天下，挽救已漸趨衰落、敗亡的時局。在汪紱生活的時代，雖被後人稱爲"康乾盛世"，但已顯露了衰世的迹象。而且，理論的生命力和活力，一個重要的因素就是與時革易，而非一心固守，一成不變，汪紱生活的時代已遠異於朱子的時代。實際

---

① 具體見史革新：《清順康間理學的流布及其發展趨勢芻議》，《福建論壇》2004 年第 5 期；又載《清代以來的學術與思想論集》，北京：社會科學文獻出版社，2011 年，第 104 頁。

上,汪、江二賢的信中,以及《讀近思録》、《理學逢源》中都涉及了經濟之學的問題,只不過,或許因其一生屈居民間,其志不得伸展罷了。

就汪紱自身來説,雖然其批評江永"餖飣之失"等,但自己並不廢考據,如《理學逢源・例言》所言明的:"'衣服'、'飲食'二條,詳及名物。""'經學'條中,詳及漢儒授受。蓋六經得以傳授,亦賴漢儒之功。而苟非折衷於程、朱,則終無以發六經之藴。""外篇自《治曆》以下及禮、樂、兵、刑,皆言之倍詳;且並及古今得失,蓋欲求是非利害之真。""大約取法於朱子《小學》及《近思録》二書,與諸家所輯性理語録類書,體裁自別矣。"①在其指導下,具體内容上汪紱都有一些考證、辨析,特别是其廣引"周、程、張、朱之説",實際上更類於注釋。此亦見出汪紱並不廢漢儒的言論、疏證,持論較爲平允、通達。在支偉成所撰寫的《清代樸學大師列傳》中,就是把汪紱歸入"皖派經學大師"一列的,肯定其"博極兩漢六朝諸儒疏義(並不僅是持守程、朱的觀念,這在《理學逢源》一書中體現得尤爲明顯)",以及"貫徹内外,毫釐必析"的漢學家的考據功夫。只不過,這一點没有發展爲汪紱的學術主流,而是在流淌中漸漸地消歇,斷了流,因爲在汪紱看來,"箋疏作,而學愈支離","漢唐注疏,多在没要緊處敷衍争訟,以其在字句訓詁上用功,而不知聖人之道也"。②

再回看一下汪紱與江永重點討論的"三禮"學。汪紱著有《六禮或問》、《禮記章句》,均有序明其撰作意指:

　　猶切乎人民日用之常,士君子所當執持,而不容斯

---

① 《理學逢源・序》,《續修四庫全書》,第 947 册,第 204 頁。
② 《理學逢源》卷六《物則類・經學》,《續修四庫全書》,第 947 册,第 409、410 頁。

須或越者也。……（朱子）哀禮教之式微，病繁文之寡
當，……權以成《家禮》一書。……閭巷愚氓既懵然不知
禮爲何事，而一二學古之士或知禮之當執者，又不探其
本，而循循於度數之末，是以演繹儀節，言人人殊，是朱
子之所病者，今又甚焉。……凡《家禮》之所省，而《儀
禮》所存者，輒爲斟酌而增益之。……亦微窺朱子之
志，而欲探乎禮教之全。……不過剖析先王及朱子
深意。①

　　要以平易、純正，寧取雲莊（指陳澔，字可大，號雲
莊，著《禮記集説》）爲最。但陳注或雜引他説，不爲折
衷，或隨手摭援，不順文義，而其間擇之未精、語之未詳
者，亦所時見。……因即雲莊舊注，略復蒐輯紹聞，更參
鄙見，斟酌去取，别其章句，手録成書。雖所取用不過數
家，深慚孤陋；然前輩作述之心，及高堂生、蕭奮、孟卿、
后蒼、二戴相傳説《禮》之意，與夫學禮者身心之範，或亦
其有得焉。②

　　這裏至少能看出兩點：一、汪氏所尊崇的是"先王及朱子
深意"，或者説以此爲準繩和目標，對《六禮》和《禮記》進行詮
釋。由此甚至不願多取他注，"不過數家"，見出"前輩作述之
心"、"學禮者身心之範"即可。二、仍據守科舉教材，即元人
陳澔撰的《禮記集説》，則不免有些落伍。反觀此際的《三禮》
學者，江永的《禮書綱目》、"三禮館"所修，已如上述。當時頗
負盛名的如杭世駿《續禮記集説》，就是推尊宋人衛湜"自鄭
（玄）注而下所取凡一百四十家"（《四庫全書提要》衛湜《禮記

────────────

① 《年譜》，第 206—209 頁。
② 《年譜》，第 238—239 頁。

集説》),撰《禮記集説》,且進一步擴大範圍,"從《永樂大典》中,有關於《三禮》者,悉皆録出",①作爲撰修的根基。當日的大學者全祖望也建議"三禮館"總裁方苞就《永樂大典》"鈔其《三禮》之不傳者",②充分利用新發現的史料《永樂大典》。之所以如此,非謂時人偏好鄭注、孔疏,而是時至清朝,注釋駁雜、經注殘缺、篇次變亂、名目妄分等缺陷業已嚴重影響了《三禮》的質量和傳播,而不得不對文本進行規範整理。時代也呼喚集大成著作的出現,一時間,朱彝尊《經義考》、謝啓昆《小學考》、章學誠《史籍考》都可謂應運而生,而爲顯證。也爲此,劉師培曾專門縱論《近儒之〈禮〉學》,總括有清《禮》學的成績,肯定胡培翬《儀禮正義》、朱彬《禮記訓纂》、孫詒讓《周禮正義》等"三禮新疏咸出舊疏之上矣"。③ 文中,劉氏提及了方苞、江永《禮書綱目》、戴震《考工記圖》等,但没提及汪紱的著述,汪紱《禮》學的實績也似乎可側窺一斑,至少,一味承襲、疏義的主旨並没有獲得時人或後人的認可。在時代的遮蔽下,這不能不是一件令人遺憾的事。

乾隆十九年(1754 年)至二十二年(1757 年),時任兩淮都轉鹽運使的盧見曾刊刻了大抵以"漢唐諸儒説經之書"而表彰漢學的《雅雨堂叢書》。乾隆三十八年(1774 年),多次會試名落孫山的戴震被清廷優容,奉詔入京預修《四庫全書》。這實際上都標誌着漢學興起的一個個新起點。這一年,距汪紱去世僅十四年。此後,到乾隆後期,漢學已完全興盛,"皆以考博

---

① 杭世駿:《道古堂文集》卷四《續禮記集説·自序》,《清代詩文集匯編》,上海:上海古籍出版社,2010 年,第 282 册,第 43 頁。
② 全祖望:《鮚埼亭集外編》卷一七《鈔永樂大典記》,《清代詩文集匯編》,第 303 册,第 192 頁。
③ 劉師培:《中國近三百年學術史論》,上海:上海古籍出版社,2006 年,第 218 頁。

爲事，無復有潛心理學者”。① 一代才子袁枚也説：“於是近今之士，競尊漢儒之學，排擊宋儒，幾乎南北皆是矣！豪健者尤爭先焉。”②其所言的“近今”，據袁枚三十三歲（1748 年）時居小倉山之隨園，也正在這一時期（袁枚卒於 1797 年）。

---

① 姚瑩：《東溟文外集》卷一《復黄又園書》，《續修四庫全書》，第 1512册，上海：上海古籍出版社，2002 年，第 625 頁。
② 袁牧：《隨園詩話》卷二，北京：人民文學出版社，1982 年，第 49 頁。

漢宋之爭與文化專制：張伯行《近思録集解》刊刻、流傳論考

羅爭鳴

　　據《近思録集解序》，張伯行于康熙四十九年（1710 年）撰成《近思録集解》，並付梓刊行。張伯行，字孝先，晚號敬庵，河南儀封（今河南蘭考）人，學者習稱"儀封先生"。生於清世祖順治八年（1651 年），卒于世宗雍正三年（1725 年），年七十五歲。康熙二十四年（1685 年）舉進士，歷官江蘇按察使、福建巡撫、江蘇巡撫、直南書房、户部侍郎，終禮部尚書。張伯行歷官二十餘年，以清廉剛正知名天下，政績在福建及江蘇尤著。

　　張伯行一生勤勉有加，爲政之餘，著述不輟，自著及編纂類作品達百餘種，攬其要者有：《困學録集粹》八卷、《正誼堂文集》十二卷、《道統録》兩卷、《附録》一卷、《道南源委》六卷、《伊洛淵源續録》二十卷、《近思録集解》十四卷、《廣近思録》十四卷、《性理正宗》四十卷，等等。在濟寧道、福建、江蘇任職期間，張伯行又廣建書院，構置學舍，[①]刊布先儒文集，受到清聖祖多次褒獎，雍正元年（1723 年）又獲賜"禮樂名臣"榜。

　　在衆多理學著作中，張伯行對《近思録》尤爲推崇，其《近思録集解序》云：

---

① 任福州巡撫期間，建"鼇峰書院"，後撫江蘇，建"紫陽書院"，影響甚廣。

　　伯行束髮受書，垂五十餘年，兢兢焉以周、程、張、朱爲標準，而於朱子是《録》，尤服膺弗失，間嘗纂集諸説，謬爲疏解。①

　　在多年探研《近思録》的基礎上，張伯行完成《近思録集解》十四卷。在衆多疏注本《近思録》中，這部《集解》重在闡述義理，疏解周詳，行文細密，讀者難生歧誤。尹會一重刻《近思録集解序》謂此書"致爲曉暢"，遂選作安定書院諸生講明程朱理學的教材範本。可以説，張氏《集解》對理學的傳播與發展産生深刻影響，在清代學術史上占有一席之地。

　　但有清一代，複雜的漢學、宋學之争，基本上貫穿始終，張氏《集解》的撰成、刊刻與傳播在"經隨術變"的學術思潮和嚴酷的文化政策影響下，與世浮沉，廣行與冷落交替，竟有諸多費解之處，如張伯行一代名臣，其《近思録集解》也有時譽，但《四庫全書》未收，而今人纂輯的《四庫禁毀書叢刊補編》卻收了尹會一重刻本，何以張氏《集解》又成了禁書？ 種種困惑，均與清代漢、宋之争及彼時嚴酷的文化政策相關。本文即以張氏《集解》的刊刻、流傳爲研究個案，力圖揭示一個文獻學背後複雜的學術史問題。

一、張氏《集解》初刻本考實

　　張伯行作於康熙四十九年(1710 年)的《近思録集解序》云：

　　爰命李生丹桂、史生大範校梓，而書此以爲序。康熙

---

① 《四庫禁毀書叢刊補編》影印尹會一乾隆元年(1736 年)重刊本，以下簡稱"尹會一重刊本"。

四十九年庚寅仲夏穀旦，儀封後學張伯行題于姑蘇之正
誼堂。①

吉圖藏正誼堂刻本　　　　　　東大藏正誼堂刻本

據此，初刻本在康熙四十九年或稍後刻於蘇州。今吉林省圖
書館藏張伯行《近思録集解》，九行十七字，小字雙行三十四
字，白口，左右雙邊。該館古籍書目及《東北地區古籍線裝書
聯合目録》據刊刻牌記（卷端、版心）及張氏序言，認定爲清康
熙五十一年正誼堂刻本。據此本模糊的扉頁書影，上端刻“康
熙四十九年鐫”字樣，豎排大字刻“近思録集解”，左下有小字
“正誼堂藏板”字樣。日本東京大學圖書館藏康熙五十一年正
誼堂刊本，網絡版《日本所藏中文古籍資料庫》對這個本子有

———————————

① 尹會一重刊本《近思録集解》卷首。

簡略描述，①又據程水龍先生提供的書影，兩個本子的字體、版式極爲接近，當是同一個版本。據《韓國所藏中國漢籍總目（子部）》著録，韓國國立中央圖書館藏康熙四十九年刊本，這個本子無緣得見，據目録信息，可能就是這個正誼堂藏版。而這個正誼堂藏版，雖未目驗全貌，但從以上信息，基本可判定爲初刻本，唯吉林省圖書館和東京大學圖書館定爲康熙五十一年刊，不知所據者何。

初刻本之後，較早重刊者爲乾隆元年（1736年）尹會一維揚安定書院刻本（以下稱"尹會一重刊本"）。尹會一（1691—1748年）字元孚，號健餘，直隸博野（今屬河北）人，雍正二年（1724年）進士。據《清史稿》卷三〇八之尹會一本傳，雍正十一年遷兩淮鹽運使，翻新安定書院，"士興於學"，②而尹會一自己的《重刻近思録集解序》對此有更詳細的描述："余備官淮海，以商士請，因安定故祠闢書院，延余同年罕友王皆太史

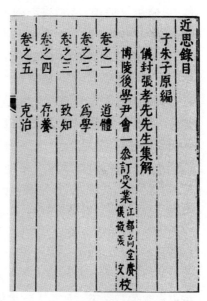

尹會一重刊本

---

①　描述内容爲："《近思録》十四卷：宋朱熹輯；清張伯行集解；康熙五十一年，儀封張伯行正誼堂刊本，《正誼堂全書》之一，12册。"見：http://kanji.zinbun.kyoto-u.ac.jp/kanseki? record＝data/FA001787/ tagged/0273007.dat&back＝1。

②　《清史稿》卷三〇八，北京：中華書局，1977年，第10573頁。

爲師。"①出於"教學目的",尹會一就官維揚三年後,重刻了
張伯行《近思録集解》。這個本子各圖書館多有保存,半頁
九行,行十七字,小字雙行三十四字;左右雙邊,白口,單魚
尾;框高 17.7 釐米,寬 13.3 釐米;版心刻"近思録"、卷次、篇
名、頁碼。

　　乾隆元年(1736 年)距初刻的康熙五十年(1711 年)前後
僅二十多年,但原版已然"漫滅",尹會一"乃與太史商重鋟
之。……按《集解》舊節四十餘條,先生當自有意,顧念後出晚
進,未睹朱子原編,兹悉爲增列。采宋葉平巖先生輯注參補
之,欲學者得盡見此書之全也"。② 這個重刻本,堪稱精審,後
世翻刻多出於此。但此本謂張伯行《近思録集解》"舊節四十
餘條",遂據葉采本補全,如果吉林省圖書館藏的所謂"初刻",
確實删節了這四十餘條,那麼即可肯定此本爲初刻。但翻檢
尹會一補配的這四十餘條,對照目前所能獲得的吉林省圖藏
本的少量書影,發現問題並没這麼簡單。

　　首先,卷一、卷二尹會一參補部分,吉林省圖藏本並未删
節,均有保留,且注解文字,與尹會一據葉采本《集解》補配的
内容,並不相同。尹會一見過字迹已經漫滅的舊版,且云"舊
節四十余條,先生當自有意",那麼並未删節的吉林省圖藏本
是否初刻,值得懷疑。然而,拿吉林省圖藏本與尹會一參補條
目相應的部分對勘,發現這些節文,從語氣和注解風格上看,
應出自張伯行之手。如後人評價張伯行集解"不憚冗煩"、"務
於精細"、"至爲曉暢"等,這些條目的行文筆法都有這類特徵。
而且,如果張伯行兀自删去四十餘條《近思録》原文,並略去
"集解",其在康熙四十九年的序文中,斷然不會隻字不提。從

---

① 尹會一重刊本《近思録集解》卷首。
② 尹會一重刊本《近思録集解》卷首。

尹會一據補的四十餘條
條目看，多是卷末"橫渠
曰"的内容。張伯行於
《近思録》周、二程、張四
子中，獨删節張載的條
目，更不可解，也毫無根
由。所以尹會一據葉采
補配的條目，或是在未得
原刻情況下的"妄補"，而
這並非没有可能。據東
京大學圖書館藏本的扉
頁書影，"正誼堂藏板"字
樣上刻有"版權聲明"：

東京大學圖書館藏本扉頁書影（局部）

　　本衙纂輯儒書，前後付梓，爰公同好。近聞坊間翻板
　射利，殊屬可恨，一經察出，必不姑貸。

據此，張伯行即世的正誼堂刻書，彼時就有盜版者，尹會一所
見舊版，很值得懷疑。其所見舊本，很可能並非原版初刻，如
確是初刻，也或有殘缺。尹會一以爲張伯行删去四十餘條，
"當自有意"，很可能是"被蒙蔽"的想當然之語，張伯行原本
《近思録集解》根本没有删除這四十餘條。如此説來，吉林省
圖藏本是有重要文獻價值的初刻本。

　　今人整理《近思録集解》有拿尹會一據補的條目，直接當作張
伯行注解的例子，如張京華先生輯校的《近思録集釋》，對尹會一
據補的條目，就直接署作"張伯行集解"，直是"尹冠張戴"了。① 所

━━━━━━━━━━

① 《近思録集釋》（上、下）收録葉采、張伯行、茅星來、江永四家注解，張
　京華輯校，長沙：岳麓書社，2010 年。

謂"尹冠",因尹會一據補的有些條目完全抄自葉采《集解》,有的則是在葉采注解的基礎上略作發揮而成,有尹氏自己的思考和斟酌。而實際上,尹會一如何據葉采本補配,有相當忠實清楚的說明,即"采宋葉平巖先生輯注參補之","參補"即參酌而補,並非照搬。注解中每有補配,尹會一均加提示,如卷一補的六條,第1條後注作:"此下六條《集解》闕,今照原編補列,注參葉本。"可惜人多未注意這些細節,遂有以爲張伯行原注之誤。

　　綜上,吉林省圖書館藏本,從目前掌握的資料分析,當與東京大學同屬初刻本,但目前國内僅見吉林省圖一家收藏,其文獻價值非同一般。而日本之所以藏此本,或與日本侵華,東北淪陷及僞滿歷史存在某種聯繫。但張氏《集解》的初刻與傳播問題,還有一些未解之謎。

二、漢宋之爭與張氏《集解》的刊刻流傳

　　張氏《集解》初刻之後,尹會一乾隆元年重刊之前,可能還有其他刊本,但據目前所能見到的可考文獻,較早重刻的本子就是尹會一重刊本了。該本流播甚廣,同治五年(1866年),左宗棠刻《正誼堂全書》即翻刻於此(以下稱《正誼堂全書》本),今中科院圖書館、華東師範大學圖書館、復旦大學圖書館,及衆多海外藏書單位均有收藏,《叢書集成初編》也是據《正誼堂全書》本排印。

　　據《中南、西南地區省、市圖書館館藏古籍稿本提要》,又見一影鈔本,今藏湖南圖書館。檢該館目錄,確有"清影鈔乾隆十三年(1748年)尹會一刻本"的著録。程水龍先生的《〈近思録〉版本與傳播研究》一書以之爲乾隆十三年的一個獨立鈔本,似有不妥。尹會一乾隆元年重刻《近思録集解》後,於乾隆十三年督學江蘇時,"爰取安定書院所藏《近思録》舊版,重加修補,與《小

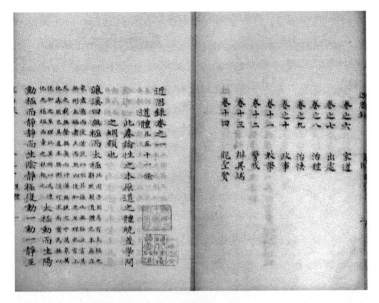

學》並行"，①此影鈔本，即鈔自尹會一乾隆十三年重修本，時間必晚於乾隆十三年，並非乾隆十三年另有一個獨立的鈔本。後從程水龍先生處得此影抄本序言，内容與尹會一乾隆十三年翻刻本序言全同，證實這個抄本確出於此。該本字體雋秀，紙張精美，惜未睹全貌，無從判斷抄録主人、年代、原由及收藏等情況。

　　另據《中國叢書綜録續編》著録，西安清麓書局編輯的《清麓叢書續編》收録張氏《集解》，據程水龍先生《〈近思録〉版本與傳播研究》，該本爲馬氏存心堂刻本，半頁九行，行十七字，注文小字雙行三十四字；左右雙邊，白口，單魚尾；框高 19.9 釐米，寬 13.5 釐米。此本避康熙諱，而不避乾隆諱，遂疑出自原刻。如該本果從原刻本出，尹會一據葉采本補的四十餘條，該本當與吉林省圖藏本一致，而與尹會一參補的本子有别。

　　《清麓叢書》爲清末關中大儒賀瑞麟編輯，後由諸弟子如

────────────

① 復旦大學圖書館藏乾隆十三年尹會一重修本《近思録集解》。

藍田牛兆濂等人，續有刊補，以至《清麓叢書》有多種版本。上海圖書館的《西京清麓叢書》即《中國叢書綜録》所著録者，未見張氏《集解》。收録張氏《集解》的《清麓叢書》或即北師大所藏民國七年張元勛刻《清麓叢書》一百五十三種，尚待查實。

綜上，張伯行近思録集解的版本系統並不複雜，其流傳情況大致如下：

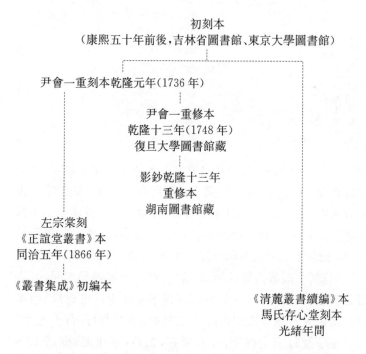

初刻本
（康熙五十年前後，吉林省圖書館、東京大學圖書館）

尹會一重刻本乾隆元年(1736 年)

尹會一重修本
乾隆十三年(1748 年)
復旦大學圖書館藏

影鈔乾隆十三年
重修本
湖南圖書館藏

左宗棠刻
《正誼堂叢書》本
同治五年(1866 年)

《叢書集成》初編本

《清麓叢書續編》本
馬氏存心堂刻本
光緒年間

在這個版本流傳表上，張氏《集解》沒有《四庫全書》本。而作爲一代理學名臣的張伯行，其《近思録集解》已有時譽，《四庫全書》子部儒家類正録收葉采、茅星來、江永三家《近思録》集注，存目也對李文照《近思録集解》、張伯行《續近思録》、《廣近思録》、《性理正宗》、《困學録集粹》等做了提要，而獨對張伯行《近思録集解》隻字未提，頗有不解之處。有學者慨嘆云：“難道是因爲張氏有删改原文之嫌，或注解不夠精到？頗令人疑惑。"①

　　細審之，張伯行《近思録集解》的刊行、流播，當與清朝理學的興衰相浮沉。順、康兩朝，以康熙爲代表的封建統治者奉行崇儒重道的文化策略，尊程朱理學爲儒學正宗，理學出現第一個發展高峰。但乾嘉漢學興起之後，理學趨於沉寂，直到"同治中興"方在曾國藩、左宗棠等洋務大臣的宣導下再次焕發生機。清中期的漢、宋之爭，有融合、互補的一面，但總體上看，漢學發展至乾隆三十八年(1773 年)詔開四庫館而占盡優勢。四庫館内，以紀昀、戴震爲代表的漢學大家，尊漢抑宋、棄宋、甚至反宋，不遺餘力。一時間，"道學先生"、"講學家"幾乎是一個貶義詞，諸多理學宣導者，爲此抗爭，如姚鼐等人，但終歸失勢而退居林下。②

　　在這種背景下，四庫館臣對宋學的重要文本《近思録》的編輯，是有選擇的，而這種選擇當會體現漢學的意趣與標準。如《四庫全書》正編收江永《近思録集注》，江永乃戴震之師，《漢學師承記》有傳，是漢學的標誌性人物。在江永《近思録集注》的《提要》中，館臣評曰："雖以餘力爲此書，亦具有體例，與空談尊朱子者異也。"③"空談"是漢學攻擊宋學的慣常口實，這裏以此區别江永與其他疏注，其門户之見昭然。《四庫全書》正編所收茅星來《近思録集注》，也同樣具有鮮明的漢學傾向，《提要》云：

　　　　凡近刻舛錯者，悉從朱子考正。錯簡之例，各注本條之下。又薈萃衆説，參以己見，爲之支分節解。於名物訓詁，考證尤詳。④

---

① 程水龍：《〈近思録〉版本與傳播研究》，上海：上海古籍出版社，2008年，第 72 頁。
② 王達敏著《論姚鼐與四庫館内漢宋之爭》對此有詳盡論述，載《北京大學學報》2006 年 9 月第 5 期。
③ 見《四庫全書總目》卷九二，清乾隆武英殿刻本。
④ 見《四庫全書總目》卷九二，清乾隆武英殿刻本。

四庫館臣看重的還是茅星來的"於名物訓詁，考證尤詳"的漢學傾向。當然，茅星來就是典型的漢學秉持者，强烈反對宋學"空談心性"。四庫館臣選擇《近思録》疏注有極鮮明的漢學傾向，而作爲理學名臣的張伯行，其以"闡述義理"爲主要特徵的《近思録集解》，自然難入四庫館臣的"法眼"。

實際上，張氏《集解》不僅《四庫全書》未收，在漢學興起的整個乾嘉時期，也相對沉寂，目前僅可確定尹會一重刊本刻于乾隆元年（1736年），但尹會一生於康熙三十年（1691年），雍正二年（1724年）進士，卒于乾隆十三年（1748年），主要活動于康雍時期，學尊程朱，漢學影響較小。張氏《集解》的廣行要到"同光中興"時期，同治年間，左宗棠刻《正誼堂全書》及光緒年間馬氏存心堂刻本等，均有"同光中興"時期理學復興的時代背景。

張氏《集解》刊刻流傳的個案特徵，推而廣之，幾乎所有理學著述的刊刻流傳，也大致呈現了這個馬鞍狀曲綫。[①] 文獻學背後往往隱含着複雜的學術史和思想史問題，而張氏《集解》的刊刻流傳，則是這個判斷的極佳注解。

三、文字獄與尹會一重刻
張氏《集解》的命運

今人所編《四庫禁毁書叢刊補編》收了尹會一重刻本張氏《集解》。張氏《集解》未入《四庫全書》，何以又在"禁毁"之列？這個問題，粗粗看來，也頗令人疑惑。張伯行在康、雍二朝，屢

---

① 史革新的《清代順康間理學的流布及其發展趨勢芻議：以清初理學士人編刊的理學著述爲例》對清初理學著述刊刻情況有過討論，載《福建論壇》2004年第5期。另外他的《程朱理學與晚清"同治中興"》一文對晚清理學的復興的内在理路有過精詳的考論，載《近代史研究》2003年第6期。

次受到皇帝褒獎，《四庫全書》不收張氏《近思録集解》，但還收了其他若干種，絕不至於禁毀之。《四庫禁毀書叢刊》主要依據姚覯元《清代禁毀書目（補遺）》、孫殿起《清代禁書知見録》、雷夢辰《清代各省禁書匯考》和陳乃乾《禁書總録》所著録圖書爲收録範圍。遍檢諸種禁毀書目，姚覯元《清代禁毀書目》之《禁書總目》有"應毀尹嘉銓編纂各書"一條。①

　　尹嘉銓乃尹會一子，歷官山東、甘肅司、道等，至大理寺卿。《清史稿》卷三〇八《尹會一傳》後附尹嘉銓事：

> 　　子嘉銓，自舉人授刑部主事，再遷郎中。……乾隆四十六年，上巡幸保定，嘉銓遣其子齎奏，爲會一乞諡；又請以湯斌、范文程、李光地、顧八代、張伯行及會一從祀孔子廟。上責其謬妄，逮至京師親鞫之，坐極刑，改絞死。②

這是正史對這椿文字獄的簡略記載，《清代文字獄檔》第六輯《尹嘉銓爲父請諡並從祀文廟案乾隆四十六年三月至四十八年十二月》對此有全面記録，尚保留尹嘉銓爲父請諡的奏文、乾隆帝的硃批、聖諭及審問記録、查封書單等文獻。魯迅《且介亭雜文》中的《買〈小學大全〉記》對尹嘉銓晚年慘遭文字獄事，也有非常生動而深刻的記述。

　　乾隆四十六年（1781 年），尹嘉銓已休致家居，本可安享晚年，但"名"心太重，竟遣自己的兒子給巡幸保定的乾隆帝上奏章，爲父親尹會一請"諡"，結果碰了釘子，乾隆硃批："與諡乃國家定典，豈可妄求？此奏本當交部治罪，念汝爲父私情姑

① 姚覯元：《清代禁毀書目（補遺）》，北京：商務印書館，1957 年，第95 頁。
② 《清史稿》卷三〇八，第 10575 頁。

免之,若再不安分家居,汝罪不可逭矣。欽此。"①事已至此,也就罷了,没想到尹嘉銓還有一本,奏請名臣湯斌、范文程、李光地、顧八代、張伯行等從祀孔廟,"至於臣父尹會一,既蒙御制詩章褒嘉稱孝,已在德行之科,自可從祀,非臣所敢請也。伏乞皇上特降諭旨施行"。② 這封奏章終於把皇上惹怒了,三月十八日的硃批:"竟大肆狂吠,不可恕矣! 欽此。"③於是當天,軍機處擬旨英廉就近查處尹嘉銓,革去頂戴,抄家,審訊,定罪,初判淩遲,後改絞刑處死,家屬免坐。這樁文字獄案在清朝歷史上也是一件大事,除了絞死尹嘉銓,還銷毀了和他有關的大批書籍。

　　尹嘉銓也算著述等身,與父尹會一二人"平日自負讀書",④"自祖父以來傳書既多,伊又長鈔録時人文藝,收藏近代詩詞,現在各房内均有存書,雜亂參差,卷帙不齊,而廳房書室貯書尤多",⑤三月二十二日英廉抄家尹嘉銓在京寓所,"各屋搜查有書大小三百一十套,散書一千五百三十九本,未裝訂書籍一櫃,法帖册頁六十五本,破字畫五十八卷,書信一包計一百十三封,書板一千二百塊"。⑥ 尹嘉銓的著作、編著及與尹嘉銓有關的書籍、石刻等,都逐一查閱,凡有違礙字句的抽

---

① 乾隆四十六年三月十八日《尹嘉銓奏爲父請謚折》,見《清文字獄檔》第 6 輯,上海:上海書店出版社,2006 年,第 349 頁。

② 乾隆四十六年三月十八日《尹嘉銓奏請將伊父從祀文廟折》,《清文字獄檔》第 6 輯,第 350 頁。

③ 乾隆四十六年三月十八日《尹嘉銓奏請將伊父從祀文廟折》,《清文字獄檔》第 6 輯,第 350 頁。

④ 乾隆四十六年四月十一日《袁守侗奏查過尹嘉銓收藏書籍及刻板解京折》,《清文字獄檔》第 6 輯,第 355 頁。

⑤ 乾隆四十六年三月二十五日《袁守侗奏查尹嘉銓家產書籍折》,《清文字獄檔》第 6 輯,第 353 頁。

⑥ 乾隆四十六年三月二十二日《英廉奏查抄尹嘉銓京寓片》,《清文字獄檔》第 6 輯,第 352 頁。

毀或全毀。尹會一早在九泉之下三十餘年，因兒子獲罪，殃及池魚，編著也不免遭查。清代文字獄事件中，銷毀查禁書籍較多的有錢謙益、呂留良、屈大均、戴名世、王錫侯等人，尹嘉銓也算其中一位。

　　在各種查繳書籍折中，有尹會一的《共學約》、《奏疏抄本》，未見所刻《近思録集解》。《禁書總目》"禁毀尹嘉銓編纂書目"中有《近思録》三編、四編、《近思録輯要》。尹嘉銓曾自作《近思録》，以湯斌、陸隴其、張伯行及自己父親尹會一爲"四子"，也因此得了"狂妄"的罪名，《尹嘉銓供單》有詳細的審問記録，現擇一段録如下：

> 　　問尹嘉銓：你所做《近思録》以湯斌、陸隴其、張伯行並你父親尹會一所説的話爲四子遺書，你所做序内云"先君子撫豫時題請潛庵先生從祀，又經廷議公論斯彰，由是有'四子'之稱"等語，難道湯斌諸人就做得顏、曾、思、孟麽？況又把你父親一同列入，稱爲四子，你的比方竟高至如此，豈不狂妄麽？
>
> 　　供：我因平日聽説湯斌等品行好，又各有講學的書，所以就采取些輯成《近思録》，仿照朱子的書名，並將我父親的著作附入，因以意爲之，亦稱爲"四子"，其實那裏趕得上顏、曾、思、孟呢？總是我狂妄糊塗，無可置辯。①

　　顯然，這本《近思録》與尹會一重刊的張伯行《近思録集解》無關。由此，《四庫禁毀書叢刊補編》編入尹會一刻《近思録集解》，不知所據者何。或編者看到《近思録》三編四編、《近

---

① 乾隆四十六年四月十五日《尹嘉銓供單一》，《清文字獄檔》第 6 輯，第 357—358 頁。

思録輯要》,但又找不到該書,就把尹嘉銓父親的拿來放到《四庫禁毀書叢刊補編》中。當然,這僅是一種揣測,但可以肯定的是,此與尹會一兒子尹嘉銓的文字獄一定存在某種關聯,而與張伯行本人毫無干係。

文字獄歷朝皆有,但以清朝最多,據記載,僅莊廷鑨《明史》一案,牽連致死七十餘人。從康熙到乾隆年間,就有十多起較大的文字獄,乾隆帝在位六十年,竟興文字獄一百三十多次,到了無以復加的地步,文化的根脈也因此而扭曲。按照魯迅的説法,"文苑中實在没有不被蹂躪的處所了"。①

清朝的文字獄極爲殘酷,除了殺頭,在肉體上滅絶,更在精神和文化上施虐而除根,流毒最遠的就是銷毀書籍。張伯行作爲康、雍兩朝的名臣,他的《近思録集解》毫無違礙,常被稱頌,但今人竟編入《四庫禁毀書叢刊補編》,陰差陽錯地成爲了"禁書"。其中雖有疏失,但個中原由,值得我們深思。

結　　語

本文是針對一人、一書的常規的文獻學研究,但在資料的排比羅列中,盡力追尋文獻學背後的歷史真相和學理問題。通過張伯行《近思録集解》的刊刻流傳,我們看到有清一代三百多年的學術興衰、世事浮沉,從某種角度看,對當下也不無鏡鑒和反思的意義。

附記:本文發表於《自主創新:上海社科聯第十屆年會論文集》,上海:上海人民出版社,2012 年。此次發表略有修訂。

---

① 《魯迅全集》第六卷《且介亭雜文》,北京:人民文學出版社,2005 年,第 59 頁。

張伯行《近思録集解》
初刻本的文獻價值

羅爭鳴

清初“理學名臣”張伯行（1652—1725 年）的《近思録集解》（簡稱“《集解》”）以其精詳曉暢在理學發展史上占有一席之地，傳播也較廣，乾隆年間還曾作爲書院講學的參考，[①]但關於這部《集解》的深入整理與專項研究並不多見。[②] 近年在國家社科基金重大項目“朱子學文獻整理與研究”的帶動下，張氏《集解》的深入探討再次提上日程。經過仔細研討和多方考察，我們發現張氏《集解》康熙間的初刻本仍藏於吉林省圖書館和日本東京大學圖書館。此初刻《集解》保留了張氏注解的原貌，字迹清晰，版式精美，較通行的乾隆元年（1736 年）尹會一重刻本（以下簡稱“尹刻本”）遠爲佳善，具有重要的文獻價值。

[①] 據乾隆元年尹會一《重刻近思録集解序》，此書曾作爲維揚安定書院講明切究的參考。

[②] 程水龍《〈近思録〉版本與傳播研究》（上海：上海古籍出版社，2008 年）對張伯行《近思録集解》版本情況做過較詳盡的梳理。拙作《漢宋之爭與文化專制：張伯行〈近思録集解〉刊刻、流傳論考》曾《集解》成書背景、傳刻過程、版本系統等做過分析，參見上海社科聯第十屆年會優秀論文集《中國哲學社會科學自主創新》，上海：上海人民出版社，2012 年。另外，碩士學位論文程分隊《清初理學名臣張伯行研究》（河南大學，2010 年）、韓秀錦《張伯行學行述略》（河北師範大學，2006 年）、李燕《張伯行的理學傳播活動研究》（華東師範大學，2005 年）等對張氏《近思録集解》略有涉及。

一、初刻本的編撰與刊刻

張伯行《集解》刻梓以後,初刻鮮見流傳,乾隆元年(1736年)尹會一曾予重刻,是爲尹刻本。① 這個重刻本後世流傳很廣,同治五年(1866 年)左宗棠編《正誼堂全書》翻刻的就是尹刻本,近人所編《叢書集成初編》、商務印書館《國學基本叢書》、《四庫禁毀書叢刊補編》等也以它爲底本。因其流傳廣泛,今人論述和整理大多利用尹刻本,②以爲此本爲張氏《集解》的嘉刻。但殊不知,《集解》初刻仍有留存,且版刻品質遠在其上。

據《東北地區古籍線裝書聯合目録》③和《中國古籍總目》④子部儒家類的著録,吉林省圖書館藏有康熙五十一年(1712 年)正誼堂刻本。因舊館搬遷、書籍打包等因素,筆者僅獲得該本

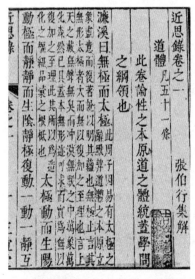
吉圖藏康熙五十一年正誼堂刻本

① 乾隆十三年(1748 年),尹會一督學江蘇時又做了重訂,現藏復旦大學圖書館,後又有此重訂本的影抄本,現藏湖南省圖書館。
② 近年張京華:《近思録集釋》(長沙:岳麓書社,2010 年)收了葉采、張伯行等四家注,張氏《集解》即用尹刻本。
③《東北地區古籍線裝書聯合目録》第 2 册,瀋陽:遼海出版社,2003年,第 1565 頁。
④《中國古籍總目》子部,北京:中華書局、上海:上海古籍出版社,2013年,第 85 頁。

的扉頁、卷首序、卷一及卷二首、尾部分書影。根據這些書影，得見此本九行十七字，小字雙行三十四字，白口左右雙邊；扉頁欄框上刻"康熙四十九年鎸"，欄内有"正誼堂藏版"字樣；卷首張伯行《近思録序》後署爲"康熙五十一年壬辰仲夏穀旦儀封後學張伯行題于姑蘇之正誼堂"。卷一、卷二尹刻本以爲舊版"漫滅"而用葉采《近思録集解》參補的條目，這個本子都保存着張伯行的原注。

東大藏康熙五十一年刊本

又據網絡版《日本所藏中文古籍資料庫》的記録，日本東京大學也藏有康熙五十一年刊本張氏《集解》。① 東京大學藏的這個本子，嚴紹璗《日藏漢籍善本書録》未見，後經程水龍先生複製攜回，我們取與吉林省圖書館藏本的部分書影從字體形態、版式、内容等各方面仔細對勘，發現兩個本子同出一版，完全一致，且發現卷一至卷十四尹會一借用葉采注參補的條目，此本也都完整保存了張伯行的原注。從這些特徵和證據，我們可以斷定此康熙五十一年刻本爲初刻本無疑。

　　但此本到底是康熙四十九年還是五十一年刊，各種著録

---

① 描述内容爲："《近思録》十四卷：宋朱熹輯；清張伯行集解；康熙五十一年，儀封張伯行正誼堂本，《正誼堂全書》之一，12 册。" http://kanji. zinbun. kyoto-u. ac. jp/kanseki? record ＝ data/FA001787/tagged/0273007.dat&back＝1。

有混淆現象，①起因大概在於扉頁的"康熙四十九年鐫"和張伯行《近思録序》署爲"康熙五十一年壬辰"上的差異。另外，張伯行兒子張師軾、張師載乾隆初所纂《張清恪公年譜》上卷，在"康熙四十九年"的行事記載裏，也有"《近思録集解》成"的記録。乾隆元年尹會一重刻《集解》時候，就把序的寫作時間改爲"康熙四十九年庚寅"，實際上尹會一也未曉張氏《集解》編撰、刊刻的具體過程。

康熙四十九年，張伯行六十歲，是年春，從福建赴任江蘇巡撫。此前，張伯行在山東、福建已經政績斐然、官聲日上，但到了江蘇以後，可以説遭遇了一生中最嚴酷的官場危機。②兩江總督噶禮（？—1714 年）貪婪暴橫，而張伯行一介書生，到了江蘇直己行道，興利除弊，每與噶禮不合，後因科場弊案，兩人互參疏劾，觸怒康熙皇帝。雖然最終邪不壓正，張伯行有驚無險，但一位六十餘歲的老人屢次面對解任候審、押送北京等艱難處境。由此，康熙四十九年，張伯行正處在官場蹭蹬、波折的階段，很難想像剛到江蘇就刻畢十四卷、白文二十幾萬字的《近思録集解》。《張清恪公年譜》所謂"《近思録集解》成"當指張伯行爲《近思録》注解完畢，扉頁的"康熙四十九年鐫"當指開始鐫刻之年，而序署"康熙五十一年"則是刻成之年。也就是説，張氏早年前即與門人弟子斷斷續續地注解《近思録》，至康熙四十九年注解完畢，這也符合張伯行《近思録序》所言"間嘗纂集諸説，謬爲疏解"的"間嘗"一説。

張伯行在福建三年曾印行程朱理學經典，編纂《正誼堂全書》，開辦鼇峰書院。到江蘇以後，正誼堂堂號繼續沿用，還帶

---

① 《韓國所藏中國漢籍總目》子部著録韓國國立中央圖書館藏張伯行《近思録集解》，即録爲康熙四十九年刊本。
② 具體可參閲藍鼎元：《鹿洲初集》卷七《儀封先生傳》，清雍正十年刻本。

了一些福建刻工，繼續刻印、編纂儒學經典。張伯行與噶禮爭訟，曾被誣爲"專以賣書爲事"，張伯行駁斥云：

> 至臣著書賣書。臣自愧學問空疏，止擇先儒之成書而表彰之。又因閩中刻匠至蘇，無以資其飲食，曾令刷賣。此實臣鄙陋之見，有失大臣之體，然實臣取與不苟所致，非有他罪。臣自問衷懷坦直，從不忌人，而與貪殘暴橫之人同處，又不得不留心瞻顧。臣自服官以來，不能不爲身家計。①

據《張清恪公年譜》，張伯行《小學集解》、《續近思録集解》、《廣近思録》等都是康熙四十九年赴任江蘇之後成書，在江蘇刻就完成的。就《近思録集解》，從赴任江蘇的康熙四十九年開始刻梓，歷時兩年，五十一年刻畢亦在情理之中。當時張伯行正誼堂刻板書在社會上已經有一定影響，出現盜版情況。東京大學圖書館所藏初刻本扉頁刻一版權聲明的方印，印文曰：

> 本衙纂輯儒書，前後付梓，爰公同好。近聞坊間翻版射利，殊屬可恨，一經察出，必不姑貸。②

張伯行《集解》是否有人盜版不得而知，但據現存著録和收藏情況，初刻本鮮見流傳。程水龍《〈近思録〉版本與傳播研究》考察了馬氏存心堂刻本，以爲此本避康熙諱，而不避乾隆諱，疑出自原刻。③ 據《中國叢書綜録續編》記載，西安清麓書

① 張師栻、張師載編：《張清恪公年譜》卷上，《續修四庫全書》影印清乾隆間刊本。
② 日本東京大學圖書館藏康熙五十一年刻張伯行《近思録集解》。
③ 程水龍：《〈近思録〉版本與傳播研究》，上海：上海古籍出版社，2008年，第75頁。

局編輯的《清麓叢書續編》收録了張氏《集解》。《清麓叢書》爲清末關中大儒賀瑞麟宣導刊行，後由諸弟子如藍田牛兆濂等人陸續出版。《清麓叢書》有多種版本，還有冠以"西京"二字的《西京清麓叢書》。上海圖書館所藏《西京清麓叢書》即《中國叢書綜録》所著録者，未見張氏《集解》。而北京大學圖書館藏賀瑞麟等輯《清麓叢書》（七十四種）收録的《近思録集解》，正是馬氏存心堂藏版。該本扉頁有"板存鐘樓東馬氏存心堂"字樣，"鐘樓"或即西安鐘樓，但"馬氏存心堂"不得其詳。這個本子把朱熹、吕祖謙的《近思録原序》放置卷首，張伯行《近思録集解序》排在其次，且題署時間與尹刻本同，也爲"康熙四十九年庚寅……"，但各卷内容與初刻本差别不大，尹刻本參補的條目，都保留了張伯行原注。可以肯定，此本源自初刻，具有重要的校勘價值。

《近思録集解》初刻本的發現和考訂，對後續整理和研究具有重要的文獻價值。華東師範大學出版社 2015 年出版的《近思録專輯》第四册所收校點本張氏《集解》一改此前各種影印、重排等多據尹刻本的傳統，以日本東京大學所藏康熙五十一年初刻本爲底本，重現了初刻原貌，其學術價值是值得期待的。

二、初刻本可糾正尹刻本給
後世研究造成的誤導

《張清恪公年譜》上卷"《近思録集解》成"條下雙行小字云："嗣因板失，釐使尹公會一重刊于維揚安定書院。"[1]尹會一（1691—1748 年）字元孚，號健餘，直隸博野（今屬河北）人，

---

① 《張清恪公年譜》卷上。

雍正二年（1724 年）進士。據《清史稿》卷三〇八之尹會一本傳，雍正十一年，尹氏遷兩淮鹽運使，翻新安定書院，"士興於學"，①而尹會一自己的《重刻近思録集解序》對此也有詳細的描述："余備官淮海，以商士請，因安定故祠闢書院，延余同年友王皆□太史爲師。"②出於"教學目的"，尹會一就官維揚三年後，重刻了張伯行《近思録集解》。

尹會一重刊本

這個本子各圖書館多有保存，半頁九行，行十七字，小字雙行三十四字；左右雙邊，白口，單魚尾；版心刻"近思録"、卷次、篇名、頁碼。此重刻本《集解》對後世影響很大，今人多以此爲研討的對象，然而因其與原刻存在一定差異，對後世研究造成的誤解也不小。

　　程水龍、曹潔合作的《張伯行爲何改换〈近思録〉卷六第 13 條語録——接受美學視野下的〈近思録〉語録改换之原因》③一文，探討張伯行《近思録集解》卷六第 13 條改飾問題，所依據的文本就來自尹刻本。《近思録》卷六第 13 條原文是有關"餓死事小、失節事大"等較敏感、爭議也較大的語録：

---

① 《清史稿》卷三百八，中華書局 1977 年，第 10573 頁。
② 見《四庫禁毀書叢刊補編》第 31 册影印《近思録集解》之尹會一《重刻近思録集解序》，北京：北京出版社，2005 年。
③ 此文刊於《寧夏大學學報》2012 年第 5 期。

問："孀婦,於理似不可取,如何?"曰："然。凡取以配身也。若取失節者以配身,是己失節也。"又問："或有孤孀貧窮無托者,可再嫁否?"曰："只是後世怕寒餓死,故有是説。然餓死事極小,失節事極大。"①

而尹刻本張伯行《集解》卷六卻删除此條,另引《河南程氏遺書》卷一八一條,改爲與父子關係有關的語録:

伊川曰："今人多不知兄弟之愛。且如閭閻小人,得一食必先以食父母,夫何故? 以父母之口重於己之口也。得一衣必先以衣父母,夫何故? 以父母之體重于己之體也。至於犬馬亦然。待父母之犬馬,必異乎己之犬馬也。獨愛父母之子,卻輕於己之子,甚者至若仇敵。舉世皆如此,惑之甚矣。"②

程、曹兩位的大作即以此爲出發點,探討後世對程頤"餓死事極小、失節事極大"的理解與接受,並指出對程朱理學的解讀偏差或源於"張伯行之流的參與創造或改换"。③ 從接受美學視角下解讀後世對《近思録》本文的删改,是一個較新穎的視角,有重要的嘗試意義,但是此文所依據的文本是尹刻本《集解》,以爲卷六删改的第 13 條爲張伯行所爲,然而核對日藏康熙五十一年初刻本,我們發現,張伯行根本沒有删改,此處换作《河南程氏遺書》中的條目完全出自尹會一之手,由此這篇論文的立論基礎和結論都受到了嚴重影響。比如,《近思

---

① 《近思録》卷六,朱傑人、嚴佐之、劉永翔主編:《朱子全書》,上海:上海古籍出版社、合肥:安徽教育出版社,2010 年,第 13 册,第 229 頁。
② 《四庫禁毁書叢刊補編》第 31 册影印乾隆元年尹會一重刻本。
③ 見《寧夏大學學報》2012 年第 5 期,第 80 頁。

録》卷六第 17 條引《先公太中家傳》,也談到了孀居改嫁,此條在尹刻本張氏《集解》中没有删改,保留了張伯行原文。這裏張伯行並没有回避"孀婦改嫁"的問題,由此與尹刻本删掉第13 條的回避態度産生矛盾。程、曹二位用較大篇幅討論爲什麽在明清時期會産生這種分歧,也提出張伯行完全没必要删改第 13 條,但"這不争的事實"或因經歷了"想像性再創造"的過程。① 然而,我們只要核對一下初刻本,就發現張伯行並未删除此條,現引此條張氏注解如下:

> 孀婦,寡居之婦也。孀婦本當守節,取之是奪其志也,於理殊爲不可。或者之問,乃正問也,故伊川然之。蓋凡取婦,乃陰陽配合之義,使此身有所助而成。彼從一而終者,孀婦之節也,更爲人妻,是失節者也。我若取之以爲配,是我與失節之人合而爲一身,己亦一失節之身而已。故取之者,不惟有妨於理,亦甚自辱其身者也。安可不重以爲戒乎? 婦人從一而終,正理也。然或有孤單寡守,貧窮不能自存而寄托又無其人,勢不免於再嫁。或問其可否。蓋亦以其嫁爲可諒者也。伊川曰:婦人夫死稱"未亡人",以其身可死而節不可奪耳。貧窮無托,其極不過一死,謂可再嫁者,只是後世之人怕寒餓死,故有是説。豈知從道理起見,則誰無一死,餓死之事,所關極小,而一失其節,則生理盡喪,故失節之事,所關極大。然則爲孀婦計,只欠一死耳,何必藉口於貧窮無托乎?②

細審以上張伯行注解,内容並没有超出伊川先生本文多少,也

---

① 見《寧夏大學學報》2012 年第 5 期,第 83 頁。
② 日本東京大學圖書館藏張伯行《近思録集解》初刻本。

没有刻意回避,與第 17 條的態度是一致的。由以上案例也可見文獻基礎工作的重要。但需要特別指出,程水龍對《近思録》有專深研究,且積累有年,此文的文本分析和脈絡梳理都有相當的功力,但當時程先生尚未獲得日本藏初刻本,獲得後即轉贈筆者作深入考察,其學術公心可感可佩。

因未曉初刻本或過於相信尹刻本《集解》,張京華《近思録集釋》在整理編入張伯行《集解》時,把大量本來是尹會一根據葉采注釋改編的條目,當作張伯行的原注。程水龍編撰的《〈近思録〉集校集注集評》(上海古籍出版社,2012 年)也未及利用初刻本,與張京華《近思録集釋》存在同樣問題。尹刻本中的尹會一《重刻近思録集解序》云:

> 按《集解》舊節四十餘條,先生當自有意,顧念後出晚進,未睹朱子原編,兹悉爲增列。采宋葉平巖先生輯注參補之,欲學者得盡見此書之全也。①

這裏尹會一謂張伯行《集解》“舊節四十餘條”,於是在葉采注的基礎上“參補”,筆者統計共三十九條,與“四十餘條”接近,如果加上卷六第 13 條的删改,也正好四十條。現在無從得知尹會一所依據的舊本,也無從判斷他是否有意改替張伯行原注,總之這三十九條都已不是張注原貌,而初刻本仍完整保存着,並未節略。

因尹刻本與初刻内容相去較遠,可以説所有以尹刻本爲研究文本探討張伯行《近思録集解》的論著,都多少存在“文獻不足徵”的失誤,初刻本對這些已有成果有一定的糾偏作用。

---

① 《四庫禁毁書叢刊補編》第 31 册影印尹刻本。

三、據初刻本重估張氏《集解》的
　　特徵與成就

初刻本保存着完整的張伯行注解,有助於我們分析康、雍之際一位地方官員的理學造詣和思想形態,且對彼時思想學術史的探討具有重要意義。

如前揭,尹會一在重刻張伯行《近思録集解》時,並未忠實於原刻,所謂"精審"是值得懷疑的。具體表現在三個方面:

1.《近思録》本文的注釋文字,張伯行《集解》原刻多删略未加注解,但尹刻本都依據葉采注本補出,如《近思録》卷二《爲學》"横渠先生作《訂頑》曰:乾稱父,坤稱母……"條,此條後附一段注釋文字,作"明道先生曰:訂頑之言,極醇無雜,秦漢以來學者所未到……",①這些《近思録》本文的注釋文字,初刻本删略未加注釋,但尹刻本均據葉采注補。

2. 張伯行《集解》中的正文嚴格遵循《近思録》本文,如《近思録》卷一〇最後一條:

> 人教小童,亦可取益。絆己不出入,一益也;授人數數,己亦了此文義,二益也;對之必正衣冠、尊瞻視,三益也;常以因己而壞人之才爲憂,則不敢惰,四益也。②

初刻本張伯行《集解》此條注後附"此條疑當在《教學》卷内",於是尹刻本就删掉了此條,改變了初刻原貌,也改變了《近思録》本文。

①　見《四庫禁毁書叢刊補編》第31册影印之尹刻本卷二。
②　《近思録》卷一〇,《朱子全書》,第13册,第267頁。

3. 在與初刻本對校的異文中，常見尹刻本隨意改乙增删的異文，①有的則大段大段地改寫，甚至没有參考葉采注，完全成了"尹注"。如《近思録》卷八：

> 唐有天下，雖號治平，然亦有夷狄之風。三綱不正，無君臣、父子、夫婦，其原始于太宗也。故其後世子弟皆不可使，君不君，臣不臣，故藩鎮不賓，權臣跋扈，陵夷有五代之亂。漢之治過於唐。漢大綱正，唐萬目舉。本朝大綱正，萬目亦未盡舉。②

此中"夷狄之風"作爲當時的"敏感詞"，初刻本、尹刻本均删，但張伯行初刻本的注解基本發揮《近思録》本文的意旨，對漢高祖治家、唐太宗玄武門弑兄、肅宗自立、永王造反、宋太宗斧聲燭影等違背三綱倫常的歷史事件做了相當尖鋭的評價，現節引如下：

> 及如唐太宗，亦三代以下英主，其有天下，號治平矣，而喋血禁門，則父子、君臣之義乖，納巢剌王妃，則兄弟夫婦之道苦。三綱不正，實自太宗始之。是以後世氣習相仍，子弟皆不可使。如明皇使肅宗，至靈武則自立矣。使永王璘使江南，則遂反矣。卒至藩鎮割據於外，閹豎擅權於内，凌夷衰替，馴致五季之亂。是唐之治較之於漢，覺漢爲過之。然漢大綱正而萬目不舉，唐大綱不正而萬目舉，各有優劣。宋亦綱正，而目未盡舉者，所以治不復古。愚謂三綱者，天地之經紀，宇宙之元氣，不容一日泯没於

---

① 如卷八《治體》第1條、第2條等多有這種情況。
② 《近思録》卷八，《朱子全書》，第13册，第246頁。

人心。一有不正,則餘皆具文。唐太宗語及禮樂,房、杜有媿,目豈盡舉? 只以智力劫持天下耳。漢高治家以私昵,微四皓之力,惠帝幾廢,其于父子夫婦之間,慚德亦多。宋藝祖洞開重門,心事光明,而燭影搖紅之迹,於太宗亦不能無疑焉。程子謂漢、宋大綱之正,亦方諸唐朝,覺彼善於此耳。①

而尹會一重刻時,徹底改竄了此段注解,易爲恭維頌聖之辭,爲方便對照,亦節引如下:

如兩漢之治,莫盛于高、光,當時政尚寬平,黎民醇厚,其光明正大之氣象,猶有三代餘風,豈非以三綱克正之故乎? 其萬目之未及舉者,經嬴秦之後,一時改制立法,未暇復古,於封建井田、庠序禮樂,概多疏略。唐之太宗,三代下號稱英主。觀其晉陽建議,義旗伐隋,奮揚武功,足以安內攘外;增修文德,用能致治保邦;霽顏納諫而言路宏開,省災肆赦而霖雨大沛。遣囚縱獄,囹圄爲之空虛;給復蠲租,生民藉以休息。立府兵之法,使耕戰兼修;定租庸之制,使賦役皆平。貞觀二十餘年之治,自漢以還不能數見。然而後儒猶有遺議者,蓋律以古帝王正心、修身、齊家、治國之道,未能表裏如一耳。程子所以稱其萬目舉,而不取大綱也。宋自藝祖開基,真、仁繼序,政體皆務寬仁,而柄權多歸宰輔。其時聲容盛而武備衰,議論多而成功少。②

────────────

① 日本東京大學圖書館藏張伯行《近思録集解》初刻本。
② 《四庫禁毀書叢刊補編》第31册影印尹刻本。

由此，我們可以判斷，尹會一在重刻張伯行《近思録集解》時，根據原刻做了較大幅度的調整和修改。正因爲尹刻本的失真，康熙間初刻本的文獻價值更值得珍視，而這種價值突出表現在三十九條初刻本原注與尹刻本補注之間的對比上。通過對比和分析，我們對張伯行《集解》的特徵與成就，可以有如下幾個方面的認識：

1. 張氏《集解》深入淺出，靈動而富有趣味。

尹會一參補文字，有的直接照抄葉采注，有的在葉采注基礎上夾雜着自己的理解，這種“葉采不是葉采，尹會一不是尹會一”的注解，遠没有張伯行原注通順曉暢。《近思録》卷二《爲學》第107條：

> 竊嘗病孔孟既没，諸儒囂然，不知反約窮源，勇於苟作，持不逮之資，而急知後世。明者一覽，如見肺肝然，多見其不知量也。方且創艾其弊，默養吾誠。顧所患日力不足，而未果他爲也。①

此條注解，葉采注較爲簡略，僅就原文中的“反約窮源”、“默養吾誠”略作説解，而尹會一注在這個基礎上又進一步擴充，且附加了自己的直接體會（加着重號部分），云：

> 此張子反約窮源之學，見苟作者之妄也。謂孔孟没而微言絶，後人當由博反約，窮其根源，方有實得，不必汲汲以立言自見也。乃漢、唐諸儒，浮淺無實，率意著作，道不足而强爲言，不過欲博名後世耳。而明者見之，直笑其妄。我方以此爲大戒，惟默養吾誠，以反乎約而窮其源。

_____

① 《近思録》卷二，《朱子全書》，第13册，第191頁。

第患時日有限,不能盡孔孟之精蘊,何敢他爲,以蹈苟作之弊哉!①

文中"我方以此爲大戒"完全是尹會一的感悟,如誤作張伯行所爲還會有更多的誤解。實際上,根據初刻本張伯行注解原文,我們看到,張氏注解有一氣呵成之勢,更爲靈動而富有趣味:

　　此爲無知而妄作者戒也。學貴務本,不必驚外以求知。竊嘗病孔、孟既没,諸儒紛紛雜出,不知反身而求切己要約工夫,以窮究心性之本源,獨勇決而敢於苟且著作,持其不及古人之資,而急欲見知後世。不知有識者一覽觀其所作,而其胸中之鄙陋、道理之未明,歷歷如見,亦多見其不自知限量也。自我觀之,方且創深,懲治其浮誇之弊,以默養吾誠心之不暇,正恐日力不足,無以爲養誠之地,那有閒工夫而果於他爲以苟作乎?②

　　文中"自我觀之"、"那有閒工夫"等口語化的表達也常見於其他注解文字,另外,注解中反問、感嘆、排比等各種句式隨文安排,勝意紛呈。文果如其人,我們可以推想,張伯行並非板起面孔的一副理學家形象。
　　2. 張氏《集解》引證豐富,語義飽滿。
　　縱觀張伯行三十九條原注與尹刻本補注,大體來説,尹會一的補注有少部分完全襲用葉采注,大部分借用葉采注參酌

———————

① 《四庫禁毁書叢刊補編》第31册影印尹刻本。
② 日本東京大學圖書館藏張伯行《近思録集解》初刻本。

己意爲之，較張伯行原注語義單薄，生氣與才學均有欠缺。如《近思録》卷三第 77 條：

> 如《中庸》文字輩，直須句句理會過，使其言互相發明。

此條葉采没有注釋，尹刻本簡單注爲：

> 《中庸》文字一句有一義，須逐句深求玩味，使一書之言前後互相發明。朱子曰：此真讀書之要法，不但可施於此篇也。①

而我們再看張伯行此條原注：

> 《中庸》建立大本，經綸大經，其文字如二典、三謨，卻又枝枝相對，葉葉相當。厥後，朱子分爲三十三章，支分節解，脈絡貫通，詳略相因，擺布得如此細密，正是句句理會過，使其言互相發明耳。"輩"指當時門人也。朱子嘗謂：此言真讀書之要法，非但可施於《中庸》。②

上引原注細密、嚴謹，先對《中庸》做了簡單評價，後世"朱子分爲三十三章"也有交代，再引朱子語做進一步解釋，可見張氏原注信息量極大。值得注意的是，"輩"字張伯行釋爲"當時門人"，如做此解，那麼《近思録》原文的斷句應是"如《中庸》文字，輩直須句句理會過，使其言互相發明"。"輩"字表示同一

---

① 《四庫禁毀書叢刊補編》第 31 册影印尹刻本。
② 日本東京大學圖書館藏張伯行《近思録集解》初刻本。

類群的人或事物，有時也指某一類的書籍文獻，今人標點多作
"《中庸》文字輩"，①而張氏《集解》足可備一説。

　　《集解》原注常常引經據典，較尹刻本補注和葉采注，語義
飽滿充實。《近思録》卷三最後一條：

> 　　《春秋》之書，在古無有，乃仲尼所自作，惟孟子能知
> 之。非理明義精，殆未可學。先儒未及此而治之，故其説
> 多鑿。②

此條葉采注較簡略，尹刻本在葉注基礎上進一步發揮，云：

> 　　此言《春秋》之未易學也。《春秋》之書，唐、虞、夏、商
> 之世所未有，仲尼因魯史舊文而寓褒貶予奪之大義，固其
> 所自作。後惟孟子論《春秋》爲能明聖人之大旨，而舉其
> 綱領，自非見理極其明、析義極其精者，殆未可學也。漢、
> 唐諸儒未至於理明義精，而遽欲治之，故揣摩臆決，其説
> 多失之鑿。蓋《春秋》一書，明百王之大法，正萬世之人
> 心，非孔子不能作，非孟子不能知，苟未得孔孟之心傳者，
> 可易言乎？③

這個注解，對於《近思録》本文和葉采注，無甚新意，且有語義
不明、表述不清之嫌。我們再看初刻本此條注解：

---

① 朱傑人等人所編《朱子全書》第 13 册《近思録》、張京華《近思録集
　釋》、新近嚴佐之等人主編的《近思録專輯》（華東師範大學出版社，
　2014 年）第 1 册所收程水龍校點的葉采《近思録集解》等都如此
　標點。
② 《近思録》卷三，《朱子全書》，第 13 册，第 206 頁。
③ 《四庫禁毁書叢刊補編》第 31 册影印尹刻本。

> 古者列國各有史官，掌記時事而已。故魯之《春秋》，
> 初亦與《乘》、《檮杌》等，無有關於王迹之大義者。一經聖
> 筆，明天理，正人心，扶三綱，大一統，皆自仲尼作之。是
> 以他經止云"刪定"、"贊修"，未嘗言"作"，而獨《春秋》一
> 經，孟子直斷之曰"作"也。張子以爲惟孟子能知之者，孟
> 子所論，皆隱括《春秋》大意，深諒不得已苦心。如曰"五
> 霸假之也""春秋無義戰""春秋，天子之事"之類，洞見本
> 原，非理明而義精者，其孰能與於斯？即游、夏亦未聞有
> 此語也。諸儒學未至而强治之，宜不能窺聖人之意，故其
> 説多鑿。薛敬軒曰："今説《春秋》者，惟孟子、程子精切，
> 亦深得聖人之意。"蓋其學鄰于聖人，故能得聖人心事。①

張氏原注論及"惟孟子能知之"，没有簡單陳述，而是引述孟子
論《春秋》能"洞見本原"的經典結論，如"五霸假之也"、"春秋
無義戰"、"春秋，天子之事"之類，最後又引明代著名理學家薛
敬軒的話作進一步詮釋。這種注釋對於《近思録》的理解和傳
播，可謂功莫大焉。

　　3. 張氏《集解》對葉采注吸收與批評兼具，在義理深淺與
内容廣狹上，不在葉采注之下。

　　葉采是朱熹的再傳弟子，其《近思録集解》從南宋淳祐年
間成書至清代中葉，一直盛行不衰，是發行量最大的《近思
録》注本，版本有三十餘種。② 清代中葉以後，張伯行、江永
等再注《近思録》，葉采注才逐漸被取代。張伯行之所以再
注《近思録》，動因之一是想補葉采注的不足，《張清恪公年
譜》云：

---

① 日本東京大學圖書館藏張伯行《近思録集解》初刻本。
② 詳見程水龍《〈近思録〉版本與傳播研究》第二章，第90—119頁。

公服膺是書有年,嘗以葉公采所解尚有未備,廣集諸説與門人更相參酌,校定付梓。①

通覽張氏《集解》,我們發現張伯行對葉采注采取的是參考與批評兼具的客觀的學術態度。張伯行在自己的注解中多次引用葉采注,有的出於贊同,謂"葉説備矣",如《近思録集解》卷三第 53 條的張氏注解:

葉平巖曰:"二者內卦之中,五者外卦之中,皆中也。三者內卦之上,四者外卦之下,皆不中也。六爻之位,初、三、五爲陽,二、四、上爲陰。以陽爻居陽位,陰爻居陰位,則爲當位,反此者爲不當位。當位者正也,不當位者非正也。《坤》六五非正也,而曰'黃裳元吉';《泰》九二非正也,而曰'得尚於中行',蓋以中爲美也。《蠱》之三、四皆正也,而三則有悔、四則往吝;《既濟》之三、四亦皆正也,而三則有三年之憊,四則有終日之戒,蓋以不中爲歉也。正者,天下之定理;中者,時措之宜。正者有時而失其中,中者隨時而得其正,故中之義重於正。"而於九二、六五觀之可見也。葉説備矣。②

這條注解,大段引用了葉采注,句尾加以肯定。一般來説,如果前人注解精到完美,已無剩義,後人没必要再勉爲新説,由此張伯行適當引用葉采注在情理之中。

另外,張伯行没有盲目依從葉注,有的則對葉采注加以批評,如《近思録》卷九第 27 條,僅張載一句話:"井田卒歸於封

① 《張清恪公年譜》卷上。
② 日本東京大學圖書館藏張伯行《近思録集解》初刻本。

建,乃定。"這條注解,尹刻本依據葉注參補時候,先是自己做了一些發揮,後面還是原文引用了葉采的話,內容和義理深度上沒有超出葉采:

> 封建之法,聖人所以制天下之命,法天而不私己,盡制而不曲防。分天下之地以爲萬國,而與英才共之,大小相制,内外相維,自黄帝堯舜迄於三代,皆因之而不變。故欲行井田之制,終歸於封建,其勢乃定。蓋國有定君,官有定守,故民有定業。後世長吏更易不常,相仍苟且,縱復井田,不歸於封建,則其欺蔽紛争之患,庸可定乎?①

我們再看張伯行此條注解:

> 此見井田封建,皆聖王至公無我之道,故二者之行,未有不相爲終始者。欲行井田,必有聖明在上,普大公之道,以天下之地分封有功德之人,衆建其國以共撫其民人,使仕者皆有世禄,然後以天下之田與天下人民共之,使分耕其地,如是,則上下皆有均平之心,皆樂其制之善而法乃可定。所謂有關雎、麟趾之意,乃可行周官之法是也。不然,未易以遽定也。葉平巖曰:"國有定君,官有定守,故民有定業。後世長吏更易不常,相仍苟且,縱複井田,不歸於封建,則其欺蔽紛争之患,庸可定乎?"此論第據其利弊而言耳,未及道理之公也。②

細審此段注解,張伯行做了深入的獨立思考,指出"井田制"是

---

① 《四庫禁毁書叢刊補編》第 31 册影印尹刻本。
② 日本東京大學圖書館藏張伯行《近思録集解》初刻本。

有條件的，即"必有聖明在上，普大公之道"，然後才談得上"封建"，才能"皆樂其制之善而法乃可定"。這裡也引用了葉采注，但指出葉注"第據其利弊而言耳，未及道理之公也"。

綜合以上分析，我們可以看出張伯行在注解《近思錄》時候，對葉采注有充分的尊重和理解，但沒有迷信前人而裹足不前。張伯行《近思錄序》曾云：

> 所謂江海之浸，膏澤之潤，渙然冰釋，怡然理順，以不負先儒諄復誨誘之心也。於是乎士希賢而賢希聖，其以維持道脈，光輔聖朝，斯文之盛未艾矣。①

從張伯行注解的水準來看，可以説，真正做到了"渙然冰釋，怡然理順，以不負先儒諄復誨誘之心"。

結　　語

江永《近思錄集注》初刻於乾隆年間，較張伯行《集解》晚出近三十年，但一經面世就倍受青睞，成爲清代中葉以後最流行的《近思錄》注本，而張伯行《集解》卻相對沉寂，《四庫全書》没有收録，傳刻也不多。江永《集注》廣爲流傳的原因是多方面的，名弟子戴震、金榜等人的烘托應是因素之一，而張伯行幾無有影響的再傳弟子，雖生前獲得康熙、雍正皇帝的優渥禮遇，"以大儒爲名臣"，②但終究還是宦海中人，學術影響不及江永等曠世大儒。由此，初刻本後，流傳不廣，乾隆元年的重

---

① 日本東京大學圖書館藏張伯行《近思錄集解》初刻本卷首之《近思錄序》。
② 江藩：《國朝宋學淵源記》，朱維錚編《漢學師承記（外二種）》，北京：三聯書店，1998 年，第 187 頁。

刻又多有改竄，實爲張伯行《集解》之不幸，現康熙五十一年初刻《近思録集解》的發現，有助於我們瞭解清初理學發展的實際情況，相關的深入探討尚待來日。

　　附記：本文已發表於《中國典籍與文化》2015 年第 4 期。

上海圖書館藏汪佑《五子近思録》批注是施璜《五子近思録發明》草稿略説

李慧玲

一、上海圖書館藏汪佑《五子近思録》簡介

朱熹、吕祖謙因爲相與讀四子著作,感其"廣大宏博,若無津涯",爲方便初學者把握要義而輯成《近思録》十四卷。該書甫問世,即受到當時學者的稱譽,一時洛陽紙貴。《四庫提要》著録其書云:"書凡六百六十二條,分十四門,實爲後來性理諸書之祖。"①《近思録》自刊刻之後,學者競相閲讀,南宋至清,長盛不衰,在幾百年時間里不斷被傳抄版刻,以至於不僅僅它的原始文本被一再演繹詮釋,更相繼出現了《近思録》續編系列,續、廣、仿《近思録》的著述不斷湧現。在這種學術氛圍深刻浸潤與學術方向倡導之下,清人汪佑《五子近思録》的編輯問世也就水到渠成。

汪佑,具體生卒年不詳,字啓我,號星溪,安徽休寧人,生於明清之際,活躍于康熙年間,生平不載史傳。與汪佑約同時

---

① 永瑢等:《四庫全書總目》卷九二《近思録》,北京:中華書局,1965年,第780頁。

期的學者施璜《五子近思録發明》卷首《五子近思録補編增入
書目》汪佑序下,對汪佑生平情況紹介較詳:

> 先生姓汪氏,名佑,字啓我。休寧縣西鄉方塘人。方
> 塘在白嶽之麓七里許。先生遯世後,嘗講學白嶽,群號爲
> 白嶽山人。又村落有水曰星溪,先生隱居其間,屋後臨
> 流,有星溪閣,學者稱爲星溪先生。所著有《詩傳闡要》、
> 《易傳闡要》、《禮記答問》、《大樂嘉成》、《四書講録》、《明
> 儒通考》、《星溪文集》、《星溪日記》、《家訓》、《敬義堂會
> 語》等書。①

從以上文獻記載,可知汪佑在經、史、文諸方面均有所專
擅,并各有著述問世。汪佑《五子近思録》的内容主要由朱、吕
合編的六百六十二條四子語録及汪氏增補朱子之說五百四十
八條構成。《五子近思録例》介紹此書編次云:"星溪汪氏訂補
朱子之書也。匯朱子精微之言吻合於四先生者,增入各卷篇
末,是爲五子合編。"關於此書的編撰目的與材料來源,汪佑自
序云:

> 在昔文莊丘子嘗采朱子之書尊爲《學的》,擬效《論
> 語》,而自附於曾子、有子之門人。梁溪高子嘗準《近思
> 録》例,輯爲《朱子節要》,不敢擬於《近思》,而特梓以昭學
> 則。愚以爲當取《節要》合編之,犁然五子,如五行之不可
> 闕一矣。更取《學的》與《節要》合訂焉,由五子而階梯四
> 子、六經,由群儒大成而闡群聖大成,所稱科級畢具,羹墻

---

① 施璜:《五子近思録發明》卷首,上海圖書館藏清刻本。

三古，孰逾於兹？①

可見此書是在《近思録》基礎上"取《學的》與《節要》合訂"，而朱子之語主要取自書中卷首所列《五子近思録增入朱子書目》十八種，計有《朱子四書集注》、《四書或問》、《四書集成》、《周易本義》、《毛詩集注》、《伊洛淵源録》、《儀禮經傳通解》等。

汪佑《五子近思録》一經版刻，便因其大彰性理之道、接續儒學淵源而受到學者盛譽。參與本書校點、與汪佑同時代的學者朱啓昆爲此書作跋云："五君子之言，精微廣大，而先生合編之意旨，甚深且遠。……是編出，朱子集大成之梗概昭著於世，而四先生之言，益有所論定折衷焉。"②亦與汪佑同時代的施璜，在汪佑《五子近思録》編撰的基礎上撰《五子近思録發明》，故對汪佑此書的學術價值頗有的見，他評價此書云：

> 孔子之道，自孟子後失傳者一千四百餘年，至周子、二程子、張子而始著，至朱子而始大著。夫既集周、程、張四先生之言爲階梯，若不得朱子精粹切要之言合觀之，則學者終有所闕憾。故星溪汪子將瓊山先生所著《朱子學的》，與梁溪先生所著《朱子節要》合編之，以續於周、程、張之後，《近思》於是爲完書，而階梯之説亦於是爲詳備矣。③

汪佑《五子近思録》刻本較多，目前可見者有康熙三十二年汪佑之子汪鑑校勘本、康熙三十三年金閶勤有樓刻本、康熙

---

① 汪佑：《五子近思録》卷首，南京圖書館藏清康熙三十二年刻本。
② 汪佑：《五子近思録》卷首朱啓昆《跋》，上海圖書館藏康熙三十二年刻本。
③ 施璜：《五子近思録發明》卷首《自序》。

年間重刻本、乾隆年間重刻本、退思堂重刻本等，而其中的康
熙三十二年刻本爲家刻本，屬初刻，其他各本均在此本基礎上
重刻。家刻本在上海圖書館及南京圖書館有藏，程水龍《〈近
思録〉版本與傳播研究》（上海古籍出版社，2008 年）一書有較
爲詳細的説明，此不贅。

二、《五子近思録》批注與施璜
《五子近思録發明》之比勘

　　《五子近思録發明》十四卷，清施璜撰。施璜（？ —1706
年），字虹玉，號誠齋，安徽休寧人。施璜一生以治學、游學、講
學爲業。其學以程、朱爲的，講學新安紫陽、還古兩書院，“於
先儒語録尤多所發明”，嘗問學東林，師事高世泰，撰著有《五
子近思録發明》、《思誠録》、《小學發明》、《紫陽書院志》等。事
迹詳見《清史稿·儒林傳》、《清儒學案》、《東林書院志》。
　　施璜《五子近思録發明》是對汪佑《五子近思録》的增補續
編和注釋，這在施璜《五子近思録發明》自序中可以得到覆案。
施璜在其書的自序中這樣説：

　　　　四書以《近思録》爲階梯，讀《近思録》無入處，則不可
　　以言《四書》也明矣。雖然，孔子之道自孟子後失傳者一
　　千四百餘年，至周子、二程子、張子而始著，至朱子而始大
　　著。夫既集周、程、張四先生之言爲階梯，若不得朱子精
　　粹切要之言合觀之，則學者終有所闕憾。故星溪汪子將
　　瓊山先生所著《朱子學的》，與梁溪先生所著《朱子節要》
　　合編之，以續於周、程、張之後，《近思》於是爲完書，而階
　　梯之説亦於是爲詳備矣。但《近思録》在昔有平巖葉氏
　　《集解》闡發，四先生之精蘊昭然如日星。今五子合編尚

少注解，故璜與同志講習五子於紫陽、還古兩書院者有年，遂自忘其固陋，略有發明。於葉注之精者，而益求其精；其未及注者，則蒐輯而補之。又嘗讀薛子《讀書録》、胡子《居業録》、羅子《困知記》與高子《遺書》，喜其皆由《近思》以升入《四書》、《五經》之堂室者，先後一揆，若合符節。迨讀北平孫氏《學約續編》，亦謂薛、胡、羅、高四先生，羽翼周、程、張、朱五先生者也。於是匯萃其精要者，以附於各卷之末，蓋即以四先生之言發明五先生之旨，而意益親切，語更詳備焉。

從這篇自序可知，施璜《五子近思録發明》的内容主要由兩部分構成，一部分是汪佑的《五子近思録》白文，另一部分是注文。而注文又分兩塊：一塊爲施璜"發明"，在各條白文之後，發明結合《五子近思録》原注文内容，或增補删節，或述發己見；一塊爲精選的薛、胡、羅、高四子著述，附在卷末，各卷最後又有施璜針對全卷内容的發明和總結。

筆者在閲讀上海圖書館藏本《五子近思録》(以下簡稱《五子》)之時，發現其天頭及很多正文行格中普遍有佚名墨筆批注，這些批注筆迹前後統一，乃一人所寫，而拿這些批注内容與施璜《五子近思録發明》中的施氏發明内容相互比勘，有驚人相似之處。稍微不同的是，相較於這些批注，施氏發明的内容往往又有擴展闡發，或者加補例證對批校内容進一步説明。雖然二者内容有多少、詳略之别，但無一例外的是，批注内容總是幾乎被完全吸納在發明之中。筆者認爲，總體來看，《五子》中的這些大量批注很可能就是施璜"發明"的草稿。因爲據筆者初步統計，《五子近思録》天頭與正文中的批注約有1500多條，而這些批注的内容，又無一例外地全部出現在《發明》中。如果將這1500多條批注與施璜《發明》比勘的結果全部列出，勢必篇幅過大。因此，本文僅選取《五子近思録》卷一天頭批注的前 20 條與施璜《發明》進行比勘，其順序與原書順序一致。爲了醒目，二者文字相同相近的部分，特地在《發明》中用着重號標示：

1. 汪佑《五子》第 1 頁上（此頁碼爲上海圖書館藏康熙三十二年《五子近思録》刻本頁碼，下同）：“濂溪先生曰：無極而太極”條，批注：《太極圖》用工之要，只在“君子修之吉”，修此仁義正中也；“小人悖之凶”，悖此仁義中正也。故敬則欲寡而理明，寡之又寡，以至於無，則静虚而正義也。太極之體以立，動直者，中仁也。太極之用以行，而聖可學矣。仁義禮知謂性，率性而行謂道，行道而有得於心謂德，全是德而真實無妄，誠也。千古聖人之言，一“性”字括盡。心虚有内外合一之氣象。天地之理、聖人之心，只是直。存心不失爲中，應事不差爲和。

施璜《發明》第 53 頁上（此頁碼爲上海圖書館藏清刻本《五子近思録發明》頁碼，下同）：《太極圖》用功之要，只在“君子修之吉，小人悖之凶”。修之者，修此正中仁義也；悖之者，悖此仁義中正也。故敬則欲寡而理明，寡之又寡，以至於無，則静虚者，正也，義也。太極之體以立；動直者，中也，仁也。太極之用以行，而聖可學矣。仁義禮智之謂性，率性而行之謂道，行道而有得於心之謂德，全是德而真實無妄之謂誠。千古聖賢之言，一“性”字括盡。心虚有内外合一之氣象。天地之理、聖人之心，只是直。存心不失爲中，應事不差爲和。

2.《五子》第 3 頁上：“誠無爲，幾善惡”條，批注：誠、幾、德，便是太極、陰陽、五行也。

《發明》第 9 頁上：此言誠、幾、德，便是太極、陰陽、五行也。

3.《五子》第 3 頁下：“伊川先生曰：喜怒哀樂之未發，謂

之中也"條,批注:此言未發、已發,乃千聖真脉也。不但性情
之德,中和之妙,有條而不紊,所謂"大本"、"達道"者,一以貫
之矣。

《發明》第9頁下:此言未發、已發,乃千聖真脉也。喜怒
哀樂,情也。其未發,則天命之性也。心統性情者也。故程子
以寂然不動爲中,感而遂通爲和。蓋心以寂然不動爲體,感而
遂通爲用,故程子論未發、已發而指心之體用言之,不但性情
之德,中和之妙,有條而不紊,所謂"大本"、"達道"者,皆可一
以貫之而無疑也。

4.《五子》第3頁下:"乾,天也。天者,乾之形體;乾者,天
之性情"條,批注:此章言天,而隨其所指分別出來,以見其義
之精也,爲天理當然之路也。

《發明》第10頁下:此章言天,而隨其所指分別出來,以見
其義之精也。葉平巖曰:道者天理,當然之路。專言天者,即
道也。分而言之,指其形體高大而無涯,則謂之天;指其主宰
運用而有定,則謂之帝。天所以主宰萬化者,理而已。功用,
造化之有迹者,如日月之往來,萬物之屈伸是也。往者爲鬼,
來者爲神,屈者爲鬼,而伸者爲神。妙用,造化之無迹者,如
運用而無方,變化而莫測是也。

5.《五子》第4頁上:"四德之元,猶五常之仁。偏言則一
事,專言則包四者"條,批注:此言天人合一之理。

《發明》第10頁下:此言天人合一之理也。

6.《五子近思録》第4頁上:"天所賦爲命,物所受爲性"
條,批注:此辨析性、命之名,其實一理也。

《發明》第11頁上:此辨析性、命之名義,其實一理也。在
天曰命,在人物曰性。以其流行不息,賦與萬物者謂之命。萬
物各有稟受,而此理無不全具,謂之性。其實一理也。

7.《五子》第4頁上:"鬼神者,造化之迹也"條,批注:此

言天地之功用造化,指作爲處言。

《發明》第 11 頁下：此言天地之功用,蓋造化指天地之作爲處言。氣一噓而萬物盈,所謂造也;氣一吸而萬物虛,所謂化也。造者自無而有,化者自有而無。謂之迹者,乃一動一靜,一往一來,一聚一散,一升一降之痕迹耳。非鬼神,則造化無迹矣。非鬼神,屈伸往來,何以造化? 故鬼神爲造化之迹。程子恐人求鬼神於窈冥之鄉,故以迹言之。

8.《五子》第 4 頁上："《剥》之爲卦,諸陽消剥已盡"條,批注：此言陽與君子之道不可無也。陰陽消息,不容間斷,故程子於《剥》上九一爻發明之。

《發明》第 12 頁上：此言陽與君子之道不可亡也。陰陽消息,始終循環不已,不容有間斷,亦無亡之理,故程子於《剥》上九一爻發明之。夫衆陽俱已剥落,惟一陽在上,有復生之機。如衆果俱落,尚有碩大一果在上,不爲人所食,可復種而生也。上九亦變,則純陰爲坤矣。然陽纔盡於上,則已萌於下。

9.《五子》第 4 頁下："一陽復於下,乃天地生物之心也"條,批注：此言天地之心生生不息也。人能見此,則知道體之無盡矣。

《發明》第 12 頁下至第 13 頁上：此言天地之心生生不息也。朱子曰："十月積陰,陽氣收斂,天地生物之心,固未嘗息,但無端倪可見。一陽既復,則生意發動,乃始復見其端緒也。"蓋陽氣收斂,天地生物之心伏藏而不可見。及陽氣長盛,萬物暢茂,天地生物之心又散漫而不可見。惟積陰之下,一陽復生,萬物生意將絶而復續,造化之仁幾息而復接,天地生物之心無時止息,於此始可見耳。若有止息,安能相生相續之無窮乎? 人能見此,則知道體之無盡矣。

10.《五子》第 5 頁上："仁者,天下之公,善之本也"條,批注：此見仁之道大,故聖人只教人求仁。

《發明》第 13 頁上：人心公便與天地同體，才私便與天地萬物暌隔。惟仁者天理渾然，與物無間，故曰"天下之公"。又統四端，兼萬善，故曰"善之本"。人心若仁，則萬物皆在吾生育之中矣，故程門只教人求仁。

11.《五子》第 5 頁上："有感必有應"條，批注：定數莫逃者，應也。君子盡道其間者，應是受命之事，感是造命之事。自感應非有別物，惟盡其道而已。故君子只做感邊事，但聖人重無心之感。知道者默而觀察之，毫髮不爽也。

《發明》第 13 頁下：所云定數莫逃者，皆應也。君子盡道其間者，皆感也。應是受命之事，感是造命之事。自感自應，非有別物，惟盡其道而已。故君子只做感邊事，但聖人重無心之感。知道者默而觀之，毫忽不爽也。

12.《五子》第 5 頁上："天下之理，終而復始"條，批注：此言恒久之道，以隨時變易爲常理也。聖人本諸身者，至誠不息；施諸政者，中正有恒。則天下默化於善，以成淳美之名。"非知道者，孰能識之?"知循天理之自然，方能識亘萬古而常然者也。

《發明》第 13 頁下至第 14 頁上：此言恒久之道，以隨時變易爲常理也。程子謂終而復始，所以恒而不窮。蓋終者，靜之極；始者，動之端。動靜相生，循環之理，終而復始，變易無窮也。故日月循度往來，順乎天道，而能久照乎萬物；四時循序迭運，自然變化，而能久成乎萬物。聖人本諸身者，至誠不息；施諸政者，中正有恒。則天下默化於善，以成淳美之俗。"非知道者，孰能識之?"言知循天理之自然，方能識亘萬古而常然者也。

13.《五子》第 5 頁下："語其性則皆善也，語其才則有下愚之不移"條，批注：此言下愚不移，由於困而不學也。

《發明》第 14 頁下：此言下愚不移，由於困而不學也。人性本善，而氣質有昏弱之甚者，若肯發憤向學，擇善固執，百倍其功，則雖愚必明，未有不可移者也。惟其不學，故愚而愈下耳。此所以不移也。困而不學，是指自暴自棄者言。此所謂下愚，又是一種人，非不可移，乃不肯移也。

14.《五子》第 6 頁上："在物爲理，處物爲義"條，批注：此言天下無心外之物，是因物付物，方見理明義精。

《發明》第 15 頁上：朱子曰："理是此物上便有此理，義是於此物上自家處置合如此，便是義。"但天下無心外之物，故高景逸曰："當其寂也，心爲在物之理，義之藏於無朕也；當其感也，心爲處物之義，理之呈於各當也。故君子不從心以爲理，但循物而爲義。八元當舉，當舉之理在八元，當舉而舉之，義也。四凶當罪，當罪之理在四凶，當罪而罪之，義也。此之謂因物付物。"愚謂程子此二語，必如此體認，方見理明義精也。

15.《五子》第 6 頁上："動靜無端，陰陽無始。非知道者，孰能識之"條，批注：無有一息之停，乃道體之本然也。

李按：此條批注見《發明》卷三第 18 頁下："子在川上曰：逝者如斯夫！言道之體如此，這裏須是自見得。張繹曰：此便是無窮。先生曰：固是道無窮，然怎生一個'無窮'便道了得他？"條下發明云：

朱子曰：天地之化，往者過，來者續，無一息之停，乃道體之本然也。然其可指而易見者，莫如川流，故於此發因示人，欲學者時時省察，而無毫髮之間斷也。

16.《五子》第 6 頁下："明道先生曰：天地生物，各無不足之理"條，批注：此言天理本無虧欠，而人自虧欠之也。

《發明》第 16 頁上：此言天理本無虧欠，而人自虧欠之也。夫"天地生物，各無不足之理"，有何虧欠？而天下君臣、父子、兄弟、夫婦，有多少不盡分處，則是不知其性分之所固有，故不能盡其職分之所當爲也。分者，天理當然之則也。不盡分，則於天理有虧欠矣。是故欲盡分者，擇善而固執之爲貴。

17.《五子》第6頁下："忠信所以進德"條，批注：此言天人同此實理，同此實氣。忠信便是立誠，天理之實，人心之實，人事之實，皆在其中。故君子進德修業，不過這個忠信。此無古今人己之分，君子忠信進德，即立天下之大本也，直上達天理。

《發明》第17頁下：此言"忠信進德"，所以爲"對越在天"也。凡學者，當學文知道者，惟進德而已。然必以忠信爲主，則德方日新而不已。故孔聖於《乾》之九三，直指"忠信所以進德"，要人"終日乾乾"，守此忠信，凜凜如對上帝，方能保此忠信而不失也。蓋忠信是人的真心，所以存此實理者，惟君子認得此忠信真，做得此學問徹，所以"終日乾乾"，"對越在天"。以天人同此實理，天人同此實氣。四方上下，往古來今，無絲毫之空隙，無一息之間斷，故不敢有一毫之怠惰，不敢有一毫之欺僞，"終日乾乾"，如對上帝也。蓋此實理，天人無間，即誠也，即忠信之實體也。故忠信便是立誠。誠字大，天理之實，人心之實，人事之實，皆在其中。忠信則專指乎人而言，所以存乎天理之實者。故孔門以此爲學之本，而君子進德修業，直上達天德，不過這個忠信。且形而上者，道也；形而下者，器也。人倫日用事物當然之理，無非道也，無非器也，道器不相離，二而一，一而二者也。道無古今人己之分，故曰但得道在，不拘今與後，己與人。知道者，惟進德而已。忠信，德之本也，君子"終日乾乾"，"對越在天"，即立天下之大本也。

18.《五子》第7頁下："醫書言'手足痿痺爲不仁'，此言最善名狀"條，批注：此言四體之不仁，以明心體之仁也。萬物一體之方，其惟恕乎？手足不屬己，氣之不貫也。天理萬物不屬己,心之不貫也。欲去心之私慾,必從恕始。

《發明》第18頁上至第18頁下:此言四體之不仁,以明心體之仁也。陳定宇曰:"仁者之心,視人物即己身也。體認得人物皆爲己,則此心之仁,周流貫通,何所往而不至乎?若視人物爲人物而不屬於己,自不相干,如手足之不仁,雖是己身,然其氣既不周流貫通,則手足亦自不屬己矣。"齊氏曰:"手足不屬己,氣之不貫也。天地萬物不屬己,心之不貫也。身與手足一體也,外邪間之,故與氣不相貫。己與天地萬物一體也,人欲間之,故與心不相貫。通身與手足之間者,醫必有方。通我與天地萬物之間者,聖人亦必有方。然則恕者,聖人示學者以去間之方也。"

19.《五子》第8頁上:"人生氣稟,理有善惡"條,批注:此言天理有善而無惡,惡是過與不及上生出來。人性有善而無惡,惡是氣稟物欲上生來也。胡敬齋曰:"五性感動而善惡分,萬事出矣。性如水之源,感動是水之流。如源本清,流出來有清濁者,清則不爲沙塵所涵,濁者爲所涵也。用力之道,當濬其源、澄其流也。"

《發明》第20頁下:此言天理有善而無惡,惡是過與不及上生出來。人性有善而無惡,惡是氣稟物欲上生出來也。胡敬齋曰:"五性感動而善惡分,萬事出矣。性如水之源,感動是水之流也。如源本清,流出來便有清濁,清者是不爲沙塵所涵,濁者爲所涵也。用力之道,當濬其源、澄其流也。"

20.《五子》第9頁下:"觀天地生物氣象"條,批注:此見化育流行,上下昭著,莫非天理發現,流行之妙,其氣象混是一團太和元氣,所謂仁也。人能觀此,則天地生物之心在我,自家意思,亦是一生機流行矣。

《發明》第21頁上至第21頁下:周子觀天地生物氣象,所以作《太極圖》,畫出造物化工以示人,見得化育流行,上下昭著,莫非天理發現,流行之妙,其氣象混是一團太和元氣,所謂仁也。人能觀之,則天地生物之心在我,自家意思,亦是一生機流行矣。

　　以上二十條例證,是筆者根據上海圖書館藏《五子近思録》天頭批注的出現順序逐條抄録,無一失漏,所以雖然抄録的比例較小,但也有一定的代表性,如果對這二十條批注與施璜發明進行一一對照,可知批注的内容幾乎全部出現於施氏的發明語之中(詳見《發明》中的斜體字部分),筆者經過認真比勘二者内容重合的部分,發現不少條目都出現了一字不差的雷同情況(如例2、3、5、6、9、11、12、13、15、16、20),其比重約占55%。這種情況不僅僅出現在筆者隨機羅列的這二十例中,就《五子》全書所有批注而言,也基本上是這個比例。還有一部分情況,是相較於批注内容,《發明》進行了輕微的改動,如例1,批注和《發明》都是近二百字,二者所不同的只是“工”、“功”二字的細微差别,“君子修之吉,小人悖之凶”合併或分列的文字順序問題,《發明》爲了行文流暢而增加的“修之者”、“悖之者”幾個字等。再如例19,二者重疊的内容近一百二十字,也只是存在細微差别,批注中的“惡是氣稟物欲上生來也”一句,《發明》作“惡是氣稟物欲上生出來也”,多一“出”字等等,這種情況的比例在全部批注中約占40%左右。另外一種情況就是,二者内容雖然大部分相同,但出現了對批注的句子增删,有明顯的内容上的改動,譬如例10,批注爲“此見仁之道大,故聖人只教人求仁”,而《發明》中則改爲“故程門只教人求仁”。但這種情況在全部批注中只占約5%的比例,微乎其微。

　　綜上可知,雖然《發明》内容往往是對批注的補充、發揮,字數也往往是批注的兩倍甚至更多,但幾乎無一例外的是,《五子近思録》中所有的批注内容都在《發明》中出現,二者即便有一些細微區别,也往往是俗字與正字、手寫字與版刻字的不同，亦有爲句子通暢或句式習慣而出現個別虛詞的增加，且其中一個很明顯的傾向是：正字和爲了行文流暢而增加的虛詞往往出現在《發明》中。這更加符合草稿與定稿的關係規律，也更增強了筆者認爲《五子近思録》批校爲施璜《發明》草稿的信念。

三、汪佑、施璜學術淵源探微

上文已經詳列并説明了上海圖書館藏汪佑《五子近思録》批注與施璜《五子近思録發明》異乎尋常的内容雷同情況，那麽，汪佑和施璜到底有怎樣的學術淵源？上圖藏《五子近思録》是否真是施璜《發明》的草稿本呢？筆者擬圍繞這些問題進行相關分析和探討。

有關汪佑的生平、交遊，已知文獻中材料較少，錢穆先生指出汪佑之學術與東林學派關係密切，并簡述他在康熙年間的講學活動時云：“考徽、歙間講學淵源，遠自無錫之東林。有汪知默、陳二典、胡胐、汪佑、吳慎、朱璜講朱子之學於紫陽書院，又因汪學聖以問學於東林高世泰，實爲徽州朱學正流，江永、汪紱皆汲其餘波。”[1]汪佑一生著述頗豐，其中《五子近思録》首刻於康熙三十二年。相比於汪佑生平的文獻，有關施璜的文獻相對比較豐富，《清史稿》、《清儒學案》、《東林書院志》等都有相關記載。據文獻，知施璜亦爲安徽休寧人，與汪佑同鄉，曾從高攀龍的侄子高世泰問學於梁溪，一生以治學、遊學、講學爲業，其學以程朱爲的，也曾經講學於紫陽、還古書院。著述豐富，其中《五子近思録發明》首次刻板於康熙四十四年。

---

[1]　錢穆：《中國近三百年學術史》第八章，北京：商務印書館，1997 年，第 341 頁。

　　關於《五子近思録發明》的撰作緣由，施璜《五子近思録發明序》已有介紹，源於施璜感慨《近思録》已有平巖葉氏《集解》闡發，得使"四先生之精藴昭然如日星"，而汪佑五子合編"尚少注解"，且施璜又曾經講習五子於紫陽、還古書院，對五子學術頗有見解，於是"忘其固陋，略有發明"，撰作此書。由此可知，施璜長期在紫陽、還古書院講述五子學術，與同在紫陽、還古書院講學的汪佑有相同的學術淵源和向學志趣，因此，早於《五子近思録發明》版刻的《五子近思録》一定對施璜産生過重要影響，并一定程度上影響了施璜的學術興趣，所以他才決心撰作《五子近思録發明》，對汪氏《五子近思録》進行注解發明。

　　從汪佑《五子近思録》卷首"參校姓氏"可知，施璜是《五子近思録》的參校者之一，所以，施璜不僅僅在學術思想和學術取向上受到汪佑的影響，還實際參加了汪佑《五子近思録》的編撰工作，所以，施璜對汪氏《五子近思録》的價值應該有更加深刻的理解和體會。另外，從取材角度而言，汪佑《五子近思録》的重要材料來源之一是高攀龍的《朱子節要》，而施璜又曾經問學於高攀龍的侄子高世泰，這一特殊的學術傳承淵源，又無疑使得汪佑《五子近思録》對施璜的影響加劇。這可能就是施璜針對《五子近思録》進行發明、希望其發揚光大的最直接原因。總之，汪佑《五子近思録》的問世，影響了施璜的學術志趣，激發了施璜爲之發明的決心，那麼，我們又何以認定上圖藏本《五子近思録》即施璜《五子近思録發明》的草稿本呢？

　　首先，上圖藏本《五子近思録》共計有一千五百多條批注，從筆迹看，顯然爲一人所爲，而這些批注的内容，據筆者核對，無一例外都收録在了施璜後來版刻的《五子近思録發明》的施氏"發明"中。一開始筆者也不敢斷定上圖藏本爲施璜《發明》之草稿本，因爲這些批注没有署名，不能遽斷出自何人之手，甚至不能排除後人讀到汪佑《五子近思録》及施璜《發明》之後所做的讀書筆記等。但隨着對這兩種材料的進一步深入研究，筆者發現，有一部分的批注内容，在被收録到施璜《五子近思録發明》時，是施璜以按語的形式出現的，往往被冠以"愚按"、"愚謂"二字，例如：

1.《五子》第 11 頁下："明道先生曰：天地之間，只有一個感與應而已，"條，批注：此即《太極圖》陰陽互根之意。人能明乎此，則天地陰陽之消長變化，人心物理之表裏盛衰，要不外乎感應之理而已。只當在感上做工夫，順理而行而已。其應在天，不必逆料也。

《發明》第 26 頁下：薛敬軒曰："感應之理，於《太極圖》陰陽互根見之。"又曰："屈以感伸，伸爲應。伸又感屈，屈爲應。屈又感伸，伸又感屈，屈伸感應，如循環之無端。"葉氏曰："人明乎此，則天地陰陽之消長變化，人心物理之表裏盛衰，要不外乎感應之理而已。"愚謂人只當在感上做工夫，事事順理而行，則於感無虧欠矣。其應在天，不必逆料也。

李按：此條批注中的"只當在感上做工夫，順理而行，其應在天，不必逆料也"幾句，在施璜《發明》中被冠以"愚謂"二字，很顯然，這幾句發明之語可以確定來自上圖本的批注，從而可以斷定，上圖藏《五子近思録》的批注乃施璜所寫。

2.《五子》第 13 頁上："問：心有善惡否"條，批注：此言心本善，發於思慮有善有不善也。故君子於此用省察工夫，以去夫外誘之私而充其本然之善也。

《發明》第 29 頁下：此言心本善，發於思慮則有善有不善也。葉氏曰："天道流行，賦與萬物，謂之命。事物萬殊，各有天然之則，統而名之，謂之理。人得是理以生，謂之性。是性所存虛靈知覺，爲一身之主宰，謂之心。其實非二也。推本而言，心豈有不善？自七情之發，而後有善惡之分。"愚謂未發之前，氣未用事，此心寂然不動，渾然至善。及發而中節，則無往而不善;發不中節,然後有不善。故君子於思慮方發之時,用省察工夫,以去夫外誘之私而充其本然之善也。

李按:批注中的"故君子於此用省察工夫,以去夫外誘之私而充其本然之善也"兩句,不但出現在施璜發明中,更被冠以"愚謂"二字,顯然批注的内容正是施璜讀《五子近思録》時有感而發,後又被刻入十二年之後版刻的《五子近思録發明》中。

3.《五子》第13頁上:"性出於天,才出於氣。氣清則才清,氣濁則才濁。才則有善有不善,性則無不善"條,批注:推程子之説以陰補孟子之不足,於理無遺矣。

《發明》第30頁上:問:性之所以無不善,以其出於天也;才之所以有善有不善,以其出於氣也。要之,性出於天,才亦出於天,何故便至如此? 朱子曰:"性是形而上者,氣是形而下者。形而上者,全是天理。形而下者,只是那查滓。至於形,又是查滓至濁者也。"又曰:"'若夫爲不善,非才之罪也',孟子專以其發於性者言之,故以爲才無不善。程子兼指其稟於氣者言之,則人之材質固有昏明强弱之不同。張子所謂'氣質之性'是也。二説雖殊,各有所當,然程子爲密。"愚按:朱子以程子爲密,即見得孟子所説未免少有疎處。今但以程子爲主,而推其説以陰補孟子之不足,則於理無遺矣。

李按:批注"推程子之説以陰補孟子之不足,於理無遺矣"二句,被施璜以按語形式刻入《五子近思録發明》,并以"愚按"標明,此例又一次證明了施璜《發明》與批注的承襲關係。

綜上所述,如果説上圖藏本《五子近思録》1 500多條批注的内容無一例外地全部被施璜《五子近思録發明》吸納,還不足以確定《五子》批注爲《發明》草稿,那麽,上面所舉按語形式的幾個例子無疑可以確定此判斷的成立。而上述幾個例子還只是限於卷一部分，據筆者核查，此類情況在每卷中都有若干次出現。如此大範圍地出現《五子》批注內容以施璜按語形式出現在《發明》中，足以證明《五子》中的批注確系施璜閱讀《五子》時的感想和觀點，而這些感想和觀點，又構成了施璜《五子近思録發明》的主要內容，雖然發明與批注相比更加豐滿和條理，甚至還增補了諸位理學家的學說進行擴容和論述，但還是可以清晰地看出，這些批注對施璜的"發明"起到了提綱挈領的作用，因此本文認爲，上圖藏本《五子近思録》的批注正是施璜《五子近思録發明》的草稿本。當然，以上論證都是在調查文本的基礎上進行的，如果能輔以批注本的版刻、收藏情況，或者輔以書法鑒定手段進行研究，或許可以有更好的效果。而這些研究方法，筆者目前還没有條件深入運用。

劉源渌與《近思續録》

黄　坤

　　陳淳記朱熹語："四子，六經之階梯；《近思録》，四子之階梯。"①對此，朱熹的女婿、學生黄榦曾提出異議："先《近思》而後四子，卻不見朱先生有此語。陳安卿所謂'《近思》，四子之階梯'，亦不知何所據而云。朱先生以《大學》爲先者，特以爲學之法，其條目綱領莫如此書耳。若《近思》則無所不載，不應在《大學》之先。至於首卷，則嘗見先生説其初本不欲立此一卷，後來覺得無頭，只得存之。今近思反成遠思也。以故二先生之序，皆寓此意，亦可見矣。今觀學者若不識本領，亦是無下手處。如安卿之論亦善，但非先師之意，若善學者亦無所不可也。"②

　　"近思"二字出自《論語·子張》："子夏曰：'博學而篤志，切問而近思，仁在其中矣。'"何晏《論語集解》云："近思者，近思己所能及之事。"近思，既可解作多關心當前之事，也可理解爲多考慮自己力所能及之事。此書既以"近思"爲名，應該與此相關。不管朱熹是否説過"《近思》，四子之階梯"這樣的話，他和吕祖謙一起編撰此書，以其作爲一本理學基礎讀物，認爲

---

① 黎靖德：《朱子語類》卷一〇五，朱傑人、嚴佐之、劉永翔主編：《朱子全書》，上海：上海古籍出版社、合肥：安徽教育出版社，2002年，第17册，第3450頁。

② 黄榦：《勉齋集》卷八《復李公晦》，《文淵閣四庫全書》本。

由此入門，是初學者力所能及之事，也是當務之急，則説得十分明白：

　　　蓋凡學者所以求端用力、處己治人之要，與夫辨異端、觀聖賢之大略，皆粗見其梗概。以爲窮鄉晚進有志於學，而無明師良友以先後之者，誠得此而玩心焉，亦足以得其門而入矣。①

　　　循是而進，自卑升高，自近及遠，庶幾不失纂集之指。若乃厭卑近而騖高遠，躐等凌節，流於空虛，迄無所依據，則豈所謂近思者耶?②

以此，如錢穆《宋代理學三書隨劄》中所云："後人治宋代理學，無不首讀《近思録》。"

正是由於《近思録》這種特殊的意義和影響，後世出現了不少與其相關的書。其中清初理學家劉源渌的《近思續録》，便是頗有特色的一部著作。

劉源渌非達官聞人，事迹並不多見。其生平載於門人陳舜錫《劉直齋先生墓誌銘》，及陳舜錫門人馬長淑《劉直齋先生傳》（長淑字漢旬，號蓼亭，劉源渌友人馬天撰之子、門人馬長沛之弟）。以後惟彭紹升《二林居集》、江藩《國朝宋學淵源記》、錢林《文獻徵存録》、阮元《儒林傳稿》、徐鼐《小腆紀傳》、李元度《國朝先正事略》、《清史稿·儒林傳一》諸書，有相關記載。

劉源渌，字崑石，號直齋，先世自棲霞（今屬山東煙台）徙

① 朱熹：《晦庵先生朱文公集》卷八一《書近思録後》，《朱子全書》，第20册，第3826頁。
② 吕祖謙：《東萊吕太史文集》卷七《題近思録》，《吕祖謙全集》第1册，杭州：浙江古籍出版社，2008年，第115頁。

安邱(今屬山東)。明萬曆四十六年(1618年)十二月十九日寅時生,清康熙三十九年(1700年)七月二十九日亥時卒,享年八十二。兩娶孫氏,皆無子,以仲兄第六子行秉爲嗣。有女三人。

劉源淥生五歲,即問其身從何而來,時人稱奇。十四歲喪父,事母至孝。青年劉源淥,豪傑之氣,臨危益壯。晚明天下大亂,寇盜蜂起,屠掠鄉里。劉源淥與仲兄率鄉人固守,仲兄身中九箭,依然奮呼抗擊。劉源淥張弓連發數十箭,箭盡,握空弓緊隨兄後。仲兄見其文弱,令其退避。劉源淥大聲呼叫:"離兄一步,非死所矣!"最終殺敵寇二人,獲馬六匹,而一邨得以保全。戰亂後,家産蕩盡,四野蕭條。劉源淥買田建屋,牽牛力耕,很快成一方豪富。"方是時,先生年少,值鼎革,卓犖奇傑之氣無所發抒,間寄術猗頓,而高甍廣晦,視若敝屣。"①

劉源淥一生不入公門,不入佛寺,樂善好施,誨人不倦,與仲兄先後五次設立義倉。康熙十八年(1679年),正值饑荒,劉源淥四處收購粟米,煮粥救飢,數千人賴以存活。其他如爲病者買藥,爲死者治喪,爲孤寡無依者提供財物,更是不勝枚舉。"先生之言曰:'財屬人,人屬我,我屬天,此中何分界至?'故生平未得一命,而濟人利物之心隨地湧出,不可得而件繫也。"②德行斐然,無愧一代有道之士。

在力耕致富之後,劉源淥將膏腴之地盡與仲兄,又爲長兄立後,贍養亡姊家人。因世人棄本逐末,嘆道:"讀書乃身上之用,而人以爲紙上之用;居官乃辛苦之時,而人以爲快樂之時;衰年正勤學之日,而人以爲養安之日;科第本消退之根,而人

---

① 馬長淑:《劉直齋先生傳》,清雍正刻本《讀書日記》附。
② 馬長淑:《劉直齋先生傳》。

以爲長進之根,皆可嘆也。"①於是閉關讀書。早年喜閱養生之言,從道士求長生之術,寢食俱廢,以至咯血。後棄其舊學,"讀宋儒語録,又謂昭昭靈靈,非性命之真也,復棄去不道"。②於是大購經史,得朱熹所著書,共二十五部,口不絶吟,手不停批,專精之至,感通神明。自此終身服膺朱熹之學,道:"朱子之書,吾信之如神明,敬之如父母矣。"③又言:"學者居敬窮理,二者皆法先王而已。'小心翼翼,昭事上帝',居敬之功也;'不識不知,順帝之則',窮理之功也。"④劉源淥於明代儒者,仰慕薛瑄,當代儒者,則以陸隴其爲模楷,他人均不能得其青眼。曾自敘其學:"始去外物而見身,繼去身而見心,又去心而見理。"當時知己,以爲實録。⑤ 晚年作《登勞山絶頂望海》詩:"小駐人間七十秋,滄桑幾度不關愁。到來咫尺蓬瀛路,萬里滄波一葉舟。"⑥可想見其襟懷。

劉源淥身軀魁梧,有美髯公之譽,步履端方,不苟言笑,人皆敬畏。性喜獎掖後進,孜孜勸勉,如春日之暖。居家收徒講學,亹亹不倦,常至夜半。其高足有陳舜錫、馬恒謙、劉仁瑞等。在其身後,同縣張貞,昌樂閻循觀、周士宏,濰縣姜國霖、劉以貴、韓夢周,德州孫于簫、梁鴻翥,膠州法坤宏,猶能遵循劉源淥爲學之道。

劉源淥死後三十年,歸安陸巢雲奉使過安丘,馬長淑呈送劉源淥著作。陸巢雲反復玩味,大加贊賞,以爲可與陸隴其

① 李元度:《國朝先正事略》卷二九,清同治間刻本。
② 馬長淑:《劉直齋先生傳》。
③ 馬恒謙:《近思續録序》,清光緒十七年刻本。
④ 《清史稿》卷四八〇《儒林傳一》,北京:中華書局,1977 年,第13129 頁。
⑤ 馬長淑:《劉直齋先生傳》。
⑥ 徐世昌:《晚晴簃詩匯》卷五二,《續修四庫全書》本,第 187 頁。

《三魚堂文集》相比。正是由於馬長淑、陸巢雲的極力揄揚推薦，劉源淥的著作得以在更大的範圍内流傳。嘉慶十六年（1811年），學使倡議爲劉源淥立傳儒林。日後《清史稿》即以李元度《國朝先正事略·劉崑石先生事畧》爲本，爲其立傳。

所著書有《周易解》、《詩書經傳選》、《禮記選》、《禮儀經傳通解評》、《春秋左傳評》、《讀書日記》，編《四書》、《小學》及《或問補注》，又有劄記讀書所得《記疑》二十四卷。晚年著《冷語》五卷，未及修訂而歿。而其一生心血所注，則在集朱熹之説而作的《近思續錄》十四卷。

《近思續錄》因朱熹《近思錄》篇目，采輯朱熹《文集》、《語類》、《或問》精粹分門編輯。爲編此書，劉源淥"潛心肆力於紫陽之經傳，神魂夢寐，身心性命倚之，實忘食忘寢，不爐不扇，俛焉日有孳孳，斃而後已也。……瀝盡心血二十餘年，於朱子《文集》、《或問》、《語類》三書，沈潛反復，撮輯纂序，晨昏燈火，席不暇暖，風雨几硯，手不停筆，以至衣敝楊穿，體寒手凍，皆弗自恤也，務求先聖之道彰明較著而後已，凡三創草三脱稿而始成矣。"①劉源淥另一門生張在辛云："辛始得侍先生門下，見其立身行事，敦本務實，博極群書，上下千載，知統承道緒者，獨朱子得其要歸，盡取朱子書讀之。以《近思錄》爲人道津梁。於《語類》、《或問》、《文集》中，取其切近精實者，仿其義，例編成《續錄》。馬六吉恒謙、劉雪阡仁瑞等手披口誦，晨窗夜燈，鈔錄不輟，日有程限，暑雨祁寒，皆忘其苦。"②可見當日師生潛心選取、勤勉鈔錄之狀。

馬恒謙《序》尚引劉源淥之言曰：

---

① 馬恒謙：《近思續錄序》。
② 張在辛：《直齋劉先生別傳》，清雍正間刻本《讀書日記》附。

余不揣,取朱子之《文集》、《或問》、《語類》而錯綜編次之,爲《近思續録》十四卷。淥手鈔五卷,裝潢匯成五帙,自作一函,爲内編可也。其餘衆人所鈔者九卷,裝潢匯成九帙,亦作一函,爲外編可也。共十四卷,分作内外二函,似出天意,不由人爲者也。蓋此道原有修己、治人本末二事,故此書亦有内外兩篇上下兩函也。自古帝王列聖,道學相傳,至朱子而集大成,發其精藴。今輯此書,略見梗概,讀者誠能得其要領,則從此而盡讀朱子之書,當無不浹洽於心而貫通其理矣。

據此,劉源淥視道體、爲學、致知、存養、克己爲修己之本,家道、出處、治體、治法、政事、教學、警戒、異端、聖賢爲治人之事。

陳舜錫談《近思續録》所作緣由:

《近思録》何爲而續也?蓋憂學者入道之無階而續也。……學者之求端用力、處己治人,與夫辨異端、觀聖賢之大略,畢載《近思録》中,欲從事於四子以漸達六經者,不可不自《近思録》始也哉!乃世之人或憚義藴之淵深,或鄙詞語之拙樸,讀之者又往往而鮮,然則大道終無自而入乎?直齋劉先生有憂之,取朱子《文集》、《或問》、《語類》諸書,仍《近思録》篇目分次其言,以誘後學,曰《續録》,蓋亦竊比之意云爾。間嘗受讀而細繹之,未嘗不嘆是書之廣大精微而無所不備也。[①]

可見劉源淥殫心竭力編撰,意在以此書爲《近思録》之階

————————

① 陳舜錫:《近思續録序》,清康熙間鈔本。

梯。故陳舜錫指出：

> 上明天道，則無極太極之奧、元亨利貞之常、通復往
> 來之故、易簡生成之德、闔闢消長之機、一神兩化之妙，瞭
> 如也；下明人道，則仁義禮智之性、喜怒哀樂之情、肅乂哲
> 謀之則、親義別敘之經、禮樂中和之節、作止語默之宜，燦
> 然也。學以致此道，則有窮理居敬、直内方外、深造自得
> 之功；知以明此道，則有實地真切、漸進積多、上達一貫之
> 序。言存養，則靜中有動，動中有靜，而復艮互用；言克
> 己，則制之於内，防之於外，而明健相資。由是以正倫理，
> 以篤恩義，而家道成矣；窮則獨善，達則兼善，而出處正
> 矣。至於挈綱維而端治體，修典制而明治法，通經權而敷
> 政事，以迫進覺天下，退淑吾徒，而教育宏，内切憂危，外
> 勤惕厲，而警戒深，有一不彰明較著者乎？而猶辨異端似
> 是之非，使坎離鉛汞、不生不滅之説息；詳絶學遞傳之緒，
> 使帝王師儒、歷聖群賢之統尊。寧復有奧指微詞，爲是書
> 闡發之所未及者哉？學者誠從事於此，以徐讀夫《近思
> 録》，而漸博乎四子，以馴致於六經焉，則大道之階梯，不
> 待遠求矣，又何患入之之無基耶？①

北宋晁説之有言："王荆公與宋次道同爲群牧司判官。次
道家多唐人詩集，荆公盡即其本，擇善者簽帖其上，令吏抄之。
吏厭書字多，輒移荆公所取長詩簽置所不取小詩上。荆公性
忽略，不復更視。"②《近思續録》爲劉源淥師生親手抄録，不會
像北宋小吏因偷懶而故意遺棄，但此書所録朱熹文字，刪改之

---

① 陳舜錫：《近思續録序》。
② 邵博：《邵氏聞見後録》卷一九，北京：中華書局，1983 年，第 147 頁。

處確實隨處可見，所鈔語録尤其明顯，且有剪接數段語録拼成
一篇者。如：

> 瀘州之事，朝廷既是命委清强官體究，帥司若有謀，
> 只那體究官便是捉賊官。（且如揀差體究官，帥司祇密著
> 一不下司文字與之，令到地頭體究），隨宜（便與）處分。
> ［到彼地頭］。（若體究官到彼），他見朝廷之意未十分來
> 煎迫，亦須開門放入。但只與之言："今日之事（既是如
> 此），（若）大兵（四合）剿滅，（亦）不難。今亦未能如是，但
> 你這頭首人，合當出來陳說始初是如何。"及其既至，則收
> 而梟之，事即定矣。若遽然進兵掩捕，則事勢須激，城中
> 之人不可保，而州郡必且殘破。

按：此段文字在《朱子語類》卷一三二，《近思續録》卷一〇所
引。（ ）內爲《近思續録》所删除的文字，［ ］內爲《近思續
録》所增補的文字。下同。

> 或問："格物一項稍支離。"曰："公（依舊）是個計較利
> 害底心下在這裡。（公且試將所説行將去，看何如。若只
> 管在這裡擬議，如何見得？如做得個船，且安排槳楫，解
> 了繩，放了索，打將去看，卻自見涯岸。若不放船去，只管
> 在這裏思量，怕有風濤，又怕有甚險，如何得到岸？公今）
> 恰似個船（全）未（曾）放（離岸）［去］，只管計較（利害），
> ［怕有甚險，如何得到岸？］（聖賢之説那尚恁地？'子路有
> 聞，未之能行，唯恐有聞'。如今説了千千萬萬，卻不曾去
> 下得分寸工夫。"又曰）："聖人常説：'有殺身以成仁。'今
> 看公那邊人，教他'（殺）身（以）成仁'，道他肯不肯？決定
> 是不肯。才説着，他也道是怪在……"（又曰）："'吾未見

剛者。'聖人只是要討這般人,須是有這般資質,方可將來磨治。"(又曰):"如讀書,只是理會得,便做去。(公卻只管在這裡説道,如何理會? 伊川云:'人所最可畏者,便做。')"(《朱子語類》卷一二一,《近思續録》卷十一所引)

(某)問:"(道家之説,云出於老子。今世道士又卻不然)。今[道家]之傳,莫是張角術?"曰:"是張陵,見《三國志》。他今用印,乃'陽平治都功印'。張魯起兵之所,(又有祭酒,有都講祭酒。魯以女妻馬超,使爲之。其設醮用五斗米),所謂'米賊'是也。[其設醮用五斗米]。"(《朱子語類》卷一二六,《近思續録》卷十三所引)

《近思續録》鈔本,成於劉源淥在世之時。於今可見者,有清華大學藏清康熙間陳舜錫鈔本十四卷,題"安丘劉源淥纂集",半頁七行,行二十五字,無格。前有康熙三十九年陳舜錫序。有北京大學圖書館藏清康熙間馬常沛鈔本十四卷,半頁九行,行二十字,藍格,白口。有馬常沛跋。道光間,劉源淥"五世孫劉莊年廉訪主青州講院,攜來稿本。適濟東徐桓生觀察、青州李樂亭太守皆莊年同年友,與宰益都徐子信及金悛齋,翕然捐資,開局刊刻。後以需費甚夥,未能蕆事"。① 同治六年(1867年)冬,天津華鈞知益都縣事,"得睹是書,……喜是書之有功於人,而惜其刊刻未竣,不能廣傳海内,昌明聖道耳。時徐子信猶僑居於此,晤言及此,始得巔末。鈞因捐資補刻,仍同徐子信核校完竣"。② 這部始刻於道光二十五年(1845年)、成於同治八年(1869年)的書,是現今所知最早的《近思續録》刻本。華鈞還特立義學十餘處,各頒一部,使學子

① 《近思續録》華鈞《序》,清同治己巳刻本。
② 《近思續録》華鈞《序》。

能朝夕講誦,有所師承。其版片原藏青州雲門書院,因保管不善,遂致散佚。光緒十六年(1890年),中州劉景宸知青州府事,"適柏雲卿太史主講席,相與惜之。檢查原版,計殘缺四十餘頁。亟求善本,捐廉摩鋟,詳加讐校,復成完璧"。①

　　將同治間華鈞刻本和康熙間陳舜錫鈔本比較,二者所録文章、語録互有出入,並不一致。大體上看,光緒本於前面增補篇章較多,後面删削篇章較多。劉源渌的高足,首推陳舜錫和馬恒謙,關係最爲密切。兩人在康熙四十年所撰《近思續録序》,均謂此書成於劉源渌在世之時。康熙五十九年(1720年),距劉源渌去世已二十年,馬長淑撰《劉直齋先生傳》,仍持此説,未言弟子曾修訂之事。不知劉莊年的稿本,鈔者何人,定於何時。雖然華鈞、劉景宸都説刊刻時已"詳加讐校",但實際上對鈔本删改朱熹原文處,並未校正。如前所引三段("瀘州之事朝廷既是命委清强官體究","或問格物一項稍支離","問道家之説云出於老子"),均一字未改。就研究劉源渌及《近思續録》的學術價值而言,刻本無疑不及鈔本。

---

① 劉景宸:《補刻近思續録序》,清光緒十七年刻本。

辭約義斯微　慮遠説乃詳

——李文炤《近思録集解》之文獻價值略述

戴揚本

　　《近思録集解》是清代著名學者李文炤撰述的一部朱子學著作。作爲活躍在清朝前期的理學人物，李文炤曾長期主講於著名的嶽麓書院，爲書院撰寫學規，并撰述學術著作多種，是清代湖湘學派中的理學代表人物之一。湖湘文化源遠流長，具有鮮明的地域特色，近年來，隨着對朱子學文獻以及湖湘學術研究的深入，李文炤的著作重新受到了人們的關注。三年前，作爲湖湘文庫之一的《李文炤集》經過校點後由嶽麓書社出版；反映李文炤理學思想的朱子學著作《近思録集解》，作爲華東師範大學古籍研究所近年來完成的朱子學系列研究著作"近思録專輯"成果之一，亦經整理後問世。這部幾近湮没的文獻重新回到了人們的視野，無論是從朱子學研究，抑或對湖湘學術和清代前期思想史研究而言，都是極有意義的一件事情。本文不揣簡陋，就李文炤《近思録集解》的文獻價值，以及相關的學術活動稍作歸理，以就教學界。

一

　　李文炤（1672—1735 年），字元朗，號恒齋，清湖南善化（今湖南長沙縣）人。父李恪人爲秀才，以博學聞於鄉邑。李文炤少年時即以聰慧過人聞,十四歲補博士弟子員,時有神童之美譽。

康熙二十九年(1690 年),李文炤十九歲時第一次參加省試。此次考試雖未能獲舉人資格,卻對他一生的發展産生了重大的影響。就在赴省城參加考試的途中,因結識了同里的熊班若和邵陵車无咎,談到了"濂洛關閩"之學,激起了他對理學的濃厚興趣:

> 炤自弱冠下第,登舟聞良友之訓導,始獲見其遺編而讀之,豁然如生長蔀屋之中,一旦决藩垣而忽睹天下之廣大也。晝誦宵思,炎雪靡間。然後嘆條理之密,意味之深,誠有不我欺者。而歲華已十六易矣。①

此次經歷對李文炤精神上的影響極爲深遠,以致他不止一次地在詩文中談到此事,"嗣是以往,廣交尚論,心境屢易,而後知博習親師,論學取友,誠有序而不可誤也。迨既壯之後,乃覺經、史、子、集皆有以會其源流而洞其得失,蓋于知類通達,恍若近之",②從此奠定了終身追求學問的路徑。李文炤對熊、車二人始終以師長尊之,有"經師易逢,人師難得"之感慨。③ 李文炤在四處尋購理學四子的著作進行研讀的同時,亦漸次結識了一批與之有着共同興趣和理想追求的學者,如張石攻、王醒齋等,并成爲終身共同探究性理之學的同道好友,書信往來,質疑剖異,潛心理學。另一方面,對於科舉考試的興趣和熱情,卻漸漸淡薄了下來。此後李文炤在科場考試方面屢試不中,似是意料中事,遲至二十三年後,即康熙五十

---

① 李文炤:《通書解拾遺序》,《李文炤集》《恒齋文集》(下簡稱《恒齋文集》)卷一,長沙:嶽麓書社,2012 年,第 10 頁。
② 《恒齋文集》卷三《恒齋説》,第 59 頁。
③ 《恒齋文集》卷六《祭熊班若先生文》,第 112 頁。

二年(1713 年)方得中舉。次年參加進士試不第,遂絕意科舉,杜門著述,不再參加考試。這一年李文炤四十二歲。不僅如此,李文炤之後還謝絕了湖北穀城教諭之職,將精力集中在編撰經學和理學類的著述,并欣然接受了著名的嶽麓書院講席之任。專心著述,遠攬旁搜,累年潛心學術,取得了可觀的收獲。與當時的學者相比,他的著述十分豐富,曾刊刻印行的經學著作便有《周禮集傳》、《春秋集傳》、《周易本義拾遺》,理學著作有《宋五子書集解》,收有《太極圖説解拾遺》、《通書後錄解》、《西銘解拾遺》、《西銘後錄解》、《正蒙集解》、《近思錄集解》、《感興詩解》、《訓子詩解》等。① 雍正十三年(1735 年)李文炤去世後,其子章達編次其遺稿,爲《恒齋文集》十二卷,刻印行世。此外,尚有未刊行的《語類約編》、《淵源全錄》等著述多種。這些著述涉及了主要的經學典籍,有着湖湘學術經學與理學並重的特徵。近人徐世昌等編纂《清儒學案》,談到湖南學術界情況時,曾有“湘湖之間,自船山王氏後,多潛修其著述,可稱學術純正者,推恒齋李氏”,視之爲清代前期湖南的一位代表性理學人物。②

　　李文炤雖未在科考進仕方面獲得足夠發展,卻以其對理學著作進行闡發的成就,獲得了學界的認可和肯定。李文炤曾主講嶽麓書院,③在《恒齋文集》中,我們還可以讀到他爲嶽

----

① 永瑢:《四庫全書總目》卷九五《子部·儒家類存目一》著錄“《近思錄集解》十四卷,湖南巡撫采進本。國朝李文炤撰”。北京:中華書局,1965 年,第 804 頁。然著錄提要言“前有綱領數條,末附《感應詩解》一卷、《訓子詩解》一卷”云云似誤,《感應詩解》等二卷爲《宋五子書集解》所附的内容,與《近思錄集解》無涉。
② 嶽麓書社出版之《李文炤集》不僅保留了《恒齋文集》的十二卷内容,另外還收錄了《周禮集傳》、《家禮拾遺》等兩部著作。
③ 《恒齋文集》卷四《嶽麓書院學規》稱“炤以菲材,謬承大中丞大方伯及各憲知遇,付以麗澤講習之任”,第 65 頁。

麓書院擬定的學規。由于在書院擔任山長，開課講授，故門生弟子甚衆，其學術遂在湖湘之學中有"恒齋學派"之稱。[1] 李文炤去世三年後，乾隆三年（1738年），經湖南布政使等奏請，以其"洞明六籍，貫穿諸家。……溯關、閩、濂、洛之源，齊身著述，究性命天人之理，盈篋偏摩"，入祀鄉賢。[2]

李文炤所處的康熙朝前期，正是清廷穩定統治之後，在全國範圍倡行程朱理學的時期。康熙二十六年（1687年），御書"學達性天"匾額，連同十三經、二十一史、經書講義等，派人送到嶽麓書院，這一切發生在李文炤第一次參加省試的前三年。在赴試途中，"登舟聞良友之訓導"，一個看似偶然的機緣，成爲他將理學作爲自己學術追求的一個主要原因，然清廷的倡導影響，程朱理學作爲官方意識形態的權威，應該説同樣是一個不可忽略的，甚至可説更爲深層的因素。李文炤的學術活動，一方面是著書立説，另一方面是嶽麓書院的講學。而嶽麓書院在其自身的發展歷史上，與朱熹的講學活動有着密切的聯繫。朱熹到嶽麓書院講學有兩次，一次是乾道三年（1167年）的朱張會講，趕來聽講學的人很多，盛況空前，開創了岳麓自由講學的風氣。另一次是紹熙五年（1194年），朱熹任湖南安撫使再到潭州，在任期間，他着手振興嶽麓書院教育。朱熹興學嶽麓，對書院影響最大的舉措是頒布"朱子書院教條"，使嶽麓書院第一次有了正式的學規。而李文炤擬定的《嶽麓書院學規》中，列爲學生最主要基本讀物的，便是朱熹的《四書集

---

① 李文炤任嶽麓書院山長之説，見《墓志銘》所記。又《恒齋文集》卷一〇《道吟》前小序有言："或薦予充嶽麓書院山長，既而部選谷城教諭，予皆辭之，感而賦此。"按《道吟》小序撰於康熙五十三年，李文炤參加進士試不第，絶意科舉，并謝絶了湖北穀城教諭之職，時年四十三歲。任嶽麓書院山長當爲此後事。

② 《恒齋文集》卷一一《鄉賢題稿》，第223頁。

注》，"四書爲六經之精華，乃讀書之本務。宜將朱子《集注》逐字玩味，然後參之以《或問》，証之以《語類》"。① 由此清晰地顯示了清代前期，嶽麓書院宗奉朱子理學正脈的治學特色。

《近思録》雖未見列於學規中列舉的基本讀書范圍，但從學規中對學生所言"次則性理爲宗，其《太極》、《通書》、《西銘》已有成説矣"②來看，《近思録》仍當屬於重點讀物，亦極有可能爲講學的教材。有兩條材料，似可有助我們推想李文炤對於《近思録》的重視程度，是不亞於《太極》等書的。其一，爲李文炤撰寫的題名《宋五子》的詩：

> 混淪欲再闢，哲人奮炎方。關洛路迢遞，閩海波汪洋。一圈函宇宙，雙牖開奥堂。咳唾落珠玉，飄摇散八荒。辭約義斯微，（原注：謂《通書》、《正蒙》。）慮遠説乃詳。（原注：謂《遺書》、《語類》。）《近思》十四卷，挈領而提綱。淵源接尼嶧，贅旒陋荀揚。愿言竭駑鈍，萬古示周行。微者期得意，詳者俾成章。此心多榛塞，撫卷只茫茫。③

在列舉《通書》、《正蒙》和《二程遺書》等屬于理學奠基之作的同時，將《近思録》列爲挈領提綱的書，正如《近思録集解》序言所説"著性命之蘊，而天下之言道者有所宗；揭進修之要，而天下之言學者有所準"，其關注之心自不言而喻。

其二，我們從《近思録集解》的注文中，不難發現與其所撰述的《通書後録解》、《西銘解拾遺》等書的注解，多采取的是互見而省略的説明形式，如卷二"昔受學於周茂叔，每令尋仲尼、

---

① 《恒齋文集》卷四《嶽麓書院學規》，第66頁。
② 《恒齋文集》卷四《嶽麓書院學規》，第66頁。
③ 《恒齋文集》卷八《宋五子》，第148頁。

顏子樂處，所樂何事"章下，注云"解見《通書後録》"；又如"橫渠先生作《訂頑》"章下，注文後又云"餘解并見《西銘》"。顯而易見，李文炤在《近思録集解》中采用這種因互見而省略的做法，前提便是對於學生而言，相關的幾種基本文獻，應該屬於一個系列的讀物，所以采取了省略的做法。之所以作爲講學教材可能的一種考慮，是因爲多見於注文起始的對於部分冷僻字的注音，以及對於部分歷史典故的簡單注解。因此，將《近思録集解》與李文炤的講學活動聯系起來，應該説更符合他在嶽麓書院學術活動的實際情景。

《近思録集解》的付梓刻印，是在李文炤去世以後完成的。書前有李文炤于康熙五十九年（1720 年）撰寫的序。① 作爲李文炤的《宋五子書集解》所收七種著作之一，《近思録集解》十四卷爲其中卷帙最多的一部。這樣一部理學的基本著作，李文炤認爲《近思録》"著性命之藴，而天下之言道者有所宗；揭進修之要，而天下之言學者有所準"，備内聖外王之藴而闡明理學義理的價值自不待言。然因微辭奧義，學子多未易曉，朱熹雖多有發明，卻散見於《四書集注》、《四書或問》、《晦庵文集》、《朱子語類》等書中，對學子而言，有欲觀其聚焉而不得之不便，遂裒集朱熹之言，取其意之相類與其説之相資者，附於原書内容下，作爲注解。此外，李文炤還徵引了葉采、陳埴、陳選、薛瑄、胡居仁等南宋以降朱子學學者的論述作爲補充，亦包括自己的一些看法，其中不乏真知灼見。雖然説目的是"庶

---

① 《近思録集解》現存爲雍正十二年（1734 年）四爲堂《宋五子書集解》刻本，藏湖南圖書館和華東師范大學圖書館，迄今未見有其它刻本的著録。按《清史稿》卷一四七《藝文志三》記有"《近思録集解》九卷，李文炤撰"，又近年天一閣博物館編《別宥齋藏書目録》之子部《儒家類》記有"《近思録集解》十四卷，葉采集解，李文炤撰，清刻本二册，存卷三至卷十共八卷"，或卷數不合，或作者未確，皆有存疑問。檢國内諸家圖書館目録，未見別本收藏，可見該書流傳極其有限。

幾可以便觀覽、備遺忘，以待同志者之取裁而已”，今天看來，當然不止“便觀覽、備遺忘”而已，瀏覽闡釋的同時，亦向我們展示了朱熹身後其學説發展的脈絡，其學術價值自不待言。

由于李文炤《近思録集解》一書刻印的數量十分有限，一定程度上限制了它的流傳。然而，正是在清代前期，以湖湘之學爲代表的兩湖地區，理學的發展亦顯示了其諸多特色，如強調理學與經世之學的結合等。而李文炤的一些理學著作，包括《近思録集解》等，對於我們深入了解和研究清代前期理學發展的情況，對於辨析朱子學在明清時期發展的脈絡，都具有十分重要的文獻價值。爲了改變文獻不足徵的情況，一九九五年，齊魯書社編纂《四庫全書存目叢書》，曾據華東師範大學圖書館所藏《近思録集解》殘本進行影印，該本存卷一至卷三，共三卷。影印説明稱根據康熙五十九年刻本，所據即李文炤自署的序言，故康熙五十九年刻本并不準確。然而，令人驚喜的是，湖南圖書館竟然還藏有李文炤《近思録集解》的一個殘本，缺卷一至卷三，存卷四至卷一四共十一卷。兩部殘本均爲半葉九行，行十七字，注文小字双行，四周單欄，無界行；上白口，下黑口，單魚尾，卷端《近思録》書名、卷數下以雙行小字注明“凡若干卷”字樣，及下有“李文炤集解”五字，版本特徵完全一致。兩部殘本因互補而合璧，恰好合成了一部十四卷本《近思録集解》的足本，實屬萬幸。華東師范大學古籍研究所承擔的國家社科基金重大項目“朱子學文獻整理與研究”，其中“《近思録》專輯”第三册收入李文炤之《近思録集解》，所據即依據兩家圖書館收藏而拼合而成進行整理的一個足本。該項整理工作的意義，不只是通過我們的工作，使得一部幾近失傳的文獻重見天日，更重要的是爲研究朱子學提供了一部非常有價值的資料，其填補空白的學術意義及其文獻價值自不言而喻了。

二

　　李文炤《近思録集解》所取用的參考資料，首先是以散見於《四書集注》、《四書或問》、《晦庵文集》、《朱子語類》等朱熹著作中於《近思録》"微辭奧義，多未易曉"的内容發明而補充之，其次，才是裒集了包括葉采以及陳埴、陳選、薛瑄、胡居仁等南宋以降學者的論述作爲補充，亦包括李文炤本人的議論或補充説明文字，當然也有他的個人見解。葉采爲南宋時人，淳祐間進《近思録》表中有言："博參師友之傳，稍窮文義之要，大旨本乎朱氏，旁通擇于諸家。間有闕文，乃出臆説。"由于葉采距朱熹生活的時代最近，注文部分多有就其内容進行闡述之意，爲讀者提供了便利，集注家多采之，亦爲李文炤集解時多所采用，數量上僅次於朱熹的論述。

　　雖然李文炤在序中以《近思録》中"微辭奧義，多未易曉"，遂裒輯數家之説相資，以便觀覽，備遺忘，然所引資料，必定根據自己的理解，從這個意義上來説，所加注解，亦爲個人觀點的一種表現。故通過集解的内容，同樣可以感受到編撰者的用意和思考之處。例如，《近思録》卷一二"做官奪人志"條下，僅一句短短五字的内容，因爲有關個人修養以及在社會上進退出處，李文炤特意引用了朱熹談到這個問題的兩條材料，一爲《朱子語類》中朱熹對門人談到仕宦奪人志的原因，不僅僅因爲"富貴所移"，因優裕生活的負面影響，還包括了因惰性而不思進取，不自覺地漸漸入於徇俗之域，"與初間立心各别"，因此突出無論處於何種環境，必須保持理學家强調的修身齊家治國平天下的志向。另一條則爲建議欲救此弊，"當隨事省察而審其輕重"，"幾微之間大須着精彩"，亦如修身工夫，時時事事加以注意。不禁令人聯想到李文炤經歷了二十餘年的科舉考試後,遂絶意科舉的經歷。同時,玩味李文炤所引的注解,不難感覺到他對於仕宦與人生追求目標的理解,以及最後決然辭別科場的思考。李文炤就"做官奪人志"五字而刻意收集上述注解材料的用心,是耐人尋味的。

明代以降,王陽明倡行"心學",雖爲傳承理學,同時卻又加以改造和揚棄的做法,引起了李文炤的極爲不滿,并對之充滿憂慮。

> 蓋自紫陽之學六傳以及方侯城,遭靖難之變而其統遂絶。河汾崛起,曲高寡和,而陳公甫、王伯安遂鼓其偏執之説以亂之,學士大夫從風而靡,雖胡敬齋、羅整庵力加攻詆,譬之諸葛之討賊,韓范之平戎,名義雖正而力或未之逮也。①

在李文炤《近思録集解》中,針對上述"心學"鼓吹的偏執之説,成爲他批評"異端"的最具特色的一部分内容。

在對釋道之説的批評上,陽明之學與程朱理學有着很大的區別。朱子言性,性即理,因爲强調性之包舉諸理,認爲性是實,而釋氏所言之性爲空,這是二者根本之别。陽明之學言心,强調的是"靈昭不昧",有此靈昭不昧之心而發爲良知。故而《近思録集解》卷一三對異端之説的批評之論,僅從李文炤分别在兩章數十言文字之下,加注的内容竟然多達七百餘言來看,其傾注力量之大及其用心可以想見。

如"明道先生曰:道之外無物,物之外無道,是天地之間無適而非道也。即父子而父子在所親,即君臣而君臣在所嚴,以至爲夫婦、爲長幼、爲朋友,無所爲而非道,此道所以不可須臾離也。然則毁人倫、去四大者,其分於道也遠矣"一章爲例,

---

① 《恒齋文集》卷四《王醒齋先生傳》,第81頁。

針對者即釋氏之學,於"敬以直内"則有之矣,"義以方外"則未之有也。故"滯固者入於枯槁,疏通者歸於恣肆"。李文炤於此首先批注"枯槁乃戒定之徒,恣肆乃狂禪之輩",狂禪所指,當爲明清以降,所謂援佛入儒者,即王學信徒。正是感覺到這種來自儒學内部的挑戰,對儒家正統學説産生極大的威脅,故詳細引用朱熹《讀大紀》中有關儒佛之辨,從儒家基本學説性、天而發,及至綱常人倫。凡修己治人、垂事立教,莫不由此。而釋氏從本體論言,以空寂爲外部世界認識的出發點,即與此理相悖,故自其因地之初,而與此理已背馳矣。然釋氏亦有其自身特點,"以立心之堅苦、用力之精專,亦有以大過人者,故能卒如所欲而實有見焉。但以其言行求之,則所見雖自以爲至玄極妙,有不可以思慮言語到者",此亦是其惑人處,"其有空寂之説,而不累於物欲也,則世之所謂賢者好之矣。以其有玄妙之説,而不滯於形器也,則世之所謂智者悦之矣",亦爲士大夫階層爲其所吸引處,以致所以"張皇輝赫,震耀千古"。[1]對于佛教學説的衝擊和挑戰,從理論上加以破解和駁斥。同時,在識心見性問題上,則以儒家以心性爲形而上者,而釋氏之心性,爲魂魄之聚,故其説無以睹性之本然,其見性又無以睹生民之衷,理解事物之則。究其根本,所以昧于天理,實則爲以一己之私。

這些引自朱熹的相關論述,可見清初理學思想發展,仍據朱熹之學爲理論框架,勾勒了一條清晰的朱子學發展的學脈。亦正緣此,李文炤在《近思録》卷一四即"聖人氣象"的最後一章,就張載所言"二程從十四五時,便脱然欲學聖人"句下,以黄榦的《朱子行狀》的主要内容一千三百餘字,作爲注文内容

---

[1] 《晦庵先生朱文公文集》卷七〇《讀大紀》,朱傑人、嚴佐之、劉永翔主編:《朱子全書》第 23 册,上海:上海古籍出版社、安徽:安徽教育出版社,2002 年,第 3376 頁。

附於其中。顯然，在李文炤看來，無論從朱子之學的學脈來看，抑或作爲他心目中的理學大家，將朱熹事迹作爲宋五子之一，置于《近思録集解》最後"聖人氣象"一卷的内容，有如一部音樂作品補上了最後的休止符。這種處理方式，除了景仰之心外，完全可以理解爲他在序言中所説的"共矜衣鉢之傳者"的一種心理，甚至可以説一種終極追求的精神境界的表現。

三

李文炤《近思録集解》的文獻價值，除了前面談到的對於清代思想史以及南宋以降朱子學發展脈絡的研究意義外，亦包括了自身文獻學研究的價值，即作爲朱熹著作傳播的研究對象，可藉以深入了解其流傳的情況。

自南宋嘉定五年（1212 年）將朱熹的《論語集注》和《孟子集注》列入官學後，朱熹的著作越來越受到統治者的重視，亦成爲讀書人重點關注的儒學著作。南宋末及至入元後，《近思録》被奉爲性理諸書之祖，通過傳抄和刻印的方式加以傳播的范圍越來越廣。主持翻刻者中，既有地方官員或官府機構，包括各地書局，亦有書院學舍乃至專事刻印書籍的書坊等。從地域分布來看，朱熹生前講學活動較多，早先弟子傳授其學相對集中的地方如福建、江西一帶屬于前期翻印活動集中地，隨着明清兩朝科舉事業的發展，刻印事業的發展，漸次北移至江浙等地，并向更爲廣袤的地區推進。

不過，從現存的傳刻本來看，歷史上朱熹曾經兩次蒞臨講學的嶽麓書院，包括在後期儒學中有過較大影響的湘學傳播的湖南地區，尚未見有相應的翻刻情況，對此我們只能假設一個原因，即從傳統的刻印事業較爲發達的福建地區的刻本流入爲其主要渠道。然從李文炤自十九歲初次參加省試，結識了熊班若和車无咎二人，對"濂洛關閩"之學初有了解，"始獲見其遺編而讀之"，進而在思想上産生了極大的震動，"豁然如生長蔀屋之中，一旦決藩垣而忽睹天下之廣大也"，對於我們了解《近思録》等理學重要文獻在湖湘地區的流布，提供了十分生動形象的資料。

在《近思録》傳播過程中，由於先前注家所做的工作發生的一些錯誤，清初的集解諸家除了闡發朱子的思想外，亦以摒除注家妄改，貽誤後學之患爲己務，李文炤的《集解》如是，此後如江永的集注工作亦如是。乾隆壬戌（1742年）江永爲《近思録》作注，因感到坊本衍説過繁，遂秉持"凡朱子《文集》、《或問》、《語類》中其言有相發明者，悉行采入分注，或朱子説有未備，始取葉采及他家之説以補之，間附以己意，引據頗爲詳洽"，江永的工作與李文炤相去二十餘年，雖學術上未有交集往來，做的卻是性質十分相近的工作，這并非簡單的時間巧合，也不能僅以一時之風氣來簡單概括之。竊以爲這正是反映了清前期繼承了宋明以來理學之風，尚未進入乾嘉考據時期之前，儒士在精神上尋求安身立命之地的一種努力。當然，前提便是他們都是奉朱熹理學思想的所謂宗朱子者。

而從各地刻印流傳的來看，翻刻過程中，不乏加以自己的理解來作進一步的闡述，甚者還有動手加以編排的現象。這種注家紛起的情況，對弘揚朱子學説無疑起到了推廣的作用，不過，其消極的一面，則是對《近思録》加以編排時，發生了類似將注文羼入正文，甚至遺漏的情況，且流傳甚廣，爲後人多所詬病。如明代周公恕，"始妄加分析，各立細目，移置篇章，或漏落正文，或淆混注語，謬誤幾不可讀"。① 李文炤在他的

――――――

① 《四庫全書總目》卷九二《近思録集注》，北京：中華書局，1965年，第781頁。

《近思録集解》中，雖未作涉及就傳本正文中羼入注文的區别工作，但是，通過版本的校勘比對，不難發現他所據的《近思録》，與通行的傳本如南宋葉采本、明代吳邦模本等，存在着多處異文現象，如卷二"横渠先生作《訂頑》曰"章，篇末迄"存，吾順事，没，吾寧也"句，以下"明道先生曰"云云并"又曰"起首的注文多段皆爲原注。按葉采本"明道先生"以下評語并"又曰"注文概納入正文，爲正文相同的大字，顯然與原書體例不一。

又如卷二"明道先生曰：學只要鞭辟近裏，切己而已"章，首句引明道語録，《近思録集解》本所引較吳邦模本詳盡，二者文字相比，有數句之差，李文炤自注云"此章從《論語集注》文"。顯然李文炤當時亦注意到各本引文的區别，所以特别以注文形式來標明其間的區别。類似引文不同的情況有多處。由此我們可以得知，在當時的各種流傳刻本中，除了篇次順序排列、正文注文之别外，還有一些引文詳略不同的情況。通過這些校勘比對所反映的不同傳本的文獻特徵，對我們進一步調查和了解《近思録》在南宋以後的流傳情況，無疑提供了十分有價值的綫索，這正是本文討論的《近思録集解》文獻價值的另一個重要方面内容。

《近思録集朱》稿本考論

任莉莉

　　南宋以來，治《近思録》者層出不窮。其中有作注解者，有加以續編者，還有作隨筆者。清初，對於《近思録》的宣傳倡導、傳播灌輸、研究續輯，更是掀起了一個新的高潮。綜觀其時，爲《近思録》作注、續編的亦不下數十家，然而有一個本子，素來爲學界所忽視者，乃清初大興人黄叔璥所輯《近思録集朱》（以下簡稱《集朱》）一書。《集朱》現僅存於國家圖書館善本室中，封面著録信息爲“十四卷，清黄叔璥輯，稿本，四册”。此稿係抄寫在印好板框的紙張上，綫裝而成。半頁九行，行二十字至二十二字不等，四周雙邊，白口，單魚尾，尚未刻印，當爲孤本，有極高的文物價值、收藏價值和學術價值。本文略述《集朱》撰者生平、纂輯體例、稿本特徵及其學術成就與影響。

一、黄叔璥生平事迹考

　　關於黄叔璥的記載，時間較早、内容較詳盡的，當推清魏一鼇輯、尹會一等續補的《北學編》，其中著録有“黄玉圃先生”。黄叔璥，字玉圃，晚號篤齋。有學者推算其生卒年份大致在 1682 年至 1758 年，其宦海沉浮經歷了清代康熙、雍正、乾隆三朝。“祖上姓程，原籍安徽新安縣。父黄華蕃（字潤采，

卒於 1705 年），爲黄家收爲養子，遂姓黄".①　康熙三十八年
（1699 年），黄叔璥中順天鄉試。四十八年，會試中式。②　由太
常博士遷戶部雲南司主事，調吏部文選司，遷稽勳員外，再調
文選，以薦擢湖廣道御史。③　五十四年，擢陞御史，曾任巡城
御史，專職巡視京城東城。五十七年，掌浙江道監察御史。④
六十一年，與吳達禮同任巡視臺灣御史。⑤　雍正元年（1723
年）任滿，特留一年，爲列《海疆十要》⑥及《南征紀程》、《臺海
使槎録》等。⑦　雍正二年落職。罷職時，閒居大興，究心宋五
子書及元明諸儒集，深造有得，晚歲所養益粹。⑧　乾隆元年
（1736 年），黄叔璥補河南開歸道，⑨調驛鹽糧道。四年，撰《南
臺舊聞》、《廣字義》。五年，遭母憂，歸。是年，撰《中州金石
考》。八年，服除，補江南常鎮揚道，遇疾，暫解任。疾已，復原
官。十五年，致仕。⑩編撰《國朝御史題名録》，續輯《宋陳石堂
性理字義》。十九年（1754 年）輯成《近思録集朱》。卒年七十
有七。⑪

　　河南巡撫尹會一之子尹嘉銓在乾隆十九年爲《北學編》所
作"後序"中講到，"北平二黄公（筆者按，指黄叔璥及其長兄黄
叔琳），久爲士林所景仰，並編列焉。其有潛德未彰，續有聞
也，敢不熏沐書之?"又云："先公巡撫河南時，每見先生，必執

---

①　恒慕義：《清代名人傳略》中册，西寧：青海人民出版社，1990 年，第
　　7 頁。
②　顧鎮編：《黄侍郎公年譜》，《北京圖書館珍藏本年譜叢刊》，北京：北
　　京圖書館出版社，1998 年，第 91 册。
③　魏一鼇輯，尹會一等續補：《北學編》，清同治七年重刊本。
④⑨　顧鎮編：《黄侍郎公年譜》。
⑤　連横：《臺灣通史》，《民國叢書》第三編《歷史·地理類》，上海：上海
　　書店，1991 年，第 422 頁。
⑥⑧⑩⑪　魏一鼇輯，尹會一等續補：《北學編》。
⑦　恒慕義：《清代名人傳略》，中册，第 7 頁。

後進禮，稱'爲立不易，方和而不流，君子人也'。"①尹會一又爲黃氏《廣字義》作序曰："兹編也，匪惟知之，且允蹈之。其行己靜以廉，其待人恭以恕，其立政簡以清。"② 由此可識黃叔璥生平爲人之一斑。

　　然而對於黃叔璥這樣一位歷史人物，近世以來關注、研究者甚少，蓋因"資料太過奇缺，無人敢於問津"。③ 至於其《集朱》，史志目録未載，學者鮮治是書。《販書偶記續編》著録云："《近思録集朱》十四卷，清北平黃叔璥撰。原稿本，首有乾隆甲戌自序。"④《善本書録》也曾著録。吉路在《北京檔案》2011年第9、10期發表了《清代第一任"巡臺御史"——大興黃叔璥》，介紹了黃氏其人；中國臺灣網刊發的吳小珊撰寫的《"大興黃叔璥"京城誰識知》一文，提及《集朱》一書十四卷，成於1754年；劉仲華在《唐都學刊》2005年第10期發表的《清代首任巡臺御史黃叔璥生平及其學術成就簡述》一文提及《集朱》。程水龍在《〈近思録〉版本與傳播研究》一書中摘引了黃氏《集朱》序及凡例，對於其版本著録情況提出了一些疑問。⑤ 可見，對於黃氏及其《集朱》的研究空間還很大。

二、黃叔璥《近思録集朱》
　　版本考證

　　《集朱》一書共四册：卷一、卷二爲第一册；卷三、卷四爲

---

①② 魏一鼇輯，尹會一等續補：《北學編》。

③ 林慶元：《先賢先烈專輯——黃叔璥傳》前言，南投：臺灣省文獻委員會，1998年。

④ 孫殿起：《販書偶記續編》，上海：上海古籍出版社，1980年，第103頁。

⑤ 程水龍：《〈近思録〉版本與傳播研究》，上海：上海古籍出版社，2008年，第185頁。

第二册；卷五至卷八爲第三册；卷九至卷一四爲第四册。序言首頁欄外加有陰文篆書紅色方印“閬古樓收藏金石書畫圖書章”，據此可知該書曾爲閬古樓所藏。全書式樣大致爲：《近思録》正文頂格書寫，單行大字；所輯録朱子語單行大字，低一格；先儒、朱子友好、門人及後學語雙行小字，低一格；黃氏按語雙行小字，低二格。整體來看，呈階梯狀分布，層次分明，極有章法。此種行文法，與蔡模所編《近思續録》、《近思別録》近似。雖然黃氏未明言，而其體例實則效法於兹。

　　對於《集朱》的版本定義問題，這裏還需要説明一下。因爲學界有一些不同的看法，有的學者還存在誤解，竟將此書定爲抄本，如劉仲華先生在《清代首任巡臺御史黃叔璥生平及其學術成就簡述》一文中指出，“《近思録集朱》在清代各種公私著述目録中鮮有著録，據所知，現僅存有一抄本，藏於國家圖書館善本室中”。① 劉文載爲“抄本”，與國圖定義的“稿本”區別在哪裏呢？ 如果是稿本，那麽這個稿本所呈現的具體形態又如何呢？ 深入研究後，是否能夠給這部海內孤本一個更爲精准的定義呢？ 隨着校點整理工作的深入，我們一層層地揭開了這部古籍的神秘面紗。無論從增删處理手法、粘簽安放原則及天頭地脚帶有撰者意旨的批語，都給我們提供了一條條有力的綫索。據核，國家圖書館將《集朱》定義爲“稿本”相對還是較爲準確的，其當爲手稿本，從其版本特徵可以確定這一點。

　　第一，該稿本有序無跋，序後落款題“黃叔璥謹識”，卷一首頁墨批“北平黃叔璥學”六字於行間。從書體看，近似歐體。筆力遒勁老辣，方正平直，與黃氏爲人“嚴厲自持”之風

① 劉仲華：《清代首任巡臺御史黃叔璥生平及其學術成就簡述》，載《唐都學刊》2005 年第 10 期，第 148 頁。

頗近。序、凡例與正文中增補、批校字體一致，知爲黃氏手書無疑。

第二，正文書體非出自一人之手。通觀全書，大致有以下幾種情況：卷一字體端莊典雅，字形飽滿，立體感强，似帶有顏體風骨，頗見書法功力，可謂規矩方圓之至。有碑體的味道，字字嚴正，筆意揮灑運用到位，內外左右呼應，酷似鐫刻而成，可見書寫者定力之强，功底之深，足見理學精神在書體上及行文中的滲透與展現，由此可以讓人感受到字裏行間所閃現的感化、教育效果。卷二的書體張力不如卷一强，其內斂含蓄之美感似較爲突出，仍是方正規矩的楷體，而筆意間與前一種字體相比則似乎少了一些呼應之妙。卷二的後半部分字體又有變化，此字顯得過於拘謹，行筆尚未到位時突然而收，筆力軟弱，構架似乎缺乏支撐力，給人一種精神萎靡不振的印象，與前二種字體相比，書法境界差得較遠。卷五“視箴曰”條下九行字體又異於他處，總體來看，其書體近似於第一種，而不及第一種字體的功力。後面諸卷的書體大概不外乎上述幾種情況。關於該書系何人親筆寫錄，似是一大懸案。書前的“序”末題有識語“乾隆歲在甲戌仲春後學黃叔璥謹識”數字，知其爲黃氏本人所寫。緊接着的“凡例”字體與“序”一致，出自一人之手則無疑。另外，從字迹來看，文間批校語、行間及版間所增補的文字、粘簽上所增補的文字及批語均爲黃氏手書，這一點也可確定。卷一正文的字體，似乎非出自黃氏。第二卷中，前半部分字體似爲黃氏所書，“伊川先生曰古之學者優柔”云云條後非黃氏所書。此外，第三、五、六、七、八、九、十一、十二、十三、十四卷非黃氏所書；第四、九、十卷似爲黃氏所書；後面增補的“伊川先生行事本末”及“黃勉齋撰朱子行狀”似爲黃氏所書。關於該書的成稿經過，待資料充足時再另文敘述。

第三，書中圈改勾乙之處頗多。從字裏行間看，是稿幾經核校改易。先是黃氏用墨筆進行校對，勘其謬訛，詳其未備，正其當乙，删其衍文，其主要原則是所輯條目當能發明《近思録》白文本旨，雖已摘録而其文意無關，或不能發明白文意旨之處，均以近似上、下引號（"┐"和"└"）之類的符號勾住語段前後，或畫直綫加以删除，或兼作眉批曰"不切""欠發明"等。另外，在稱謂上依循一定體例加以統一，如通篇出現的"伊川曰"、"明道曰"、"横渠曰"、"朱子曰"等字上畫墨點兒減去，或又補上"先生"二字，蓋爲校後所加。文中多處有毛筆書寫的"┐"、"└"符號，將一段文字或幾句話括住。據上下文語境及個别眉批來看，究其用意，該符號大致有三種指向：一爲該段文字須於定本時删除，一爲段落的整體移位，一爲存疑待商榷處。其中以第一種情況居多。此種符號全書出現大約有 120處。此外，又見朱筆批校處，或做眉批，或改正於字旁。原書通篇以朱筆"○"進行句讀。書中有一些挖補或修改的痕迹，還有大量後來補寫的文字，插於行間或欄間。大段文字挖補現象達十餘處。

第四，書内附有大量紙條，上下兩端貼於文稿天頭和地脚，中空，以手指輕挑紙條可見其所覆蓋的文字，有些頁面同一位置上所粘貼紙條達四五層之多，而每張紙條上的文字俱可閲覽，使人不得不驚嘆於黃氏粘貼技巧之妙。紙條上所附内容，或是爲《近思録》正文作注所補輯的條目，以深入發明《近思録》之語；或作爲替代所覆蓋的内容而加以更正。紙條所粘貼的位置極其講究，必與所對應的《近思録》正文有關，不可輕易移位的。

《集朱》一書所著録信息情況，參見表 1。

由上述行文特徵可以斷定，《集朱》當爲手稿本。值得强調的是，對《集朱》文本深入整理研究後，筆者認爲，我們可以

表 1　《近思錄集朱》著錄信息統計表

卷次		一	二	三	四	五	六	七	八	九	十	十一	十二	十三	十四	增補	合計
集朱條數	原輯條數	234	338	182	189	67	27	50	48	85	79	46	42	55	66	15	1 523
	行間增數	9	19	15	8	14	5	5	3	4	5	1	5	1	2	0	96
	附紙補數	3	89	50	38	18	11	20	23	13	12	8	7	7	1	0	300
	刪除條數	4	29	16	11	3	1	0	3	5	5	2	8	3	2	1	93
	待增補數	4	26	26	24	14	1	8	6	3	2	8	1	4	5	2	134
	定本錄數	246	443	257	248	110	43	83	77	100	93	61	47	64	72	16	1 960
住賢及朱子後學語條數	原輯條數	27	48	28	31	26	8	10	20	28	28	10	15	13	17	0	309
	刪除條數	1	5	3	1	2	1	1	2	2	0	0	2	0	0	0	20
	待增補數	0	2	24	1	0	7	0	0	2	2	3	0	2	0	0	43
	定本錄數	26	45	49	31	24	14	9	18	28	30	13	13	15	17	0	332

續表

卷次		一	二	三	四	五	六	七	八	九	十	十一	十二	十三	十四	增補	合計
黃氏按語	原撰條數	4	16	1	9	6	1			2	3	2	3		1		48
	刪除條數	1	3		1								2				7
	增補條數	1	2		1	1											5
	定本錄數	4	15	1	9	7	1			2	3	2	1		1		46
錄某采論	篇卷總論	1	1	1	1	1	1	1	1	1	1	1	1	1	1		14

注：表格中的"增補"一列，爲《集朱》一書於卷一四後增補了一些文字。

給《集朱》下一個更爲精准的版本學定義：《集朱》不僅是稿本，而且是黄叔璥尚未完成的稿本，是飽含着撰者學術觀點和思想方法的待謄抄或將付梓的本子，理由如下：

其一，待增補的條目很多。

黄氏在核校過程中，于正文行間、欄間，寫了大量提示語。蓋限於時間、精力，或是限於版面，不便將文字全部補出，而是批注提示語，僅將相應段落的首、尾各列出數字，以作爲謄抄或定本時的補充綫索。例如，卷二"于時保之子之翼也樂且不憂純乎孝者也"條下，行間補書"原注畏天　純也"六字，第四、五字間空一格，意待定本時增補。我們可以按圖索驥，依據《西銘解》補出"畏天以自保者，猶其敬親之至也。樂天而不憂者，猶其愛親之純也"一段文字。類似待補處各卷均有，據初步統計，蓋有 182 處，分布如表 2。

表 2　《集朱》待增補情況表

卷次	需增補朱子語條數	需補先賢及朱子後學語條數	需補黄氏按語條數
一	2	0	1
二	26	2	2
三	26	24	0
四	24	1	1
五	14	0	1
六	1	7	0
七	8	0	0
八	6	0	0
九	3	2	0
十	2	2	0

續　表

卷次	需增補朱子語條數	需補先賢及朱子後學語條數	需補黃氏按語條數
十一	8	3	0
十二	1	0	0
十三	4	2	0
十四	5	0	0
增補	2	0	0
合計	132	43	5

其二，黃氏校語已明言之。

一是段落位置移易或版本著録提示語較多，可見於眉批或天頭浮簽，如"另起"、"空"、"低一字"、"低二字"、"雙行小字"、"小字，移前"、"在後"、"寫……後"、"接下寫"、"……條入……"；或作爲定本抄寫時的格式，"……照此單寫"，或"寫末段後小字"，或"在後移此"。此類提示語，全書計有 54 處。如卷二"忠恕所以公平"條下，有一段黃氏按語"愚按公平即中和也"云云，此按語文字原低一字，又見黃氏於此條對應行下書"定本此段低二字"七字，蓋作爲定本抄録或刻印排版時之提示語。二是核校商榷處，如卷六"買乳婢多不得已"條下，於黃氏按語"王文成居父喪"段下，貼浮簽曰"此段可留否"五字，且有眉批"王文成條似入情理可存否"十一字，可知本段爲撰者校後懸疑、待審定之處，等等。

其三，體例有不精處。

如全書多次引薛敬軒語，黃氏直接用"薛敬軒"或將"薛文清"改作"薛敬軒"者共有二十處，還有十處作"薛文清"，未及改易。又如，全書引用"張注"（筆者按，"張伯行《近思録集解》"之省稱）計 13 次之多，至於以雙行小字、低一格行

文，還是單行大字、低一格行文，稿本處理並不一致，撰者存
疑。再有，前文所引葉平巖語，多用雙行小字，而卷二"曰游
夏稱文學何也"條下則用單行大字，且未見眉批"雙行小字"
字樣，等等。

其四，稿中有引文不完整而易致誤或張冠李戴現象。

卷四"蘇季明問喜怒哀樂未發之前求中"條下，輯有一段
文字"李先生教學者于静中看喜怒哀樂未發之氣象爲如何"。
其中的"李先生"，《朱子語類》卷一〇二、《性理大全書》卷四〇
俱作"羅先生"，疑黃氏録有誤。又，卷五首條所輯"朱子曰誠
則無不敬未至於誠則敬然後誠"一段文字，核檢《二程粹言》卷
上，知爲程子語，非朱子語，蓋黃氏誤引。

上述情況表明，《集朱》一書當爲未竟稿，這也給我們研
究、完善《集朱》，總結朱子學思想方法留下了空間，我們也
將本着深入理解撰者意圖、盡力恢復完善《集朱》條目的原
則，呈現給讀者一個相對客觀的、實事求是的《集朱》整
理本。

三、《近思録集朱》與葉、張、茅、江諸家注本比較

以往，人們看到或聽到的更多是"集注"這個概念，不少學
者乍一聞見"集朱"二字，往往會懷疑是否這個"朱"字誤寫了。
經過比較研究，筆者發現，"集朱"與"集注"二者之間既有聯繫
又有區别。《近思録集注》是通常的指稱，指朱子後學及有關
研究者對於《近思録》所作的注釋、注解，《集朱》則是黃叔璥的
創例，是他率先使用了"集朱"這一概念，意思是所輯録的文字
是朱子本人、先儒及後學的思想、學説、言論。對此，在"《集
朱》的學術成就"一部分將詳細談到"以朱釋朱"問題。弄清這

一點,才可以進一步瞭解《集朱》的學術意義。

　　素來注家通例,不指明引文出處。黄氏引書,除提及"張清恪《朱子續近思録》"外,其餘所録文字,俱不標明來源。或成段摘録,或於一段之中,抽出數字半句,或改易文字,甚至合《朱子語類》或《朱子文集》數句爲一條,或於成段文字間,摘録其一二句。綜觀全書,其采自葉采《近思録集解》(簡稱葉《解》)、張伯行《近思録集解》(簡稱張《解》)、茅星來《近思録集注》(簡稱茅《注》)、江永《近思録集注》(簡稱江《注》)諸家注本者不少,既對諸家注本有繼承,又有其獨到之處。

　　首先,看篇名設立情況(參見表3)。

表3　《近思録》諸家注本篇名比較

卷數	葉《解》	張《解》	茅《注》	江《注》	《集朱》
一	道體	道體	道體	朱子曰此卷道體	道體
二	爲學	爲學	爲學大要	朱子曰此卷爲學大要	爲學
三	致知	致知	格物窮理	朱子曰此卷格物窮理	致知
四	存養	存養	存養	朱子曰此卷存養	存養
五	克治	克治	省察克治	朱子曰此卷改過遷善克己復禮	克治
六	家道	家道	齊家之道	朱子曰此卷齊家之道	家道
七	出處	出處	去就取捨	朱子曰此卷出處進退辭受之義	出處
八	治體	治體	治道大要	朱子曰此卷治國平天下之道	治道

續　表

卷數	葉《解》	張《解》	茅《注》	江《注》	《集朱》
九	治法	治法	治法	朱子曰此卷制度	治法
十	政事	政事	臨政處事之方	朱子曰此卷處事之方	政事
十一	教學	教學	教學之道	朱子曰此卷教學之道	教學
十二	警戒	警戒	警戒	朱子曰此卷改過及人心疵病	警戒
十三	辨別異端	辨異端	辨異端	朱子曰此卷異端之學	辨異端
十四	總論聖賢	觀聖賢	觀聖賢	朱子曰此卷聖賢氣象	觀聖賢

　　由上表可見，《集朱》一書所立篇名，綜合了葉《解》、茅《注》的優長，更似乎是直接借鑒了張《解》的篇題命名法，除卷八篇名"治道"與葉《解》、張《解》所稱之"治體"有異外，卷一至卷一二悉依葉《解》、張《解》，卷一三、一四，遵從茅《注》、張《解》，用語簡潔，形式工整。

　　其次，看借鑒諸家注本情況。

　　黄氏成書，以援引《朱子語類》中所録朱子語爲最多，其餘按所録用比重排序，則依次爲葉、茅、江、張等諸家注本。黄氏所作輯録的標準是視其是否有助於發明《近思録》白文，凡可以發明者，則仔細審辨後加以輯録。需要指出的是，葉、茅、江、張諸家注本各有所長。這裏，略述《集朱》對諸家注本借鑒情況。

　　葉《解》成書最早，是給《近思録》各卷擬定篇名的早期研究者，其篇名編制法對張伯行、黄叔璥均有較大影響。更爲突出的是，"其序謂悉本朱子舊注，參以《升堂紀聞》及諸儒辯論，有略缺者，乃出臆説。又舉其大旨，著於各卷之下，凡閲三十年而後成云"。① 其注文特點是去朱子未遠，能得朱子本意，且較爲簡明，共引"朱子曰"近二百條，加"愚按"、"愚謂"二十餘條。黄氏借鑒了葉采"舉其大旨"的成例，將葉《解》每卷卷首所列的提要文字悉數加以移植。起初是置於卷首，後又減去，復於諸卷末載之，作爲對於全卷的總結與概括，起到了提要的作用，使後世學者閲畢，可以形成一個整體的印象。這一體例頗值得後來續編、仿編《近思録》者參考借鑒，應該具有範本效應。

　　張《解》一書，長於義理，重在闡述所解語録的大旨，往往以自己的語言加以詮釋，概括其思想觀點。這一點，與葉、茅注本多采朱子語來解説不同。其注文特點是不憚冗煩，詳細疏解，被尹會一稱爲"致爲曉暢"。嚴佐之先生謂其"十分本色，可借此窺探清代宋學中人的思想理路"。② 對於諸家注者，黄氏在"凡例"中唯一提及的，就是張伯行清恪公了，可是没有講到《近思録集解》，而是提到張清恪之《朱子續近思録》，云其"大率依類編附，不專發明本文也"。同時，他也借鑒了張伯行《廣近思録》的做法，將四子、朱子及其後的理學家整合在一個比較完整的理學架構内，其著作較爲全面地反映了朱子及後世理學家的學術思想，成爲傳播《近思録》的重要載體，可惜幾百年來流傳不廣，實在是值得發掘和推介的。

　　茅《注》"嘉惠後學之功可謂盛哉"，對此，陰立方在《近思録集注序》中大爲推崇，"茅君究心三十年，博采群書，爲之訓釋，稿經數易，詳明精確。《録》中但載周、程、張子之言，未及

---

① 永瑢：《四庫全書總目》卷九二，北京：中華書局，1965年，第781頁。
② 《朱子近思録》，"導讀"，上海：上海古籍出版社，2000年，第21頁。

朱子之語，今注中多采朱子之語，以爲義理之折衷，即可當朱子《近思録》矣"。①"其名物訓詁，雖非是書所重，亦必詳其本末"，其宗旨是欲將文章、訓詁、儒學、政事匯爲一途。嚴佐之先生指出，"闡發綱要節目，似於爲理處大擅勝場，然而其書實以考據見長"，在版本、校勘方面，俱有創獲，"然其得在詳繁，必失在不能精簡"。② 茅《注》自序作於康熙六十年，後序作於乾隆元年，茅星來基本上與黄氏屬於同時代人，黄氏對於茅《注》所引用朱子語，可謂徵引、摘録多多。

江《注》的特點是推尊朱子本意，優勢是詳采朱子之言以解《近思録》，多用葉采之説，間出己意。江《注》成書於乾隆七年，黄氏《集朱》成書於乾隆十九年，這兩本書在體例上有極其相似之處。江永在自序中云："因仍原本次第，爲之集注。凡朱子《文集》、《或問》、《語類》中其言有相發明者，悉行采入分注。或朱子説有未備，始取葉采及他家之説以補之。間亦附以己意，引據頗爲詳洽。……亦具有體例，與空談尊朱子者異也。"③黄氏在序中亦云：

> 朱子之言，散見於《或問》、《語類》、《大全》、《文集》内，詮釋《近思録》所載者十之七八，有非係正條；以類而推，而其理實相通者，又什之二三。裒集薈萃，爰於各條下，件繫於左，珠還合浦，通體光呈，較葉本所載者，不啻數倍。……今集朱子之言，間補以儒先成語，仿章句圈外注意，不惟四子之真昭然若揭，而朱子淵源有自，其真益著。

① 載嘉慶二十二年刻道光三年印本《近思録》。
② 《朱子近思録》，"導讀"，第 20、21 頁。
③ 《四庫全書總目》卷九二，第 781 頁。

他又在"凡例"中指出,"白文悉依《遺書》原本,逐條取朱子所言者,分綴於其後,解析發明四子,精蘊乃益呈露"。黃氏書稿,以朱釋朱的做法,與江《注》有異曲同工之妙,後有論述。

需要指出的是,上述諸家《近思録》注本,其成書時間均早于《集朱》,黃氏當一一參考了。對於葉《解》、張《解》的參考自不待言,《集朱》一書中又有許多段落引自茅《注》、江《注》,且他書不載者,可以證明《集朱》與諸家注本之間的借鑒、參照的關係。概言之,黃氏《集朱》的纂輯,是以張《解》之神寄寓江《注》之形,成一家之言。

不過,黃氏對於上述諸本中的朱子語録,並非不加辨別地一股腦兒地收編進來,而是經過審慎地辨識、篩選。當然,也有一些可以起到注解作用的文句,黃氏未加采用。例如卷四"'居處恭,執事敬,與人忠',此是徹上徹下語。聖人元無二語"條下,茅《注》中有不少可參用的,而《集注》未采用。例如,"朱子曰:'自誠身而言,則恭較緊;自行事而言,則敬爲切。'"又如,"朱子曰:'學者讀書,須從自己日用躬行處着力體驗,不可有少虧欠處。'"黃氏對於茅《注》,不可謂不熟,而對此類文字的去取原則,有待今後做深入的研究。卷三"《易》中只是言反復、往來、上下"條,江《注》中載有一段朱子的話:"朱子曰:程子言'易中只是言反復、往來、上下',這只是一個道理。陰陽之道,一進一退,一長一消,反復往來上下,於此見之。"該段文字,未加采録,亦不詳何故。因此,《集朱》之於諸家注本,既有繼承、借鑒的關係,也有突破、創新的地方,有諸家注本所無而《集朱》引用,也有諸家注本已引而《集朱》不用的,黃氏對於材料的取捨,憑藉的是其對於理學的深研精悟,對於《近思録》的獨到見解,非簡單地抄襲、照搬而已,於是可見其學術成就與價值。

四、《近思録集朱》學術
成就及其影響

　　康雍乾時,崇道右文,黄氏纂輯《集朱》絶非偶然,實時代風氣使然。當時朝廷特别推尊程朱理學,《近思録》愈發大行於世,注解、續編者尤多。程水龍《〈近思録〉版本與傳播研究》載,清代《近思録》注本有七十六種,其中存世刻本五十二種,存世稿本或抄本十一種;《近思録》續編本和抄稿本有五十六種,其中存世刻本三十六種,存世稿本或抄本七種,足見其時《近思録》研究達到了高峰。①《集朱》就是在這樣的學術背景下形成的一部《近思録》後續研究著述。

　　黄氏從小接受的是理學教育,他一家三進士,後來成五進士,這可從《畿輔叢書》所載《黄崑圃先生年譜》中窺見一斑。其長兄黄叔琳早年受業崇陽饒仲如先生,究心儒先名理,學以大進;又從學孝感蕭端士先生,聽講四子書及宋儒性理,往復討論,殆無虛日。康熙三十八年(1699 年),黄叔璥中順天鄉試。可以推測,黄叔璥與其長兄所受訓蒙、所習學問蓋同,其研治者亦應爲四子書及宋儒性理。另外,從《集朱》所附按語中出現的"湛園師"、"榕村師"等文字可知,黄氏當師承姜宸英(明末清初書法家、史學家,號湛園)、李光地(清初著名的理學名臣,别號榕村,世稱榕村先生)等則無疑,應是系統地接受了理學教育。又據《北學編·黄玉圃先生》推測,他從罷職時(筆者按,當爲雍正二年即 1724 年前後事)究心宋五子書及元明諸儒集。後復出,1751 年致仕在家。撇開幼時所受理學教育不計,單從黄氏開始深入研究五子之學到《集朱》輯成(1754

──────────

① 程水龍:《〈近思録〉版本與傳播研究》,"緒論",第 3 頁。

年),歷時三十年,其間集中撰述的時間大致在致仕以後的兩三年。從該書的結成來看,可謂傾注了黄氏大量的心血,其學術成就與影響體現在以下方面:

其一,《集朱》一書最大的特點是傳承了"以朱釋朱"的治學路徑,它與有關的《近思録》注本、續編一起,共同彌補了《近思録》無朱子思想資源的缺憾。

在幾部重要的《近思録》注本中,葉采引朱子語近二百條;江永引朱子語四百四十餘條,用葉采舊注二百餘條。從前文表1可知,黄叔璥《集朱》原輯朱子語一千五百二十三條,後於行間補入九十六條,又於浮簽上增補三百條,原文删除九十三條,另作提示語待補一百三十四條,因此,定本著録朱子語達一千九百六十條。其"集朱"之廣、全,皆非他本所能比。陳榮捷先生在《近思録詳注集評》一書的引言中曾講道:"本書(筆者按,謂指《近思録詳注集評》)所引之語,達一千三百餘條,而引朱子者特多,在八百以上。此蓋效法江永之以朱解朱。"在陳先生看來,其所引朱子語八百餘條爲"特多",但與黄氏所輯録之一千九百餘條相比仍有較大距離。大概陳先生未見《集朱》一書,只知江《注》是以朱解朱,而不知江永的同時代人黄叔璥所輯朱子語遠遠地超邁前賢,由此也可推斷,黄氏之不爲學界所重,由來已久。

陳來先生曾爲朱高正《近思録通解》作序,滿懷深情地指出:

> 《近思録》所載的是理學奠基和建立時期的四先生的思想資料,其中並没有理學集大成人物朱子的思想資料。錢穆先生所推薦的國學書目,《近思録》下面就接着王陽明的《傳習録》,跳過了朱子,這是我不以爲然的。

對此,嚴佐之先生有一段論述,講得非常明晰。他談道:"《近思録》無朱子思想資料,其實是朱子後學早就深表遺憾和關注的問題。"並例舉清初朱顯祖在《朱子近思録序》中疾呼:朱子"在宋儒中更稱集大成者,乃其生平格言實行反未載於《録》内,豈非讀《近思録》者之大憾也乎!"所以,後來續補《近思録》者多注重按照朱子所構建的理學框架來纂輯朱子語録。張伯行《續近思録》、嚴鴻逵《朱子文語纂編》、江永《近思録集注》、還有黄氏《集朱》等,皆"取朱子之語以注朱子之書",尤其以江《注》和黄氏《集朱》,更是"以朱釋朱"的典型。黄氏在序言中指出:

> 今集朱子之言,間補以儒先成語,仿章句圈外注意,不惟四子之真昭然若揭,而朱子淵源有自,其真益著。學者若知得朱子之言,便知周程之語,語語着實。……則《集朱》一書,可不謂《近思録》之階梯哉!

所以説,《集朱》的學術價值和學術史意義,既彰顯了朱子的學術思想在《近思録》文本中的滲入和内化,又爲研治《近思録》者提供了進學的階梯,其學術貢獻自然是卓越的,應該引起學界的關注和重視。

值得説明的是,黄氏所輯朱子語,不是隨便地從《語類》、《或問》、《大全》等書中尋章摘段,而是有一定的選取標準的:凡是切近日用,可以發明《近思録》條目的朱子語録,加以選録,編入《集朱》中;也有一些《近思録》正文條目下未見朱子語者,寧缺毋濫,如卷二"有求爲聖人之志"條上,眉批"此條無朱語"五字。書中出現的或批於頁眉,或貼浮簽於行間、地脚,上書"與本旨未見發明透切"、"應尚有透切語發明"、"與本段似欠發明"等計四十二處,這是審核書稿後所作的批校文字,以提示下一步的修改和定稿時斟酌處理。從文稿中成段落删除的文字以及"不切"、"可發明否"等批校語,足見黃氏選材上搜采極精,遴輯尤富,匯別條分,十分嚴謹講究。

另外,《集朱》以朱釋朱,此"朱",蓋泛言之,決不是僅僅將朱子本人的語録加以裒輯而已。黃氏將朱子之前的先賢,朱子友好、門人、後學(如張南軒、陳潛室、葉平巖、薛敬軒、真西山、黃勉齋、羅整庵、許魯齋、吕新吾、魏莊渠、魏鶴山、尹和靖、顧涇陽、陸子静、楊龜山等)著述中可以切近、發明《近思録》的語録也一併加以匯集,共同發明《近思録》條文,堪稱薈萃之作。《集朱》既輯且注,輯亦是發明,注亦是發明,可謂獨具匠心,别出心裁,深得先賢本旨,嘉惠後學誠多。《集朱》闡釋義理之全面、精準、簡練,實則是一部朱子學術史的集中凝結和高度概括,也是朱子學文獻的一個重要組成部分,是一項極具發掘意義和傳承價值的文化遺産。

其二,《集朱》一書展現了黃氏宣導正學、實學這種"超凡脱俗"的學術風骨,誠爲研治《近思録》之階梯。

南宋以來,朱子後學們對《近思録》關注更多的是其理學思想及其階梯作用。由於朱子深得北宋四子學術幾微,故而朱子與四子之學堪稱是做到了"言同,心同,理同"。朱子講過,"四子,六經之階梯;《近思録》,四子之階梯"。① 朱子晚年也談到,"要須積累着力,方可。某今老而將死,所望者,但願朋友勉力學問而已"。② 可以想見,朱子的這一願望,早已藴涵於《近思録》之中。朱子所謂之"階梯",非科舉進第之階梯,實乃修身立命之階梯,亦希賢崇聖之階梯。

黃氏纂輯《集朱》的時代,學者們多溺於辭章訓詁,與朱子追求聖賢氣象的立意相距甚遠。尤其是南宋以來數百年間,

---

① 黎靖德編:《朱子語類》卷一○五,北京:中華書局,1986 年,第2629 頁。

② 《朱子語類》卷一○四,第 2612 頁。

很多學者未必視《近思録》爲成聖賢的階梯,而將它作爲求仕
途的階梯、應科考的工具,這自然不是朱子所希望的,相反,更
是朱子所深惡痛絶的。這一現實,對於身世浮沉的黄氏而言,
自然感觸頗深。他畢生提倡實學,反對空談性命,“嘗語人曰:
‘道學即正學也。親正人,聞正言,行正事,斯爲實學。’”①今
天,我們無從考察其纂輯《集朱》的真正動機所在,然而可以明
確地説,黄氏之道猶朱子之道,黄氏之心亦朱子之心。誠如黄
氏所云:“《集朱》一書,可不謂《近思録》之階梯哉!”由此觀之,
其思想對於整治人心世道,引導後學,教化民衆,當有積極的
影響。遵循這一階梯,我們可以更加深入地研讀《近思録》,拓
寬舊理論的適用範圍,去激活原有理論中有益的因素,以發揚
光大優秀中華文化傳統。

　　實際上,“清代樸學家們從事考證的途徑和方法,也有不
少的方面是繼承朱熹的治學遺規而發展起來的”。② 黄氏也
屬於樸學形成之路上一個重要的節點。其注本,決非簡單的
亦步亦趨、人云亦云,而是有獨到的意味蘊含其間的。他既有
義理之作,也有《廣字義》等考證之書,承前啓後,接古傳今,不
惟政界奇才,亦學界名儒。如果説,朱子是借用周、程、張的語
言建立了自己簡明精巧的理學體系,那麼,黄氏《集朱》可以説
是借用朱子語録,通過個人的編排、剪輯工夫,融入和寄予了
自己的學術思想和主張。這是後來讀者當花費精力去捕捉、
體會的,這也是研究《集朱》一書的機樞所繫、難點所在。

　　其三,《集朱》一書堪稱稿本信息著録的集大成者,是從事
版本、校勘、考據研究工作不可不研讀的精品。

　　《集朱》的版框特徵、行文體例、書寫特點等,前文有詳細

① 《清史列傳》卷六七《儒林傳上》,《三十三種清代人物傳記資料匯編》
　　第六册,濟南:齊魯書社,2009 年,第 274 頁。
② 張舜徽:《清儒學記》,濟南:齊魯書社,1991 年,第 388 頁。

記載,兹不贅述。該稿本數經核校,增删、勾乙、移易、挖補、懸疑、句讀、眉批、浮簽批注等做法,充分反映出這是一部手稿本,同時也是一部修改稿、未刻稿,其版本價值自然不言而喻。《集朱》書稿中幾乎涵蓋了稿本著録所需的所有信息,無不體現出它是可供後世學者參考借鑒的一部高品質的稿本信息匯集大全。稿中天頭、地脚、行間、欄間所作的批語、提示語,以及所貼浮簽上的批語,對從事校勘工作的人員來說,自然是一種可資研習的絶好範本。當然,其間未明確標注何時由何人所校,但從書寫文字的特徵來看,應爲黃氏本人所爲。

其四,《集朱》一書可以在更深層次上和更大範圍内起到整合朱子學術史的作用,有集元明清初朱子後學觀點之大成的氣象,在理學研究史中應該占有重要的一席之地。

黃氏在"凡例"中指出,"伊川之學與明道同。《明道先生行狀》、《哀詞》,可謂極於形容,而伊川先生獨闕焉。爰取朱子所輯《年譜》以補之。外此,爲朱子所心許者亦不乏人,而朱子生平亦詳附焉。"因此,他在卷一四後增加了《伊川先生行事本末》,方便學者閲覽研習。又增加了《朱子論列諸賢》,所涉人物如歐陽修、司馬光、范仲淹、邵雍、曾鞏、楊時、李侗、張栻、吕祖謙及黃榦撰《朱子行狀》等,對於系統地瞭解朱子的觀點大有裨益。這些成果的綴集,是黃氏的一大創舉,極大地方便了學者系統地瞭解理學重要人物。

在書中,黃氏的理學觀點十分鮮明,可謂與朱子之思想一脈相承。在"凡例"中,他指出:

> 楊、墨、釋、老諸子辭而闢之,廓如也。厥後鵝湖,專務虛靜,完養精神,假老、佛之似,以亂孔、孟之真;竊孔、孟之言,以文老、佛之説。朱子目之爲真異端,而其徒傅子淵、楊敬仲輩,奮其私智,益肆倡狂。愚於釋氏後,繼以

> “朱子之論陸氏”，益信垂老不肯以千金而易人之敝帚也。
> 仲兄益齋謂：“朱子節要無垢、象山，統入‘觀聖賢’條内，
> 而瑕疵自見。”從之。

這裏，他專門重申了朱子對於異端邪説的主張，體現了崇正抑邪的强烈情感，旨在極力維護朱子所宣導的理學精髓。

清初，蓋尊程朱者十之八九，不尊程朱者十之一二。黄氏在《集朱》卷一四末專門增加了《朱子論陸氏之學》，這是本書的一大特色。這將朱陸異同的熱門問題十分突出地納入自己的學術視野，提到了研究的日程。書中，他選録了一段文字：

> 子静一味是禪，卻無許多功利術數，目下收斂得學者身心，不爲無力。然其下梢無所據依，恐亦大害事。

於該段下，他作按語指出：

> 已上數則，朱子所學不同於陸，固可曉然而無疑矣。晚年定論，可不辨而自明。

這裏，他十分鮮明地指出了陸氏之學的弊病，可謂深得朱子思想真諦。

特别需要説明的是，原書曾兩處引用了王陽明的文字，後復删除。兹録於下，以助讀者辨别。

（一）於“伊川先生答朱長文書”條下，原有一段文字曰：

> 王陽明曰：天下之不治，由虚文盛而實行衰。使道恒明於天下，雖六經猶不必删述，删述非孔子得已也。只如伏羲畫卦，至文、周，其間言《易》如《連山》、《歸藏》之

屬,已紛紛藉藉,不知其幾。而《易》大亂,孔子憂之,因取文、周之説而讚之。以爲惟此爲得其宗,而天下之言《易》者始一。今如《詩》、《書》、《禮》、《樂》中,孔子何嘗加一語? 今之《禮記》,皆漢儒附會,非孔子之舊。至《春秋》,雖稱孔子之作,其實《魯史》舊文。所謂筆者,筆其舊;削者,削其繁,是有減無增。

(二) 於"責己者當知無天下國家皆非之理"條下,原有一段文字曰:

> 一友常易動氣責人,陽明警之曰:"學須反己。若徒責人,只見得人不是,不見自己非。若能反己,方見自己有許多未盡處,奚暇責人? 舜能化得象傲,其機括只是不見象的不是。若舜只要正他底奸惡,就見得象底不是矣。象是傲人,必不肯相下,如何感化得他?"是友感悔。曰:"你今後只不要去論人之是非,凡當責辯人時,就把做一件大己私,克去方可。"

原書中未見批語,不詳是因不切發明而删,抑或是因宗派、門户之見而删,有待深考。

黄氏的學術貢獻還在於,他於書稿中,共作按語四十八條,後删除七條,復增加五條,定本著録當爲四十六條。這是黄氏著述的一大特點,似繼承了葉《解》作"愚按"、"愚謂"和江《注》作"永按"的體例。他於各段按語中,鮮明地表達了個人對於所釋條文的理解,同時也反映了個人的學術追求與價值傾向。

其五,《集朱》一書的校點工作,在國家社科基金重大項目"朱子學文獻整理與研究"中是很有分量、不可或缺的一個組成部分,在對《集朱》研究方面揭開了新的一頁,具有開先河的意義。

校點《集朱》,付梓流傳,可以實現黃叔璥生前的未竟願望。在爲《集朱》校點的過程中,筆者强烈地感到,這一稿本長期以來存藏於國家圖書館善本室内,作爲一個文化載體的善本,人們似乎更多地注重了其文物價值,而其文獻價值没有受到應有的重視,不能不説是一大缺憾。《集朱》原書,恐怕今後與讀者見面的機會越來越少了。不過,我們相信,該書經過系統校點、精心刊印之後,可以促進對它的宣傳、研究,其文獻價值也會引起人們的廣泛關注,對於學界瞭解研究黃氏及其《集朱》,自然是一個有益的載體和參考。可以預見,在未來的歷史長河中,《集朱》校點本將是研究《集朱》及黃叔璥學術思想的基本資料和新的起點。我們也相信,《集朱》校點本也會真正成爲朱子文獻學的冰山一角,而不再爲人們所忽視。

陳沆《近思録補注》考論

張　文

引　言

南宋孝宗淳熙二年(1175 年)夏,朱子與吕祖謙在武夷山寒泉精舍相與編纂《近思録》,距今已有八百四十餘年。這部意在爲"窮鄉晚進有志於學而無明師良友以先後之者"提供的理學入門讀本,自編成之日起就已廣爲流傳,並最終成爲最能代表中國古代主流學術思想的經典之一,歷代注解、續補、仿編之作紛然並出,其總數多達百種以上,此外還有古朝鮮、日本學者的注釋講説著述百餘種。① 清代學者陳沆所撰《近思録補注》,是現存《近思録》的重要注本之一,但目前較少有學者關注,相關研究論著主要有:陳榮捷先生《朱子新探索》對其内容特點和文獻價值有簡略評述;程水龍先生《〈近思録〉版本與傳播研究》對其版本情况有詳細考證;李瑚先生《關於〈詩比興箋〉與〈近思録補注〉的作者問題》則就其作者歸屬另立新説。筆者參與嚴佐之教授主持的國家社科基金重大項目"朱子學文獻整理與研究",有幸擔任"《近思録》專輯"之中陳沆《近思録補注》的校點整理工作,得以對其進行全面考察,並獲

① 參見嚴佐之:《〈近思録〉後續著述及其思想學術史意義》,《文史哲》2014 年第 1 期,第 56 頁。

得較爲深入之認識。本文主要基於自己校點整理之心得體會，並充分參考前人已有研究成果，從梳理版本情況入手，依據原稿對作者歸屬問題作以辨析，進而探討此書與魏源之關係，最後揭示出其撰著特點及學術價值。不賢識小，餖飣成篇，繁而寡要，然於閱讀此書或有助益，敬祈專家學者有以教之。

一、陳沆生平及《近思録補注》版本述略

　　陳沆(1785—1825 年)①，原名學濂，字太初，號秋舫，室名"簡學齋"、"白石山館"，湖北蘄水(今湖北浠水)人。陳沆天資穎異，"八歲能文，出語驚其長老"。嘉慶十八年(1813 年)，舉於鄉。二十四年，以一甲一名進士及第，授翰林院修撰。道光元年(1821 年)，充廣東鄉試正考官。三年，充會試同考官，轉四川道監察御史。道光五年卒。陳沆爲人好賢重友，與董桂敷、姚學塽、賀長齡、陶澍、龔自珍諸人相善，而與魏源情誼尤篤。② 陳沆在歷史上較爲知名，主要緣於科舉狀元之身份，其詩賦也受時人推重，"以詩文雄海内"，"卓然爲一代大宗"，有《簡學齋詩存》、《簡學齋詩删》、《簡學齋館課試律》、《簡學齋馆課賦》等傳世，在後世也得到較多關注。相較而言，陳沆的學

---

① 按：陳沆之卒年，《清史列傳》記爲道光六年(1826 年)，周錫恩《陳修撰沆傳》言卒年四十一，則爲道光五年(1825 年)。據劉飆《陳沆研究三題》引《義門陳氏宗譜》，謂陳沆"生於乾隆五十年六月十八日丑時，卒於道光六年三月二十五日子時"，今從之。(參見劉飆：《陳沆研究三題》，《蘭臺世界》2015 年第 33 期，第 59 頁。)

② 參見《清史列傳》卷七三《陳沆傳》，北京：中華書局，1987 年，第 6016 頁；周錫恩《陳修撰沆傳》，載閔爾昌輯《碑傳集補》卷八，民國十二年刊本。

術成就則不甚突出，由於享年不永，其學術著述不多，後世所傳惟有《近思録補注》十四卷。又有《詩比興箋》四卷，原題陳沆撰，但經過李瑚等學者的考證，基本可以確定是魏源的著作，在陳沆身後魏源將之移贈於其名下，以期給亡友增加一項名山事業。①

《近思録補注》今存刻本有兩種：一種藏於清華大學圖書館、南開大學圖書館、中國科學院圖書館等處；另一種藏於北京大學圖書館、南京圖書館等處。這兩種刻本皆九行二十二字，小字雙行同，卷端刻“近思録卷之×”、“凡×××條”、“後學陳沆補注”，版心上刻“近思録補注”，下刻卷次及頁碼，單魚尾，白口。區別在於前者諱‘寧’字而不諱‘淳’字，後者則‘寧’、‘淳’皆避諱。此外還有一些細微差異，如卷一首頁第七行清華大學藏本“魏默深曰”四字擠占三個字的位置，而南京圖書館藏本則没有擠占，但其下第九行“與夫不離乎氣”句，清華大學藏本有“夫”字，而南京圖書館藏本則脱去“夫”字。②我們通過對比，發現這兩種刻本的版式行款和字體特徵完全相同，估計屬於同一版本，至於存在的差異之處，可能是後來挖改修補所致。由於無牌記題識和序跋文字，其刊刻詳情已無從考知，今據《簡學齋詩存》卷首葉名灃識語云：“抑聞先生著述有《近思録補注》十四卷，尤爲平生所得力，董而理之，上

① 參見李瑚：《關於〈詩比興箋〉與〈近思録補注〉的作者問題》，《文史》第 21 輯，第 136—144、147—154 頁；顧國瑞：《〈詩比興箋〉作者考辨——兼談北大圖書館藏鄧之誠題跋“〈詩比興箋〉原稿”》，《北京大學學報》（哲學社會科學版）1996 年第 3 期，第 55—57 頁；夏劍欽：《〈詩比興箋〉確係魏源所著》，《中國韻文學刊》2004 年第 4 期，第 63—65 頁；夏劍欽：《〈詩比興箋〉作者歸屬問題補正》，《中華文史論叢》2006 年第 1 期，第 319—331 頁。
② 參見程水龍：《〈近思録〉版本與傳播研究》，上海：上海古籍出版社，2008 年，第 83—84 頁。

諸史館，以備儒林之采擇焉，是則小舫之責也夫。"①葉名澧爲
陳沆之婿，小舫即陳沆之子陳廷經，《簡學齋詩》即由他們二人
共同編校。葉氏識語題署"咸豐二年孟春"，則知此時《近思録
補注》尚未整理付梓。據此識語以及刻本中的避諱字推測，
《近思録補注》大約刊刻於咸豐二年至十一年之間（1852—
1862 年），而在後來刊印之時，對於避諱字和一些文句間有挖
改。《販書偶記》卷九著録《近思録補注》十四卷，云："蘄水陳
沆撰，無刻書年月，約光緒間刊。"②此本可能就是後來的印本。

　　《近思録補注》還存有鈔本一部，現藏湖北省圖書館，《續
修四庫全書》據之影印。③ 兹據湖北省圖書館童世華先生所
撰提要，迻録相關信息如下：

　　　　是書無格藍框，字數不等，單魚尾，四周雙邊，版心下
　　印有"白石山館抄本"六字。"簡學齋"、"白石山館"皆爲
　　陳沆室名。此書書名依書皮所題擬定。書内有清魏源
　　（默深先生）批評和佚名增注。書中夾有作者浮簽及墨筆
　　勾劃，知爲原稿。《販書偶記》收有清光緒間刻本。此書
　　係簡學齋後人 1961 年通過趙樸初先生手贈湖北省館。④

該鈔本並未題署陳沆之名，頁眉批注較多，但未有一處明確標
記魏源之名。那麼上述著録信息是否準確，該鈔本是否爲陳
沆原稿，而批注是否確係魏源所爲？ 解決這些疑問，尚須有其

---

① 陳沆：《簡學齋詩》，清咸豐二年陳廷經刻本。
② 孫殿起：《販書偶記》，上海：上海古籍出版社，1999 年，第 217 頁。
③ 陳沆：《近思録補注》，《續修四庫全書》子部第 934、935 册，上海：上
　　海古籍出版社，2002 年。
④ 陽海清主編：《中南、西南地區省、市圖書館館藏古籍稿本提要》，武
　　漢：華中理工大學出版社，1998 年，第 200 頁。

他佐證。上海圖書館存藏陳沆《簡學齋詩》稿本，又有魏源《清夜齋詩稿》、《古微堂遺稿》，以及《簡學齋清夜齋手書詩稿合印》等原稿和影印之本，較多保留了陳沆和魏源的手迹。通過與這些稿本文獻比勘，可知湖北省圖所藏鈔本正文確係陳沆手稿，而其頁眉批語則爲魏源手筆。再通過比較刻本的文字内容，就會發現刻本與鈔本中的墨筆勾畫和增删修改基本相合，刻本顯係從此鈔本而出，因此刻本可視作此書之定本。同時，該鈔本爲陳沆後人所捐獻，並未經過他人存藏和輾轉傳寫。綜合這些因素來看，可知上述提要信息大致準確，即該鈔本確係陳沆《近思録補注》原稿，而書内眉批乃魏源所爲。

二、《近思録補注》作者問題辨疑

李瑚先生因考察《詩比興箋》的作者歸屬問題，進而對《近思録補注》也連類及之，認爲“不僅《詩比興箋》爲魏源所著，就是《近思録補注》也是魏源的著作”，又説“魏源是此書的最初作者，把它贈與陳沆後，陳沆又增加了一些注文，最後把它完成”。[①] 在其所著《魏源詩文繫年》中，則明確將《近思録補注》歸入魏源名下，以爲大約撰作於嘉慶十九年至二十一年之間，魏源時年二十餘歲。[②] 我們認爲此説不甚妥當，其依據不太充分。

《近思録補注》引魏源注文十一條，集中於第一、二卷，署名爲“魏默深”或“默深”。李瑚先生認爲這是該書爲魏源作品的首要證據，“注文稱魏源爲魏默深或默深，當爲陳沆最後成

---

① 李瑚：《關於〈詩比興箋〉與〈近思録補注〉的作者問題》，第135—154頁。
② 李瑚：《魏源詩文繫年》，《魏源研究》，北京：朝華出版社，2002年，第477頁。

書時按照其他注文稱注者之字或別號而不稱其名的體例後加的"。① 依據李瑚先生之意，這些注文皆爲"魏源原稿"已有之内容，而"默深"之稱則是陳沆後來所加。核諸稿本，就會發現實際情況並非如此。如《近思録補注》卷一"濂溪先生曰，無極而太極"下首引魏源之注，在稿本中原題爲"吾友邵陽魏默深曰"云云，而頁眉有魏源批注云："注中凡引諸儒及近時人，似宜列目首卷，詳其時代名字。於'默深'之上加'吾友'字，未免□象。"稿本即據此批注建議涂改删去"吾友邵陽"四字，後來刻本遂直接引作"魏默深曰"云云。又如刻本所引第 2 條魏源注文"默深曰全篇之意歸重於主静立極"云云，其中自"善乎張長史曰"以下語句在稿本原無，而見於魏源的眉批之中，當爲刊刻時據此批語增入。又如刻本所引魏源注文第 6 條"程子只通論道理，非訓詁文義也。程子説多寬，然朱子説又正嫌太密，學者易致執着"（卷一）、第 9 條"朱子此言，非直謂其差異好笑而已，恐是言其感應攻取始終倚伏之理，往往相反而適相成，相生而即相克，以明道理之自然。人當順而循之，不容人力一豪安排造作。悟此則知爲善循理之樂，無事勉强也"（卷一）、第 11 條"敬是持守之功，精義集義則兼知行之事也"（卷二），此三條在原稿中皆無，而是魏源在頁眉批注的内容，後來刻本乃據此批語增入並加注"默深"之名。這就表明，《近思録補注》中所引魏源之説，有些在陳沆原稿中已有，應當是陳沆據魏源相關論説采録，有些則是魏源在原稿上的批注之語，後來刻本據之增入，並非基於"魏源原稿"而加注魏源字號。

　　李瑚先生認爲，從未署名魏源的注文來看，其中也不無可疑之處。如《近思録補注》卷一"无妄之謂誠，不欺其次矣"下，注文之末附有按語："按，學問從无妄上作工夫，更得要省力。

---

① 李瑚：《關於〈詩比興箋〉與〈近思録補注〉的作者問題》，第 149 頁。

劉蕺山先生《人譜》言之精矣。"據李瑚先生考證,劉宗周所著《人譜》一卷,"魏源對此書很有研究,並曾將它删改增補","另外還對元程端禮《讀書分年日程》加以重編,他在從北京返回湖南時曾將此二書與所著《曾子章句》存放於陳沆處,想託人刻印,後因董桂敷的勸阻而未能實現",並據此推斷,"魏源對《人譜》是十分熟悉的,因此數次引用"。① 需要指出的是,李瑚先生的考證可謂非常細密,但所論之事則没有必然邏輯聯繫,從魏源對此書非常熟悉的事實,並不能否認陳沆直接引據此書的可能性。因爲陳沆與魏源情誼甚篤,關係非常密切,彼此當有較多交流,在學術上可以互相影響,而《人譜》作爲理學名著,也僅有數千言之篇幅,陳沆鋭意研治理學,熟悉其内容並直接引用,也並非難事。又如《近思録補注》卷四"明道先生曰,若不能存養,只是説話"條下,注文之末附有按語:"按,吾輩之講學,説話而已,可哀也已。"按照李瑚先生的理解,"講學爲集合師弟朋友,相與講究學理,析疑問難,亦即講課授學之意",通過詳考並比較陳沆、魏源二人生平事迹,他認爲魏源因家境貧寒,科舉屢不如意,因此曾數度以教書爲生,而陳沆則人生際遇順利,在科舉上春風得意,不必靠教書謀生,"因此'講學'之語符合魏源身份"②。我們認爲,李瑚先生對"講學"一詞内涵的理解不盡準確。不必旁徵其他文獻,今就《近思録補注》所引略舉數條,如在此條按語之上引胡敬齋云:"'若不能存養,只是説話',言人不能操存涵養,則所講究之理無以有諸己,適爲口語而已。"又如卷三所引朱子之語:"涵養之功,則非他人所得與。若致知之事,則正須朋友講學之功,庶有發明。"又引湯潛庵曰:"孔子曰'學之不講,是吾憂也',此道與師

① 李瑚:《關於〈詩比興箋〉與〈近思録補注〉的作者問題》,第149頁。
② 李瑚:《關於〈詩比興箋〉與〈近思録補注〉的作者問題》,第150頁。

友講明一番,則此心光明一番。蓋講學爲己,非爲人也。"可見在當時的語境之下,講學應當是指師友之間講論探討學問,並非專指講課授學、教書授徒。若如李瑚先生之説,則《清史列傳》本傳謂陳沆"嘗從婺源董桂敷、歸安姚學塽講學",這又該如何解釋呢?

就陳沆自身的學術素養和學術興趣來看,其實也具備撰作此書的主觀條件。據陳沆之婿葉名澧在《簡學齋詩存》卷首識語云:"今之刻是編者,使先生以詩傳,非先生意也。先生内行淳美,於學無所不窺,而篤好宋五子書,詩則餘力爲之。"①周錫恩《陳沆傳》謂陳沆"亮拔醰粹,少負重譽,及享巍科,益志聖賢大道"。② 而《清史列傳·陳沆傳》云:"於學無所不窺,尤篤好宋五子書,嘗從婺源董桂敷、歸安姚學塽講學。與邵陽魏源友善,病中自省,恒書以相質。其言有曰:'近自患病以來,閉門謝客,日坐斗室中,初猶浮雜,漸覺凝定,性靈自炯,諸妄徐呈。於此之時,以之檢察病根,則毫髮畢見;以之涵泳義理,則意味彌長。足見爲學之道,静虚爲本,深密爲要。'又曰:'仲尼之門,五尺童子羞稱五伯。童子未必盡知學問,衹是心胸見識已自不凡,生成鳳翔千仞氣象。我輩終身沉溺詞章,豈不愧死?'"③根據這些記載,可知陳沆雖以詞章聞名,但不以詩人身份自限,對理學有着濃厚興趣,體悟也較爲深入,並有實際踐履工夫。而與其往來密切的董桂敷、姚學塽諸人,都是尊崇程朱理學的學者,對其治學方向當有影響。《簡學齋詩存》卷四有《四十生日自懲詩》,其二云:"百年去堂堂,此身獨含愧。束髮鄙浮澆,趨庭励遠志。悠悠積因循,聰明盡文字。枝葉日繁滋,根本何能遂。暗室自推鞠,愆尤千百累。往者不可逭,

① 陳沆:《簡學齋詩》,清咸豐二年陳廷經刻本。
② 周錫恩:《陳修撰沆傳》,《碑傳集補》卷八。
③ 《清史列傳》卷七三《陳沆傳》,第6016頁。

來者尤可慪。勞勞聖賢心，勉勉君父事。先零與後凋，須識天地意。"魏源評云："秋舫篤志求道，屏棄詞章之學。讀此詩，知涵養省察之功深矣。"而陶澍跋《簡學齋詩存》云："秋舫天才俊亮，落筆不能自休，近更加以檢束，駸駸乎窺漢魏之門矣。卷中多精悍之作，如'各有天地身，攀附詎非耻'、'一念静躁間，終古霄壤俘'，皆見道語，可以鍼頑立懦，不當徒以詩人目之。"①似亦爲陳沆中年鋭治理學之佐證。

　　李瑚先生關於《詩比興箋》爲魏源所著的論斷，此説早已有楊守敬等人發之於前，而《詩比興箋》與魏源所著《詩古微》内容多有相似之處，且有北京大學圖書館所藏《詩比興箋》原稿爲之佐證，故其所論可謂確切不易。但從他對《近思録補注》作者歸屬問題的討論來看，則情況大有不同。通過前述版本情況，可知《近思録補注》稿本雖未題具撰者之名，但確切無疑屬於陳沆手稿，而後來的刻本則明確題署"後學陳沆補注"。前引葉名澧之識語，言陳沆著述有《近思録補注》，而未言有《詩比興箋》。周錫恩亦謂陳沆"其學從詞章入，而中年鋭治朱子學，著《近思録補注》十四卷，深得其奥"。② 自《近思録補注》問世百餘年間，也從未有人對其作者歸屬有過懷疑。從據以立論的主要文本來看，李瑚先生所據爲《近思録補注》的刻本而非稿本，所掌握的文獻資料明顯不足，未能參考利用稿本中所藴涵的豐富信息，從而影響了其論斷的準確性。③ 從稿本反映的情況來看，其中有很多魏源的批語，無論是全書體例

① 陳沆：《簡學齋詩存》，清咸豐二年陳廷經刻本。
② 周錫恩：《陳修撰沆傳》，《碑傳集補》卷八。
③ 李瑚先生所著《關於〈詩比興箋〉與〈近思録補注〉的作者問題》刊載於《文史》第 21 輯，在 1983 年已經出版，而收録《近思録補注》稿本的《續修四庫全書》直至 2002 年才編纂出版，所以他撰文時未能見到此書原稿。

還是具體内容，甚至分節分段以及所引諸家字號等細小問題，均有非常中肯切要之意見。如果説該書是魏源的作品，或者説是魏源完成了初稿，那就應該充分體現了魏源本人的設想和見解，爲何還會有那麼多的意見呢？這在情理上似乎也難以解釋。

魏源與陳沆交往密切，情誼深摯。在魏源科第不遂、沉淪下位之時，陳沆已經狀元及第，爲翰林院修撰，雖然身份地位懸殊，但因欣賞魏源的才學，陳沆傾身與之相友，"人謂沆且貴，胡折節乃爾，矧源鱗甲難近。沆不聽，交源益篤，源亦篤好沆爲人，蓋金石如也"。① 在他們二人的詩集中，相互題贈唱和之作也很多，而陳沆的《簡學齋詩》，"默深先後凡八閲，評語甚多"②。陳沆曾孫陳曾則云："公與默深先生有所作必互相質難，期達於精而後已，故每次詩稿，皆有默深先生批語題識，蓋講學最契之友也。"③《近思録補注》原稿經魏源認真審讀，所留批注之語極多，而陳沆采録魏源之説，還特意標注"吾友邵陽魏默深"，正體現出他們之間不同尋常的情誼。《近思録補注》與魏源關係非常密切，書中對魏源之説多有引用，魏源也對其成書傾注了辛勞，這是不可否認之事實，但一定要説是魏源的著作，或者是其完成初稿後贈予陳沆，尚缺乏有力之證據。考慮到魏源和陳沆的情誼，我們認爲此書是陳沆在魏源協助下完成，這可能較爲符合實際情況。魏源謂陳沆"嘗手注《近思録》，又嘗從婺源董小槎編修、歸安姚敬堂兵曹過從問學，檢身若不及"，"又嘗手箋漢魏以來比興古詩共數百首，以

---

① 周錫恩：《陳修撰沆傳》，《碑傳集補》卷八。
② 李柏榮：《魏源師友記》，長沙：岳麓書社，1983 年，第 26 頁。
③ 陳曾則：《先殿撰公詩鈔後序》，上海圖書館藏《簡學齋詩》稿本。

寓論世知人以意逆志之旨，讀之使人古懷勃鬱，尤古今奇作"，①後一事雖爲虛造，但前一事當屬事實。

三、魏源與《近思録補注》之關係

雖然我並不贊同《近思録補注》的作者是魏源的觀點，但藉助李瑚先生的研究，可知魏源與《近思録補注》關係密切，而通過稿本中的批注内容，更可考見魏源對於陳沆撰作此書的具體影響。魏源早年服膺程朱理學，曾經認真研讀過作爲理學經典文本的《近思録》，並有修改增補此書的初步設想。魏源曾與董桂敷通信商酌其事，今據董桂敷《再與魏默深書》可知其大略：

> 所論江刻《近思録》各條，欲附刻勉齋三書於朱、吕原序下所輯《文集》、《語録》各條之後，亦善。特江氏所輯，例當小注，無庸改作大字。此三書如增入，亦小字，再低輯注一格，別刻一頁，與原頁相次爲當。其第一書，前數句可刪，只從《語》、《孟》、《近思録》句刻起可也。至朱子教人從第二卷看起，而第一卷並未移易，則今亦只宜存朱子之説，使學者讀之，自分先後，不當改刻，以蹈僭逾。且古書從未有以第一卷而置於末者。大抵善讀書人細心研繹，讀第一卷未徹，自會從第二卷讀去。況已有東萊序，有朱子説明示之，何患不解？若不善讀書者，心粗氣浮，即使從第二卷讀起，亦漠不相入。雖移刻何濟於事？徒顛倒先賢遺書而已。尊意於此，尚擬思之未審，又援程朱

---

① 魏源：《古微堂集》外集卷三《簡學齋詩集序》，《魏源全集》第 13 册，長沙：岳麓書社，2011 年，第 206 頁。

編次四書以爲例，亦恐事體尚未能同也。……又尊意前欲於《近思録》後，增刻四先生遺事行狀及朱子行狀，合言行爲一書。愚思之，不若別爲一書，與《近思録》並行，不當附諸其後，以複第十四卷中所已録。蓋朱子録其行略，專在氣象間，使人理會，此刻特詳事實，且兼及朱子，各自有體，正不必與原書參會也。至尊意以《近思録》注家未爲善本，屬鄙陋重爲集注。……夫壯未聞道，晚乃思愆。檢點身心，在在謬妄。旋改旋蹈，懼終爲君子之棄，而小人之歸。疾病之餘，惟有借古人之書，少自針砭積習，以期不即於大惡。乃欲强倚一孔之窺，掇拾揣測，以冀昭示來學，夫何敢亦何能耶？……此時只有慚恧而已矣，悚懼而已矣。區區之誠，伏惟鑒察。①

這封書信提供了非常重要的信息，間接反映了魏源研治《近思録》的心得體會，以及他修改增補此書的具體設想，主要涉及以下幾方面之問題：一是魏源欲增補江永《近思録集注》，江氏《集注》據《文集》、《語類》輯録朱子論《近思録》多條，附於朱子、吕祖謙原序之下，而魏源則更欲補入黄榦論述《近思録》的相關文字。一是《近思録》第一卷“道體”多論陰陽變化性命之理，内容偏重形而上學層面，文義較爲深奥難懂，故朱子主張不妨先從第二、第三卷看起，魏源受其影響，因此想改刻原書，要將第一卷移置全書之末。一是魏源欲在《近思録》之後附刻周程張朱的遺事行狀，以期萃合其言行於一書。一是魏源對前此《近思録》諸家注本深懷不滿，故敦勸前輩學者董桂敷重

---

① 董桂敷：《自知堂文集》卷一《再與魏默深書》，轉引自李瑚《關於〈詩比興箋〉與〈近思録補注〉的作者問題》，《文史》第21輯，第151頁；李瑚：《魏源事迹繫年》，《魏源研究》，北京：朝華出版社，2002年，第262頁。

爲集注,而董桂敷則婉言謝絶。此封書信的時間大約爲嘉慶二十二年,魏源時年二十四歲。① 從中不難看出,彼時的魏源年輕氣盛,勇於著書立説,然而對《近思録》的認識尚未深透,具體設想也不甚可行。如欲將第一卷改刻置後,實有魯莽過激之嫌,而欲附刻周程張朱遺事行狀,就會與《近思録》卷一四的内容重複,既與原書性質體例不合,對閲讀原書亦無甚裨益。相較而言,董桂敷的理學造詣較高,對《近思録》的見解精深,所論諸事皆深中肯綮,宜乎魏源對其敬佩有加而執弟子禮也。② 而從陳沆《近思録補注》的内容特點來看,在原序之下所附"朱子論《近思録》",基本沿襲了江永《近思録集注》的做法,又附有"諸儒論《近思録》",則采録黄勉齋以下八家之論説。這些方面與魏源的上述主張大致相合,考慮到陳沆與魏源的密切關係和誠摯情誼,他撰作此書很有可能是受魏源啓發。但《近思録補注》卷首所附"諸儒論《近思録》",其中采録黄勉齋之説僅有一條,即"黄勉齋云,今學者多騖於首卷性命高遠之説,是'近思'却成'遠思'也",魏源於此有批注云:"勉齋一條需載全文,今截取兩句,便鶻突不成語。"可見陳沆原稿既未按照魏源最初設想補入所謂"勉齋三書",亦未遵從董桂敷建議截取"《語》、《孟》、《近思録》"之句。綜合此種種因素,我們認爲陳沆撰作《近思録補注》有可能受到魏源啓發和影響,但與魏源的設想並不完全相合,此亦可證《近思録補注》並非直接依據魏源初稿而來。

---

① 李瑚:《魏源事迹繫年》,《魏源研究》,第 262 頁。
② 魏源:《古微堂詩集》卷一有《偶然吟十八章呈婺源董小槎先生爲和師感興詩而作》,末注云:"董先生經明行修,一代大儒,不以詩名。"卷九有《寄董小槎編修》四首,第 1 首末云:"痼寐尚滋嚴憚益,關河千里亦吾師。"(李柏榮:《魏源師友記》,長沙:岳麓書社,1983 年,第 21 頁。)

　　《近思録補注》采録魏源之説十一條，在魏源傳世著作中均不見載録，對於研究魏源的學術思想，尤其是其關於理學方面的見解，是極爲珍貴的文獻資料。而《近思録補注》原稿所存魏源批注，其中有些也具有重要學術價值。如《近思録補注》卷首所附"附諸儒論《近思録》"，陳沆原稿輯録孫承澤之説一條：

　　　　孫北海曰："學有原委，原端正則委自分明。如《大學》之明德，《中庸》之天命，《論語》之務本，《孟子》之仁義，皆自原頭説起，使學者有所從入。不然原本不識，用力雖勤，而誤墮旁蹊者不少矣。故《近思録》首卷宜細爲體認。朱子'識個頭腦'四字，良非易事。"

但稿本中的這段文字後被勾删，而頁眉有魏源批語云："孫氏姓名有玷此書，且其語亦支離之甚。今學者第從第二、三卷存養致知之方作工夫，有誤落旁蹊者耶？且空識名目，亦未必遂能信道不惑也。"①孫承澤（號北海）是明末清初的重要政治人物，也是理學陣營中宗朱的代表學者，因爲有仕明、投李、降清的特殊經歷，其人品氣節頗爲後人詬病，故四庫館臣斥其"初附東林，繼降闖賊，終乃入於國朝，自知爲當代所輕，故末年講學，惟假借朱子以爲重"。② 嚴佐之先生曾就此指出，

　　　　（孫承澤）一味"尊朱"，乃至"字字阿附"，處處回護，幾乎到了"佞朱"的地步。

　　　　所謂物極必反，"佞朱"其實"誤朱"，故而引起宗朱陣

---

① 陳沆：《近思録補注》卷首，《續修四庫全書》子部第 934 册，第 605 頁。
② 永瑢：《四庫全書總目》卷一八《詩經朱翼傳》，北京：中華書局，1965 年，第 144 頁。

營反思，認爲"當今之害，患在群奉真儒，不知别白，貿貿
焉，是其所非，非其所是，反授外道以入室操戈之柄，而害
且遍天下"，"痛聖人之道不晦於畔朱之人，而即毁於從朱
之人"，痛定思痛，所以要在自己的營壘裏"清理門
户"，……所以，孫北海條目的收入和删去，都反映了晚清
朱子學者在如何傳承朱子學説問題上所持的不同態度。①

嚴佐之先生的精闢論述，已給我們清晰勾勒出當時的宏闊學
術背景。如果再回到《近思録》本身，就其前後相關内容加以
考察，就會發現魏源的批評意見也非常切當。前已述及，《近
思録》首卷文義深奧難懂，與朱子共同編輯此書的吕祖謙，在
原序中對此已有説明：

> 《近思録》既成，或疑首卷陰陽變化性命之説，大抵非
> 始學者之事。祖謙竊嘗與聞次緝之意，後出晚進於義理
> 之本原，雖未容驟語，苟茫然不識其梗概，則亦何所底止？
> 列之編端，特使之知其名義，有所嚮望而已。至於餘卷所
> 載講學之方、日用躬行之實，具有科級。循是而進，自卑
> 升高，自近及遠，庶幾不失纂集之指。若乃厭卑近而騖高
> 遠，躐等陵節，流於空虚，迄無所依據，則豈所謂"近思"
> 者耶？②

而朱子對此亦有説明："《近思録》首卷難看。某所以與伯恭商
量，教他做數語以載於後，正謂此也。若只讀此，則道理孤單，
如頓兵堅城之下。却不如《語》、《孟》只是平鋪直去，可以游

---

① 嚴佐之：《〈近思録〉後續著述及其思想學術史意義》，第 64—65 頁。
② 陳沆：《近思録補注》卷首，《續修四庫全書》子部第 934 册，第 595—
596 頁。

心。"又云:"看《近思録》,若於第一卷未曉得,且從第二第三卷看起,久久後看第一卷,則漸曉得。"①可見作爲《近思録》的編撰者,朱子和吕祖謙當初首置"道體"之卷,只是欲學者"識其梗概"、"知其名義,有所嚮望而已",並不主張學者要從第一卷讀起,也不欲學者專就此卷用力。通過前文所引董桂敷與魏源的通信,可知魏源嘗欲改刻《近思録》,由於受吕氏之序和朱子之説的啓誘,甚至有將第一卷移置全書之末的想法。孫承澤認爲"《近思録》首卷宜細爲體認"、"不然原本不識,用力雖勤,而誤墮旁蹊者不少矣",這顯係浮泛之論,似是而非,既脱離《近思録》的内容實際,也不符合朱、吕二人的編撰用意,且與本書卷首所載吕氏序文和朱子之説完全相悖。可見魏源批評孫承澤並删去其説,並非單純鄙薄孫氏爲人而廢棄其言,其實還關涉外在的學術背景,而且還有内在的學理依據。

《近思録補注》原稿中所存魏源批注,有數百條之多,所涉問題也非常廣泛,舉凡注釋體例、論説是非、文獻依據、章節分段、人名字號等皆有論及。通過比較稿本和刻本可以得知,正是由於魏源的批注意見,原稿中的很多訛誤及不妥之處得以修正,繁冗而不甚明切的注文則被删削,並且增補了一些較爲貼切的注文,極大提升了《近思録補注》的整體學術水平。讀者若就稿本稍稍寓目,相信會有直觀深刻之認知,故在此無煩縷觀,而僅就較爲普遍的問題略作申述。

魏源本人博極群書,熟稔各種文獻典籍,故時人有"記不清,問默深;記不全,問魏源"之譽。② 魏源著述也極爲宏富,

---

① 陳沆:《近思録補注》卷首,《續修四庫全書》子部第934册,第600頁。
② 姚永樸著,張仁壽校注:《舊聞隨筆》卷二,合肥:黄山書社,1989年,第109頁。

類似注釋之體的著作頗多,因此嫺於注解經典,實踐經驗較爲豐富。①《近思録補注》原稿中的批注,充分體現了魏源的學術專長。如《近思録》一些條目原有朱子本注,而陳沆《補注》據《文集》、《語類》等輯録增補朱子之説,往往與本注混在一起,在形式上泯然無别。對此,魏源建議要加以區分,以突出和强調朱子本注,如云"凡引朱子本注,與朱子語録需分别,方不苟"(卷一);"凡書中載《通書》處,需全用朱子原注,而以他説次之"(卷二)。又如《近思録補注》徵引諸家之説甚多,但標注學者字號非常隨意,很多僅言"某氏"而省略其字號,難以確考究竟爲何人之説。魏源對此問題屢有批注,建議要明確標注學者字號,在體例上要統一,如"注中所引諸儒及近時人,似宜列目首卷,詳其時代名字"(卷一);"或書黄勉齋,或書茅氏,或書高忠憲,例不畫一"(卷二);"楊氏須當書字號"(卷六);"王氏無字號"、"楊氏無字號"、"引雙湖胡氏與前後書法不一"(卷一二)等。《近思録補注》正文分節或有不合理之處,魏源則提出批評建議,如"縱分段亦不可太碎,如此章首二句一段,中五句一段,末三句一段,較爲明瞭"(卷一);"凡《通書》短章,須全列白文,而後下注,不必再分節,以免破碎"(卷二);"此條亦不當分段"、"此三段亦當合爲一條"、"段雖長而注甚少,亦不必分節"(卷六);"當合爲一節,朱子注亦可聯貫成文"(卷八);"本文太長,或連舉數條爲一者,則當于又云處、或曰處分段。如此節當合下節爲一,亦庶乎可,不得又從中割斷也"(卷九)。《近思録補注》所引注文或失於浮泛,或詳略不當,或支

① 如在其傳世著作有《詩古微》、《書古微》、《禹貢説》、《小學古經》、《大學古本發微》、《孝經集傳》、《曾子發微》、《老子本義》等多種,失傳著作有《説文儷難》、《董子春秋發微》、《兩漢經師今古文家法考》、《子思子章句》、《論語孟子補編》、《孫子集注》、《易象微》、《大戴禮記微》、《春秋繁露注》、《墨子注》、《吴子注》、《説苑注》、《六韜注》等多種。

離繁冗,魏源皆一一指明不足,如"凡書中每一章,須看其歸重切要處而注之。如此章'聖希天'、'過則聖'二句,皆可不注。能略然後能詳","此是《近思》注,非《論語》注。此等皆不必理會,即指其爲注疏舊説,亦不必引《語類》云云也","每注一章,必有主腦,方不尋文摘句,以致支離","《語類》中多數條重複者,宜善去取","注以簡實爲要,繁則支","注者所以解本文也,若泛設議論,而于本文無關,反涉支離","注此等處須切實,不在做門面語"(卷二);"此條與程子之意不相交涉","此條注亦不親切","注書當看一節命義所在","此等處亦皆重複冗,宜酌歸簡明"(卷四);"此注皆辯論文義,與此書體例不切,但可融會取之","《本義》、《程傳》異處亦不必理會,此是論學,非解經也"(卷七)。這些批注雖然大都針對具體問題而發,但很多其實具有普遍的方法論意義,諸如注書應當力求簡約明白、注文務必切合本文、注文層次當有輕重主次、注文應契合書籍性質體例、文獻依據出處應當標注準確、卷首應當詳列引述諸家時代字號等,這些意見都非常中肯切要,對于今天的古籍注釋工作仍具有借鑒參考之价值。

　　若就魏源批注内容詳加分析考察,還會發現一個重要特點,在此尤需特別表出。《近思録補注》原稿所録朱子之説,其中多有與《近思録》本文互相違異甚或直接駁斥原文之處,對此魏源皆詳加批注並表達自己的觀點。如《近思録》卷二"尹彦明見伊川後,半年方得《大學》、《西銘》看",《補注》稿本原引《朱子語類》注云:"此蓋且養他氣質,淘汰了許多不好底意思,如《學記》所謂'未卜禘不視學,游其志也'之意。固好,然也有病者。蓋天下有許多書,若半年間都不教看一字,幾時讀得天下許多書?……尹彦明看《大學》,臨了連格物也看錯了,所以深不信伊川今日格一件、明日格一件之説,是看個甚麼?"魏源批注云:

半年方令看《大學》、《西銘》者,非全不令看他書也。《論語》、《孟子》小學之屬,諒必先以授之。又日聞講論,無非聖經賢傳之旨,則何嘗曠廢時日之有? 蓋《大學》、《西銘》二書規模闊大,自非初學啓蒙之具。且和靖亦非不識格物之義者,其不信今日格一物、明日格一物者,蓋泥認爲每日限定格一物耳,此何害于曉格物之義耶? 語録中辯駁程子處,往往當審慎取之。

又如《近思録》卷二:"德不勝氣,性命於氣;德勝其氣,性命於德。窮理盡性,則性天德,命天理。氣之不可變者,獨死生修夭而已。"此横渠之説,稿本原引《朱子語類》注云:"氣不可變惟壽夭,要之此亦可變,但大概如此。"又引《朱子文集》注云:"問: 知所攝養者則多壽考,肆其嗜慾者則多夭亡,是死生修夭亦可變也,故程子以火爲喻,與此説不合,如何? 曰:《正蒙》之言,恐不能無偏。"魏源批注云:

冉疾顏夭,何以解之? 若俱可變,則不謂之命矣。此横渠至精之言,何可輕議!

又如《近思録》卷四:"明道先生在澶州日,修橋少一長梁,曾博求之民間。後因出入,見林木之佳者,必起計度之心。因語以戒學者,心不可有一事。"稿本原引《朱子語類》注云:"問: 佛氏但願空諸所有,固不是,然明道謂'心不可有一事',如在試院推算康節數,明日問之,則已忘矣,恐亦空諸所有意? 朱子曰: 此出《上蔡語録》,只録得他自己意。顏子得一善則拳拳弗失,與孟子必有事而弗忘,何嘗要人如此?"魏源批注云:

語録中往往有因人因事而發者,如此條既取入《近思録》以示學者矣,而此條又駁之,何可並存? 橋梁計度之心,此當忘者也。得一善與必有事焉,此不當忘者也。朱子重康節易數,故不以程子爲然。

又如《近思録》卷八:"《觀》:'盥而不薦,有孚顒若。'《傳》曰:君子居上,爲天下之表儀,必極其莊敬,如始盥之初,勿使誠心少散,如既薦之後,則天下莫不盡其孚誠,顒然瞻仰之矣。"此《程氏易傳》文,稿本原引《朱子語類》注云:"或問:《程傳》與《本義》不同? 曰:盥只是浣手,不是灌鬯,伊川承先儒之誤。若云薦羞之後誠意懈怠,則先王祭祀,只是灌鬯之初猶有誠意,及薦羞之後,皆不成禮矣。"魏源批注云:

　　　伊川所云既薦之後,猶言既祭之後也,不可以詞害義。

又如《近思録》卷八:"明道先生曰:必有《關雎》、《麟趾》之意,然後可以行《周官》之法度。"稿本原引《朱子語類》注云:"問:'必有《關雎》、《麟趾》之意',只是要得誠意素孚否? 朱子曰:須是自閨門衽席之微,積累到薰烝洋溢,天下無一民一物不被其化,然後可以行《周官》之法度,不然則爲王莽矣。揚雄不曾説到此,後世論治,皆欠此一意。"魏源批注云:

　　　問語本近是,答語太愚。若已能薰烝洋溢,無一物不被其化,則尚何須再行法度之有? 且必如是而後可行,則是終古無行法度之時也。程子之旨,只謂有美意而後可行良法,不可從事虚文之末耳。

《近思録補注》原稿中類似這樣的批注還有很多,而魏源的批注意見大多爲稿本采納,相關注文也有明顯删改之迹。需要指出的是,作爲《近思録》的編選者,朱子雖然是伊洛正宗嫡傳,對周張也都非常尊崇,但並不墨守遺書,其論説多與周張二程存在差異。然而作爲《近思録》的注釋之作,所引注文應當切近本文,貴在能從正面闡發本文意指。對於注文所引朱子之説與本文不合,甚或直接駁辨本文之處,魏源大都予以反駁,詳辨其立説之是非,指明對這些注文要審慎去取。這些意見有助於發明《近思録》本文旨意,也契合注釋之作的體例特點。而從所涉具體問題來看,魏源並非簡單偏袒和回護本文,其駁朱子之説皆言之成理而令人信服,雖然尊崇程朱但不盲目迷信,體現出求真務實的理性精神。魏源的這些批注意見,可以消弭《近思録補注》本文與注文的分歧,有助於提升全書的學術水平,也是研究魏源理學思想的珍貴資料。

四、《近思録補注》的撰著特點及學術價值

陳沆《近思録補注》稿本和刻本都没有序跋題記,相關文獻記載也非常少見,因此其成書過程和撰著宗旨已難詳考。然其書既名"近思録補注",則當有所本。從其全書體例來看,卷首所列《近思録書目》、《近思録原序》,皆與江永《近思録集注》完全相同;又江氏《集注》卷首據朱子文集、《語類》輯録相關論説 23 條,而《近思録補注》卷首亦附"朱子論近思録"凡 25條,其中 22 條與江氏《集注》完全相同,惟條目前後次序略有變化,並抽换增補 3 條而已;又全書十四卷,每卷卷端標目亦與江氏《集注》完全相同。從注文内容來看,《近思録補注》所采以朱子之語爲主,其中很多注文明顯襲取自江氏《集注》。前文論及魏源研治《近思録》,嘗欲增補江永《近思録補注》,對

陳沆撰作此書當有影響。綜合這些因素來看，陳沆《近思録補注》應本於江永《近思録集注》而作，换言之，其所增補的對象就是江氏《集注》。

江氏《集注》之特點，是略於訓詁考證，亦不重詮解文義，而重在采輯朱子之説，凡朱子《文集》、《或問》、《語類》諸書之言，有與《近思録》相關者悉采入注，如朱子説有未備則取葉采及他家之説以補之，間亦附以己説，藉以闡明本文旨意，有學者將此概括爲“輯朱子之語以注朱子之書”①。陳沆《近思録補注》注文内容對江氏《集注》多有因襲取捨，注解特色也與江氏《集注》大致相近。就整體内容份量而言，《近思録補注》較江氏《集注》增多約三分之一，所增補的主要内容，如卷首所附“朱子論近思録”之後，增出“諸儒論近思録”，采輯黄榦、薛瑄、吴與弼、胡居仁、刁包、李方子、高攀龍、張履祥八家論説；江氏《集注》很多條目的注解比較簡略，有些甚至没有注文，而《近思録補注》則廣徵博引，薈萃衆説，補入大量注文，注解更爲詳密；此外還廣泛采擇自宋至清諸儒之説，間亦附有陳氏本人的按斷發明。作爲晚出之《近思録》注本，《近思録補注》充分匯集前人成果，在江氏《集注》之外，還對葉采《近思録集解》、茅星來《近思録集注》、施璜《五子近思録發明》等有所借鑒參考，也是其采輯諸家之説的重要文獻來源。

就文獻取材而言，陳沆《近思録補注》有其獨特价值。《近思録補注》注文所引以朱子之説爲主，此外還大量徵引宋代以下諸儒論説，采擇範圍非常廣博。今依據刻本進行統計，總計所引約有九十餘家，其中宋代四十二人：孫復（孫氏復）1 條、王安石（王氏）1 條、吕大防（吕微仲）1 條、吕大臨（吕氏）1 條、吕希哲（吕原明、吕滎陽）2 條、程頤（程子）15 條、范祖禹（范

---

① 李承瑞：《近思録集注跋》，清嘉慶十二年李承端刊本《近思録集注》。

氏、華陽范氏）3 條、楊時（楊龜山、楊氏）5 條、謝良佐（謝上蔡、
謝氏）5 條、尹焞（尹和靖）2 條、晁説之（晁氏）1 條、劉安禮（河
間劉氏）1 條、陳峴（陳東齋）1 條、朱震（朱子發）1 條、李侗（李
延平）3 條、馮時行（馮當可）1 條、楊萬里（楊氏）1 條、張栻（張
南軒）6 條、胡宏（胡仁仲、胡五峰、胡氏）6 條、呂祖謙（呂東萊、
呂氏）5 條、陸九淵（陸象山、陸子静）4 條、項安世（項平甫、項
氏）2 條、陳傅良（陳君舉）1 條、胡大時（胡季隨）1 條、陳淳（陳
北溪、陳氏）3 條、蔡沈（蔡氏）2 條、黃榦（黃勉齋）15 條、輔廣
（輔漢卿、輔慶源）7 條、陳埴（陳潛室）6 條、黃震（黃東發）1
條、真德秀（真西山）8 條、王宗傳（王氏）1 條、李方子（李果齋、
李正叔）2 條、葉時（葉竹野）1 條、李閎祖 1 條、李叔寶（李景
齋）1 條、潘夢旂（潘氏）1 條、彭執中（廬陵彭氏）1 條、饒魯（雙
峰饒氏）2 條、王應麟（王伯厚、《困學紀聞》）7 條、徐直方（徐
氏）1 條、葉采（葉氏）36 條。引元代九人：許衡（許魯齋）3 條、
王申子（王巽卿）1 條、熊禾（熊氏）2 條、胡一桂（雙湖胡氏）1
條、胡炳文（胡雲峰）1 條、陳櫟（陳定宇、陳新安）3 條、沈貴珤
（沈毅齋）1 條、俞玉吾 1 條、張清子（張希獻）1 條。引明代二
十人：曹端（曹正夫、曹月川）2 條、薛瑄（薛敬軒）35 條、吳與
弼（吳康齋）2 條、邱濬（邱瓊山）1 條、胡居仁（胡敬齋）55 條、
蔡清（蔡虛齋）3 條、羅欽順（羅整庵）7 條、呂柟（呂涇野）3 條、
林希元（林次崖、林氏）4 條、魏校（魏莊渠）1 條、羅洪先（羅念
庵）2 條、曹于汴（曹真予）1 條、馮從吾（馮少墟）1 條、高攀龍
（高景逸、高氏）29 條、刁包（刁蒙吉）1 條、高世泰（高匯旃）1
條、楊啓新（楊氏）2 條、陸夢龍（陸君啓）1 條、張自勳（張卓庵）
1 條、劉宗周（劉蕺山、劉念臺）4 條。引清代十四人：顧炎武
（顧亭林）1 條、張履祥（張楊園）13 條、沈磊（沈誠庵）2 條、陸
世儀（陸桴亭）3 條、湯斌（湯潛庵）1 條、呂留良（呂氏）3 條、陸
隴其（陸稼書、陸氏）4 條、汪佑（汪星溪）1 條、施璜（施氏）1

條、茅星來（茅氏）9 條、江永（江氏）15 條、李清植（李安溪）1
條、張海珊（張鐵甫）1 條、魏源（魏默深）11 條。① 還有些注文
條目雖標注姓氏字號，但難以考知姓名及朝代，如秦別隱 38
條、孫質卿（孫氏）1 條、吳氏 2 條、張氏 3 條等。在這些前人論
説之中，有些具有重要價值。如所引魏源之説，在魏源文集中
均不見記載，吉光片羽，彌足珍貴。又如秦氏別隱之説，其姓
氏著作皆隱而不彰，録存秘逸，洵可寶貴。《近思録補注》之文
獻價值，即此可見一斑。

　　就具體注解内容來看，陳沆《近思録補注》也有其獨特學
術价值。在文字校勘方面，《近思録補注》有精於江永《近思録
集注》之處。如《近思録》卷一〇録伊川之語：“韓持國服義最
不可得。一日頤與持國、范夷叟泛舟於潁昌西湖，須臾客將
云：‘有一官員上書謁見大資。’……”陳沆《補注》云：“韓維字
持國，范純禮字夷叟。客將，即牙將，張繹《師説》作‘典謁’。
他本‘云’訛‘去’，今改。”江永《近思録集注》“須臾客將云”作
“須臾客將去”，則與前後文句不相連貫，且語意較爲費解。陳
沆則參考了茅星來《近思録集注》，注解較爲明晰，文字校勘較
爲精審。較之茅氏《集注》、江氏《集注》，陳沆《補注》有些注解更
爲細密精要。如《近思録》卷三：“凡解經不同無害，但緊要處不
可不同耳。”茅氏《集注》、江氏《集注》、陳沆《補注》注解如下：

　　　　緊要處，如道體之大、求道之方、學術之邪正，得失系
　　焉，故不可不同。（茅氏《集注》）
　　　　按，緊要對緩漫者言之，謂有關係處。（江氏《集注》）

---

① 《近思録補注》引述諸家姓氏體例不一，有時僅言姓氏而不言字號，若
　非藉助古籍數據庫和電子檢索手段，很多條目難以確考爲誰氏之説。
　魏源批注對此雖有非常詳確的建議，但在稿本和刻本依然如舊，估計
　是因陳沆早逝，後人整理付梓時也未能修訂。

　　朱子曰：天下之理萬殊，然其歸則一而已矣，不容有
二三也。知所謂一，則言行之間雖有不同，不害其爲一。
不知其一而強同之，猶不免於二三也，況遽以二三者爲理
之固然而不必同，則其爲千里之謬，不待舉足而已錯迷于
户庭間矣。故明道先生曰：“凡解經不同者無害，但緊要
處不可不同耳。”此言有味也。（陳沆《補注》）

相較而言，茅氏《集注》、江氏《集注》僅詮釋“緊要處”，注解較
爲簡略，而陳沆《補注》則依據朱子文集，所引注文更具有針對
性，闡發義理更爲透闢。又如《近思録》卷三：“‘不以文害辭’，
文，文字之文，舉一字則是文，成句是辭。《詩》爲解一字不行，
却遷就他説，如‘有周不顯’，自是作文當如此。”茅氏《集注》、
江氏《集注》、陳沆《補注》注解如下：

　　《詩·大雅·文王篇》曰：有周不顯。葉氏曰：言周
家豈不顯乎？苟直謂之不顯，則是以文害辭。（茅氏《集
注》）
　　葉氏曰：《詩》言周家豈不顯乎，言其顯也。苟直謂
之不顯，則是以文害辭。（江氏《集注》）
　　朱子曰：不顯，猶言豈不顯也。（陳沆《補注》）

茅氏《集注》、江氏《集注》皆引據葉采《近思録集解》，其實葉氏
亦本於朱子《詩集傳》注解爲説。陳沆《補注》則直接引據朱子
《詩集傳》之注，雖然文字較爲簡約，但在文獻出處上能追根溯
源，就“集朱子之語以釋朱子之書”而言更具典範意義。又如
《近思録》卷一三：“儒者潛心正道，不容有差，其始甚微，其終
則不可救。如‘師也過，商也不及’，於聖人中道，師只是過於
厚些，商只是不及些。然而厚則漸至於‘兼愛’，不及則便至於

'爲我'。其過不及同出於儒者,其末遂至楊、墨。至於楊、墨,
亦未至於無君無父,孟子推之便至於此,蓋其差必至於是也。"
茅氏《集注》、江氏《集注》、陳沆《補注》注解如下:

> 朱子曰:楊、墨之説,恐未然。楊氏之學出於老聃之
> 書,墨子則晏子時已有其説,非二子之流弊也。(茅氏《集
> 注》)
> 胡氏曰:楊朱即莊周所謂"楊子居"者,與老聃同時。
> 墨翟又在楊朱之前,宗師大禹,而晏嬰,學之者也。以爲
> 出於二子,則其考之不詳甚矣。○或問:楊、墨學出於
> 師、商,信乎? 朱子曰:胡氏論之當矣。○程子論楊、墨
> 之源流,考之有未精者。(江氏《集注》)
> 按,程子之意,舉師、商只是取"過不及"三字,以明道
> 之不容有差,一差則必至於楊、墨,似非論其源流也。(陳
> 沆《補注》)

對於伊川此語,後世學者多以爲其論楊、墨源流,然考之時代
却有不合,故對其皆表示質疑,認爲伊川所言不確。陳沆《補
注》對此則有不同見解,在引述胡氏、朱子之説後附加案斷,認
爲伊川此語未必是論楊、墨源流,而是以孔門弟子爲譬喻,説
明即使是儒者之學,若有"過不及"之偏差,仍會積漸而至於
"兼愛"、"爲我",其末遂與楊、墨無别,意在警覺學者"潛心正
道,不容有差"也。就此條注文而言,相較於前此諸家注釋,陳
沆《補注》無疑更爲高明,似更合乎伊川本意。

　　陳沆《近思録補注》還引述陸九淵之説,在所引前人論説
中較爲矚目,在《近思録》諸家注本中也最爲特殊。如《近思
録》卷二:"伊川先生曰:古之學者,優游厭飫,有先後次序。
今之學者,却只做一場話説,務高而已。常愛杜元凱語:'若江

海之浸,膏澤之潤,涣然冰釋,怡然理順,然後爲得也.'今之學者,往往以游、夏爲小,不足學。然游、夏一言一事,却總是實。後之學者好高,如人游心於千里之外,然自身却只在此。"陳沆《補注》注文引云:

> 陸象山曰:"優而游之,使自求之。厭而飫之,使自趨之。若江海之浸,膏澤之潤",此數語不可不熟味。優游寬裕,却不是委靡廢放。此中至健至嚴,自不費力。

又《近思録》卷二:"君子之學必日新。日新者,日進也。不日新者必日退,未有不進而不退者。惟聖人之道無所進退,以其所造者極也。"陳沆《補注》注文引云:

> 陸子静曰:夫人學問當有日新之功,死却便不是。須鍛鍊磨礲,方得此理明,如川之增,如木之茂,自然無已。

又《近思録》卷三:"伊川先生曰:凡看文字,先須曉其文義,然後可求其意。未有文義不曉而見意者也。"陳沆《補注》注文引云:

> 陸象山先生曰:讀經須先精看古注,如讀《左傳》,則杜預注不可不精看。大概先須理會文義分明,則讀之其理自明白。

又《近思録》卷四:"人之所以不能安其止者,動於欲也。欲牽於前而求其止,不可得也。故《艮》之道,當'艮其背',所見者在前,而背乃背之,是所不見也。止於所不見,則無欲以亂其心,而止乃安。'不獲其身',不見其身也,謂忘我也。無我則

止矣,不能無我,無可止之道。'行其庭,不見其人',庭除之間
至近也,在背則雖至近不見,謂不交於物也。外物不接,内欲
不萌,如是而止,乃得止之道,於止爲无咎也。"陳沆《補注》注
文引云:

> 陸象山曰:"艮其背,不獲其身",無我。"行其庭,不
> 見其人",無物。

《近思録補注》所引陸九淵之説僅此四條,就數量而言並不可
觀,然而却有其特殊之處和重要意義。

衆所周知,朱子、象山論學存在重大分歧和差異,在鵝湖
之會已經暴露無遺,至"無極"之辯而愈益激烈。厥後兩家學
者相互詰辯攻駁,聚訟不已,"宗朱者詆陸爲狂禪,宗陸者以朱
爲俗學,兩家之學各成門户,幾如冰炭",①此風自南宋以降迄
至明清皆然,成爲理學史上歷時最久、影響深遠的學術公案。
後世有關宋明理學的研究和敘事,因而也有程朱與陸王之分。
而由朱子和吕祖謙合作纂輯的《近思録》,主要掇取周、張、二程
之書,雖然没有直接反映朱子本人的思想,但其編選標準和體例
實由朱子主導,也體現了朱子對早期理學體系的思考和建構。

《近思録》在後世廣爲流傳並成爲理學經典,歷代注解、續
補、仿編之作蔚爲大觀,固然緣於其本身"義理精微",潛藏着
深厚思想意藴和巨大學術價值,同時也與朱子學説地位的日
漸躋升和正統化過程密切相關。"《近思録》後續著述"數量繁
多,難以逐一分析考察,但就我們力所能及的觀察,最早的注
解續補者多爲朱子弟子門人(如楊伯嵒、葉采),後來的注解續

---

① 黄宗羲原著,全祖望補修:《宋元學案》卷五八《象山學案》,北京:中
華書局,1986 年,第 1886 頁。

補者也都是尊崇朱子的學者，因此在其書中很少正面引述象
山之説，即使偶然出現其名，都是視之爲異端，作爲批判撻伐
的對象。這大致是歷代《近思録》注本的共同特點，似乎惟有
陳沆《近思録補注》屬於例外。從《近思録補注》所引象山之説
來看，其内容與《近思録》本文旨意非常契合，與同時引録的朱
子之説並無明顯違異，並且多可彼此補充、互相發明。

　　著者輯録引述這些注文，就注書之性質體例而言可謂精
要，而其特殊的價值意義，更在於啓發我們重新審視傳統朱陸
異同之争。錢穆先生曾指出："考論朱陸異同，有一絶大難端
首當袪除，即傳統門户之私見是也。就理學内部言，則有程朱
與陸王門户對立。就理學之對外言，則有經學與理學之門户
對立。從來學者立論往往爲此兩重門户之見所束縛，而未能
放眼以觀，縱心以求。"又云："象山之所是，有時爲朱子之所
非，然固不能謂凡屬象山所是，則必爲朱子所非也。"①已往學
者過於强調朱陸之間的對立，執着於朱陸之異而忽略其同，易
於造成朱陸處處皆異的誤解。其實朱子與象山皆以繼承孔孟
道統自居，皆爲道學中人物，其論學雖存在差異和分歧，但也
多有持論相同和相通之處，在更高層面則是百慮而一致、殊途
而同歸。就邏輯範疇而論，如果否認朱陸之同，焉有朱陸之
異？歷代《近思録》注家摒棄象山之説，並非象山之説無可取，
實乃門户之私使然。《近思録補注》輯録引述象山之説，其特
殊之處和意義藉此可見。

　　若由此進而加以追溯考察，我們發現魏源《古微堂外集》
有《周程二子讚》、《程朱二子讚》、《朱子讚》、《陸子讚》、《朱陸

----

① 錢穆：《朱子新學案》卷四三《朱子象山學術異同》，北京：九州出版
　社，2011年，第3册，第388頁。

異同讚》、《楊子慈湖讚》、《王文成公讚》諸篇①，對程朱陸王等皆表尊崇之意，無有理學上的傳統門户之見。據此能否做出推斷，陳沆《近思録補注》輯録引述象山之説，很有可能受到魏源影響？至少其中如卷三所引之條，在稿本中原誤作朱子之説，是後經魏源批注提示方更正爲陸象山的。

五、餘　　論

在陳沆《近思録補注》之前，《近思録》注釋之作已有多種，較著者如葉采《近思録集解》、張伯行《近思録集解》、茅星來《近思録集注》、江永《近思録集注》諸家，注解非常詳實，内容各具特色，流傳較爲廣泛，且葉氏、茅氏及江氏之書皆已收入《四庫全書》，具有很大的學術影響。在此諸家注本之後出現的《近思録補注》，其意義究竟何在？通過前文分析梳理大略可知，《近思録補注》是陳沆這位清代狀元和詩文名家今存唯一的學術著作，是其“屏棄詞章之學”而“篤志求道”、“涵泳義理”的心得體會和重要成果，也是研究陳沆學術思想尤其是其理學觀點最爲重要的文獻資料。《近思録補注》又與魏源關係密切，“讀者諸君也可由此獲知，魏源這位近代‘睜眼看世界’的先行者，在接受西方新事物、新思想的同時，依然保持對程朱理學的傳統情懷”。② 至於其徵引采輯之廣博，録存秘逸之珍貴，以及具體注解中的卓見特識，皆昭示出此書不容忽視的文獻價值和學術意義。

此前很少有人深入研究陳沆《近思録補注》，對其内容特點和學術價值尚未有充分認識。如陳榮捷先生嘗論此書云：

---

① 魏源：《古微堂外集》卷二，《魏源全集》，長沙：岳麓書社，2011 年，第 13 册，第 169—171 頁。

② 嚴佐之：《〈近思録〉後續著述及其思想學術史意義》，第 65 頁。

　　其所見並非卓越。考據遠不及茅星來之《近思録集注》，詮解亦不及張伯行之《近思録集解》。以言以朱解朱，更不如江永之《近思録集注》。然遠勝日本素來通行之葉采《近思録集解》多矣。所采以朱子之説爲多，然此外亦引理學家約五十人，又述葉采注、江永注、施璜《五子近思録發明》，而張伯行不與焉。中韓日諸注家之引吕東萊者，中村習齋而外，陳沆而已。①

　　在此需要説明的是，《近思録補注》大致沿襲了江氏《集注》的内容特點，本來略於訓詁考證，亦不重詮解文義，所輯以朱子之説爲主，但又補入了大量後儒論説，故而注文内容顯得龐雜，陳先生謂其考據不及茅氏《集注》，詮解亦不及張氏《集解》，以朱解朱更不如江氏《集注》，洵爲精確之見。然而陳先生謂此書"引理學家約五十人"，其實《近思録補注》所引遠不止此；又謂"中韓日諸注家之引吕東萊者，中村習齋而外，陳沆而已"，今未見中村習齋之書，未知其詳，然《近思録補注》所引吕東萊説僅五條，實不及茅氏《集注》所引之多，且所引吕東萊之説，就其性質内容而言並不具有代表性，遠不若所引象山之説具有重要學術意義。作爲理學經典文本的注解之作，陳沆《近思録補注》具有重要文獻價值和深厚思想意藴，本文亦粗陳梗概而已，讀者如能就其全書優柔厭飫、沈潛反覆、平心玩味、切己體察，定會獲得更加深切的感受和更爲全面的認識！

　　附記：本文承蒙嚴佐之先生指導，相關版本問題曾向程水龍先生請教，謹致謝忱！

---

① 陳榮捷：《朱子新探索》，上海：華東師範大學出版社，2007年，第268頁。

清郭嵩燾注《近思録》
及其"宗朱"之學

嚴佐之

清道光十六年（1836 年）丙申，年僅十九、剛補上博士弟子員的郭嵩燾，從湘陰來到省城長沙嶽麓書院準備應考，不想在此千年學府得與另一位年輕學子劉蓉相識而訂交，同時結交的還有青年曾國藩。劉蓉字孟容，號霞仙，家世湘鄉人，雖僅年長郭二歲，然"少負奇氣，不事科舉"，"力求程、朱之學，躐而從之"，"慨然有志於三代"，①與自少"習時文之義法"的郭嵩燾，問學之趨，大相徑庭。有理由相信，劉蓉的治學取向給了郭嵩燾"別開生面"的影響。當然，這種影響是漸次擴張的。

約十年後，郭嵩燾在道光二十五年二月十二日致劉蓉信中如此寫道："自丁酉以來，始之差勤泛濫焉而不知所歸，其義要於爲名而已。既兄與滌兄力明正學，抉除文字浮囂之習，躬聖道而力踐之，每竊自愧。"接着又説："弟近者之功，在務擴充其器識，以和養其知趣，其於《大學》之事亦頗與聞。""自昨歲以來，若《近思録》、《大學衍義》、《史記》、昌黎先生之文，循次而讀焉。""要其志趣常在於是。其於立身行己，要亦將守其大者，嚴義利之辨，履下學之方，終吾身焉爾矣，其終有進焉，亦

---

① 郭嵩燾：《陝西巡撫劉公墓志銘》，梁小進主編：《郭嵩燾全集》第 15 册集部三《文集》卷一一，長沙：嶽麓書社，2012 年，第 526 頁。

未可知。其凡所爲敝敝焉涉其粗者，尚止於是。敬以告知我
兄，其或因是而誘進焉，亦皆兄之賜也。"①信中透露的一則信
息引起我的注意，就是史稱學"宗晦庵"的郭嵩燾，只是在他與
劉蓉締交的第八個年頭，才開始閱讀朱子《近思録》這部理學
入門讀本，并有志於"立身行己"之學的。郭氏讀《近思録》雖
未必是劉推薦，但他讀焉而特地去信告之，則謂之受劉影響亦
未嘗不是。當然，這並不是拙文開篇引述此信的初衷。我之
所以特地拈出郭嵩燾讀《近思録》一事，是因未曾料想，自此之
後，郭嵩燾竟一發不可收拾地將此書"奉爲入德之門"，"流覽
所及四十餘年"，并"前後四次加注"。郭注《近思録》一事向來
無人提及，而郭注《近思録》傳抄本今猶存世，這對郭嵩燾研究
與《近思録》傳播研究而言，或不無補益參資之助。有鑒於此，
特撰小文以爲文獻揭示，并就此郭氏佚書，窺察他的"宗朱"學
術思想。

一、清末抄本郭嵩燾注
《近思録》版本考辨

　　庋架于東北遼寧省圖書館的清末抄本郭嵩燾注《近思
録》，據《中國古籍總目》著録，僅此一家有藏，宜屬海内孤本。
雖説在《總目》發布之前，此書已見録於《東北地區古籍線裝書
聯合目録》，也曾有學者前趨目驗并有所揭示，②但迄今知見
者依然鮮少，新編《郭嵩燾全集》堪稱搜羅廣泛，卻仍遺珠失
收。故此書不僅海内稱孤，亦是郭氏佚著，甚爲難得。鑒於其

---

① 郭嵩燾：《致劉蓉》，《郭嵩燾全集》第十三册集部一《書信》，第6、
　　7頁。
② 參見程水龍：《〈近思録〉版本與傳播研究》第二章，上海：上海古籍出
　　版社，2008年，第90頁。

非常見易得之書,《總目》著録又相當疏簡,讀者無從獲知其詳,故有必要在揭示其學術文獻價值之前,先考其版本,辨其信疑。而根據我個人的經驗,揭示版本特徵最簡明有效的方式,莫過於書志。故此謹按書志通例,注記該書版本於下。

　　《朱子原訂近思録》十四卷,宋朱熹、吕祖謙撰,清郭嵩燾注。清末抄本,民國孫廣庭批校。無行格邊欄,中縫無卷數頁碼。每半頁十二行,行二十五字。紙釘毛裝,四册一函(第一册卷一至二,第二册卷三至五,第三册卷六至九,第四册卷十至十四)。卷首傳録郭嵩燾光緒十年題識四則。無序跋文。正文卷端首行題"朱子原訂近思録卷之×",《近思録》正文頂格,郭氏注文另行低一格。第一册書衣題署:"近思録卷一之卷二/郭嵩燾注"。傳抄未審,字句多訛,然泰半無心之誤。行間有圈點、校補,書眉間有批校評點。各卷末有署"夏曆戊寅歲丹階記"題識多款。如云:"戊寅歲夏曆九月二十八日閲畢,句錯字訛之處尚多,俟再閲詳校。丹階記,時年六十三,寓吉林老晉隆帳房。"

　　按"丹階"乃民國初東北藏書家孫廣庭先生之名,"戊寅歲"爲民國二十七年。以"丹階"題識字迹爲鑒,可辨知行間圈讀、校補與眉間評點,皆出廣庭先生手筆,而其校正補闕,亦堪稱精審。各册首頁鈐印"東大圖書館所藏善本"。是知此本舊藏孫廣庭先生"因是樓",後移架東北大學圖書館,終歸遼圖收藏。

　　郭氏題識一曰:"同治七年冬,友人傅旭初自鄂寄到此本,敬讀二過,頗有發明,較其所得,似與十年前讀此書,微有淺深之異。謹志之簡端,異時自證其得失。養知主人郭嵩燾記。"

　　題識二曰："《近思録》一書，慎修江氏集注較張清恪注尤爲簡要，而於朱子之言，所以發明程、張諸子之旨者，輯録尤詳，允爲善本。舊得豫刻本藏之，亂後遺失。瀏覽所及四十餘年，於諸賢立言垂訓，稍能得其指要。得此本十餘年，前後四次加注，參差異同，隨就所見爲言。多慚此道終無能有發明，然於研考人事之得失，與其存心之厚薄，以求爲斯道延一綫之緒，在於今日，無能多讓，因并記之。光緒十年甲申春三月嵩燾再題。"

　　題識三曰："深味《近思録》所以分章之義，儘看得大，所録四子之言，亦多是從大處説，而於一言一動之微，仍是條理完密，無稍寬假。是以流行七八百年，奉此書爲入德之門，而體例之博大，記録之精審，尚亦非淺學者所能窺見也。嵩燾再題。"

　　題識四曰："朱子輯《近思録》，四子微言大義備具其中。其采輯《伊川易傳》，多出東萊呂氏之意。蓋伊川借《易》以發明人事，反覆詳盡，多所啓發，而於《易》義，容有未盡融者。如坎九二之'納約自牖'爻中，可以有是義則無害也。《易》者象數之書也，去象數以明理，而或非其本義，則於其辭有違焉。生平所見《周易》之書，深得聖人之旨，無若船山王氏。所言象數，一求之本卦，無推測依附假借之勞，用是以求《易》，往往能窺知其崖略，而於《程傳》之言，非本卦所繫，輒加引申以明其旨趣。大抵《易傳》自爲成書，摘録數十條，未足盡其粹美，惜哉，無是可也。所與《易傳》異同，别詳其義如此。甲申春三月嵩燾再題。"

　　遼圖藏清末抄本郭注《近思録》版本大要如此。不過，對於副著者項作"郭嵩燾注"，似覺仍有檢討、辨證的必要，儘管這是依循《東北地區古籍線裝書聯合目録》、《中國古籍總目》的著録。蓋"郭嵩燾注"著録之信疑,實關乎此郭氏佚著之真僞。

"郭嵩燾注"著録之所以有疑,首先是因爲該抄本正文卷端并没有題署郭嵩燾之名,而卷端署名是通常撰者項著録最直接、主要的鑒定依據。其次,該本也没有任何序跋文字能證明所注出自郭手。只是第一册書衣題署"郭嵩燾注"四字,及卷首題識二云"前後四次加注",或爲編目者鑒定著録所依據。但問題是,從版本鑒定的可靠性來説,這二條依據並不充分,因爲書衣題署多出於後世藏家之手,並非原始直接的鑒定依據,而卷首郭氏題識云云,也還缺少辨證其真實不僞的一環。因此,僅從版本鑒定而言,著録"郭嵩燾注"仍不無"可疑"的嫌隙。更何況作爲一部幾乎是"橫空出世"的郭氏佚著,它還有"來歷不明"的嫌疑。其一,歷檢清末民初藏家書目,并無此書著録。其二,雖知此本曾經孫氏"因是樓"、東北大學圖書館遞藏,但對其"前半生",如孫氏得自何處、佚名抄自何本等版本藏弄、傳抄源流的關節問題,仍不能知之一二。其三,遍閱郭氏傳世文獻,但見有其讀《近思録》而無"注《近思録》"的記載。既存疑義,惟必釋之。只有擠掉"可疑"嫌隙,坐實"郭嵩燾注",進而討論這部郭氏佚著的文獻價值、學術思想,才有真切實在的意義。

文獻辨僞有"僞書"之辨與"僞本"之辨的區別。就版本辨僞而言,遼圖藏清末抄本郭注《近思録》並無刻意作僞的痕迹。如其既未冒稱郭氏"稿本",也没假充"名家"手抄,字體抄寫不工且不説,錯訛缺漏更在在多是。如卷一"周子"錯成"用子","水火木金土"訛作"水火本金土","玩物喪志"誤書"玩物喪治";張橫渠語録"凡物莫不有是性",闕"有"字,"由通蔽開塞",闕"蔽"字,"厚者可以開而開之也難","厚者可以開"五字全漏。若此等手民無心之誤，抄本隨處可見。這既説明傳抄者不是善書、懂書之人，也説明他原無掩飾作僞的企圖。近世版本作僞，手段卑劣，皆由不法書商圖謀暴利而起。惟此抄本，非精非善，一望即知，售之於市，何利可圖？故絶非書商“以假作真”、“以次充好”、“以殘充全”、“以普通充名家”之僞本，斷斷可知。那麽，遼圖藏清末抄本郭注《近思録》是否後世好事者假托其名，或無知者附驥其人的僞書呢？當然，辨其信疑真僞，宜從文本内容去尋求考察。不過就此書來説，作爲版本鑒定主要依據的卷首郭氏題識，應該是一個可以優先考慮的選擇。如郭氏題識無疑，則著録“郭嵩燾注”擬可基本成立。

　　要證實郭氏題識真實可信，有幾處關節務須打通。其一，題識一“同治七年冬，友人傅旭初自鄂寄到此本”一句，十分關鍵，年份、季節、人名、地點都容不得錯，錯了就有僞妄之嫌。檢覆《郭嵩燾日記》，於同治七年十一月廿二日果見此事記載：“接傅旭初信，并寄到鄂省所刻官書七種。”①如是，郭氏獲寄“此本”之年月、人物、地點全部坐實，只是没有直接説“鄂省所刻官書七種”中有《近思録》而已。然檢索江永《近思録集注》版本，確有“清同治七年楚北崇文書局刻本”，宜即所謂“鄂省所刻官書”者，且其崇文書局本的書名亦作“朱子原訂近思録集注”，②與抄本卷端書名幾合。由此可知，題識所言“自鄂寄到此本”絶非虚妄僞造。

　　其二，題識二云“瀏覽所及四十餘年”，末署“光緒十年甲申春三月嵩燾再題”。按自光緒十年（1884 年）上溯“四十餘年”，則郭氏初讀《近思録》，至遲應在道光二十四年（1844

---

① 郭嵩燾：《郭嵩燾日記》，梁小進主編：《郭嵩燾全集》第九册史部四《日記》二，長沙：嶽麓書社，2012 年，第 351 頁。

② 參見《中國古籍總目》子部一，北京：中華書局、上海：上海古籍出版社，2013 年，第 85 頁。

年）。這個數字無疑也很關鍵，違則添疑，合則袪疑。那麽，根據前引郭氏道光二十五年致劉蓉信云，"自昨歲以來"將《近思録》、《大學衍義》等書"循次而讀焉"，亦可知其言"瀏覽所及四十餘年"果真不假。又題識二曰"得此本十餘年，前後四次加注，參差異同，隨就所見爲言"。今觀此抄本注文，正合如此形式：正文各條下有注文一條或數條不等，僅少數正文無注；注文前"案"字或有或無，或偶稱"嵩燾"，無一定之規，等等，確屬"參差異同，隨就所見爲言"。

　　其三，題識四主要是就《近思録》采輯《程氏易傳》而發議論，其中提到："伊川借《易》以發明人事，反覆詳盡，多所啓發，而於《易》義，容有未盡融者。""《易》者象數之書也，去象數以明理，而或非其本義，則於其辭有違焉。""生平所見《周易》之書，深得聖人之旨，無若船山王氏"，如此明顯的傾向性觀點，是否與郭氏《易》學思想相融貫，也不失爲一個可以驗證真僞的關鍵。郭氏《周易内傳箋叙》有曰："亭林顧氏謂自漢以來《易》學之精，尚未有及《程傳》者。今就其全書觀之，蓋一以尊陽抑陰爲義，執一隅之見，以持古今之變，其於聖人順陰陽之幾以窮天道人事之變，而盡裁成輔相之宜者，則固未有得也。"又曰："船山王氏《周易内傳》，以爻系卦，即卦明象，辨吉凶得失之原，明象辭變占之學，直上溯聖人贊《易》之藴，使《易》之道稍明於天下。又晰占《易》、學《易》二義，以爲《大象》者，聖人學《易》之書。皆於數千年之後心領神悟，貫通其義，漢、宋諸儒未有能及之者。"①不僅如此，同樣的觀點在郭注中也反復出現。如卷三"伊川先生《易傳序》"條，郭注曰："伊川此語至允，然《易傳》不得其辭處儘多。自孔子贊《易》以來，唯船山

---

① 郭嵩燾：《周易内傳箋叙》，梁小進主編：《郭嵩燾全集》第一册經部一，長沙：嶽麓書社，2012年，第3頁。

《周易内傳》差盡。"又曰:"伊川説《易》,祇就日用事物上,發明陰陽消長之機,吉凶進退之義。《易傳序》曰'求言必自近',是伊川自道其所得於易理處。"持之兩相對照,可知題識四所言亦非杜撰假造。至於題識三,是郭氏對朱子《近思録》書法編例、意義價值的褒評,缺乏可供考辨的"抓手",但取與前後題識互相參證,則也能聲氣呼應,並無僞情顯露。經此考辨,竊以爲郭氏四則題識的真實性宜可確認,推而言之,則將題識所言"前後四次加注"作爲著録"郭嵩燾注"的鑒定依據,也可取信。

　　當然,嚴格説來,題識的考證還不能完全替代注文的辨僞,但因下文將對郭注展開具體討論,很多信證自會逐次呈現,故此處不再舉例,以免繁瑣累贅。綜上所述,我們可以基本認定,遼圖藏孤本郭注《近思録》確爲清末名臣郭嵩燾的散佚之著。

　　根據已知信息,請允許我對此孤本的未知"前半生"試作推測。竊以爲所謂由郭嵩燾"前後四次加注"的"郭注《近思録》",實際上也就是他在同治七年冬月至光緒十年春三月這"十餘年間"四度研讀江永《近思録集注》的隨筆札記。這些"隨就所見爲言"的讀書心得,被隨手注記在傅旭初寄送的湖北崇文官書局刻本上;待其加注完畢,題識數則於前,惟其初衷並無撰著問世之意,或雖有此意而終未竟稿,故并未于卷端自題"郭嵩燾注";及郭氏歿後,注記稿本流出,抄者依樣傳録,故卷端書名仍是崇文書局本舊名"朱子原訂近思録",卷端撰者署名也依舊空闕。若是,則郭注信疑之惑,也就有了一個較爲合理的解釋。

　　按照拙文預設的議題,下文將就此孤本郭注《近思録》來討論郭嵩燾的"宗朱"之學。換言之,也就是從學術思想層面去考量這部郭氏佚著的文獻價值。討論擬就以下三題展開:一、從朱子《近思録》"逐篇綱目",看郭注的"宗朱"思想;二、從郭注的

"會疑""善疑",看郭氏"宗朱"而不"佞朱"的思想；三、從郭注的"鞭闢入裏着己"、"研考人事得失",看郭氏的爲學功夫。

二、朱子《近思録》"逐篇綱目" 與郭注"宗朱"思想

郭嵩燾一生著述夥多,能提供其思想學術研究的文獻相當豐富,如新編《郭嵩燾全集》所收《周易内傳箋》、《周易釋例》、《禮記質疑》、《大學章句質疑》、《中庸章句質疑》、《校訂朱子家禮》、《讀論語》、《讀孟子》、《論士》、《辨霸》,以及《日記》、《書信》等等,林林總總,字數已達七百四十餘萬之鉅。既然如此,那麼,一部區區十餘萬字的郭氏佚著還能有多少學術價值空間呢？竊以爲,郭注《近思録》較諸郭氏其它學術文獻,更能反映他尊宗宋學濂洛關閩一脈——"宗朱"的學術立場與取向。

郭嵩燾之學是否"宗朱"？這確實還是個没有充分解決的問題。雖然他本人説過"嵩燾於朱子之書沉潛有年"的話,但似乎未曾有過"學宗晦庵"的明確表態。相反,他倒是説過"霞老恪守朱、程之學,蒙不愿效之"的話(霞老即熊羣,字霞亭),而且對朱子經説有很多質疑,如《大學章句質疑》、《中庸章句質疑》,劍鋒直指朱子學説的核心部位。職是之故,後世對郭氏之學的評判,亦多游移不定。如近代徐世昌等編撰《清儒學案》,將其定位在"宗朱"一派,以爲郭氏之學:"始宗晦庵,後致力於考據訓詁。其治經先玩本文,采漢宋諸説,以求義之可通,博學慎思,歸於至當,初不囿於一家之言,故能温故而知新,明體以達用。"①所言大體無誤,但其中"始宗晦庵,後致力

---

① 徐世昌等編：《清儒學案》卷一八二《養知學案》,北京：中華書局2008年,第七册,第7007頁。

於考據訓詁"一句,語意有些含混,不像説曾國藩"以宋儒程朱之學爲根本,兼挈訓詁物典章",説劉蓉"力求程朱之學",①來得斷然確定,似含蓄有其學初"宗晦庵",後來易幟兼采漢宋的意思。又如當代學者王興國撰《郭嵩燾評傳》,也肯定郭氏的宋學立場,認爲:"從郭嵩燾對'爲學先立乎其大'的分析可知,他治學、治經的基本立場是宋學,所謂'大其心''以盡天下之理',正是宋學家治學的宗旨。"②但在具體論述中,卻更多强調郭氏"平視諸家"、"調和漢宋"、"不立門户"的一面,而且只説他持宋學基本立場,至於姓程朱還是姓陸王,則不明其詳。其實,郭嵩燾的"宗朱"立場,雖然没有明言直説,卻還是有間接表達的,這在其撰著中是有迹可循的。比如王船山先生是郭嵩燾最尊崇服膺的鄉先賢和學術宗師,而在他的心中,船山先生恰恰又是宋學濂洛關閩五子的第一繼承人,他説:"自有宋濂溪周子倡明道學,程子、朱子繼起修明之,於是聖賢修己治人之大法,燦然昭著於天下,學者知所宗仰。然六七百年來,老師大儒,纘承弗絶,終無有卓然能繼五子之業者。""若吾船山王先生者,豈非其人哉!""其學一出於剛嚴,閎深肅括,紀綱秩然。尤心契横渠張子之書,治《易》與《禮》,發明先聖微旨,多諸儒所不逮,於《四子書》研析猶精。蓋先生生平窮極佛老之藴,知其與吾道所以異同,於陸王學術之辨,尤致嚴焉。"③又説:"夫之爲明舉人,篤守程朱,任道甚勇。""自朱子

① 徐世昌等編:《清儒學案》卷一七七《湘鄉學案上》,第七册,第6789頁;卷一七八《湘鄉學案下》,第七册,第6891頁。
② 王興國:《郭嵩燾評傳》第十一章《調和漢宋、堅持致用的經學考據思想》,南京:南京大學出版社,1998年,第451頁。
③ 郭嵩燾:《船山祠碑記》,《郭嵩燾全集》第十五册集部三《文集》卷二〇,第649頁。

講明道學，其精且博，惟夫之爲能恍怫。"①甚至稱其學精詳更
勝朱子一籌："斟酌道要，討論典禮，兼有漢宋諸儒之長，至於
析理之淵微，論事之廣大，千載一室，抵掌談論，惟吾朱子庶幾
仿佛，而固不逮其精詳。"②既於船山先生尊崇之極，又奉其爲
宋學五子嫡傳，則郭氏之學的"宗朱"立場，乃不言自喻。那麼，
郭嵩燾將朱子《近思録》這部理學入門讀本，"奉爲入德之門"，
"瀏覽所及四十餘年"，"前後四次加注"，這件事的本身，也正可
視爲其學"始宗晦庵"、終焉未改的最好注脚。而清末抄本郭注
《近思録》，則將具體而全面地展示他的"宗朱"學術思想。

　　郭注《近思録》之所以能具體而全面地展示他的"宗朱"學
術思想，首先是由朱、吕纂輯《近思録》原旨與朱子擬訂"逐篇綱
目"所決定。這一點原本無需申述，此處但藉余英時先生之説作
一交代：《近思録》是朱子與吕成公"爲初學者提供的一個道學
入門教本"，"代表了南宋道學家關於道學的基本看法"，朱子原
定"《近思録》逐篇綱目"，"大致本之《大學》八條目"，"不但代表
了朱、吕兩人對於儒家'内聖外王之學'的整體認識，而且也明確
指示出'内聖'與'外王'的分界及爲學的次第"。"這個綱目大致
本之《大學》八條目，卷一至五相當於格、致、誠、正、修，朱熹《集
注》所謂'修身以上，明明德之事也'。這是'内聖'的領域。卷六
至十一相當於齊、治、平，《集注》所謂'齊家以下，新民之事也'。
這是'外王'的領域。最後三卷中'異端'是通過批判老、釋以加
强'内聖'之學，其餘兩目則屬於雜類，可以置之不論"。③　生在

---

① 郭嵩燾：《請以王夫之從祀文廟疏》，《郭嵩燾全集》第四册史部一《奏
　稿》光緒二年，第 798 頁。
② 郭嵩燾：《船山先生祠安位告文》，《郭嵩燾全集》第十五册集部三《文
　集》卷二二，第 675 頁。
③ 余英時：《朱熹的歷史世界》緒説上篇，臺北：允晨文化實業股份有限
　公司，2003 年，第 34—35 頁。

一個多世紀前的郭嵩燾雖不能作如是分析，但他對《近思録》鍾愛青睞也同樣是在"分章"、"體例"、"條理"等大關節處："深味《近思録》所以分章之義，儘看得大，所録四子之言，亦多是從大處説，而於一言一動之微，仍是條理完密，無稍寬假。是以流行七八百年，奉此書爲入德之門，而體例之博大，記録之精審，尚亦非淺學者所能窺見也。"也就是説，郭嵩燾對"《近思録》逐篇綱目"所體現的程朱理學（此處"理學"即余氏云"道學"）體系是有認識、有認同的。因此，郭注《近思録》雖屬"隨就所見爲言"，但因其"掛靠"理學"三綱八目"、"内聖外王"體系，而必能反映其通貫、整體的"宗朱"學術思想。兹舉一例，以窺斑豹。

明道先生嘗言："古之學者一，今之學者三，異端不與焉。一曰文章之學，二曰訓詁之學，三曰儒者之學。欲趨道，舍儒者之學不可。"①這段話相當有名，常被用作古代學術分類的經典文獻，但後世學者也未必盡同其説。郭氏意見如何，相關撰著也有零星見載。如光緒七年八月初一日記："讀書必自經始，讀經書必自訓詁始，學問本原必由於此。要之，訓詁考訂、著書名家，學中之一藝耳，其本原在立身制行。"②又《彭曉航遺集序》："古之能文者，皆蓄道德，有治行、事業可紀述，彼其蘊於中，閎深傑特，其發之於文，以自擴其所得。"③但這些意見大多如孤木零落，不見層林，而郭注《近思録》恰好提供了一個觀景平臺。在《近思録》卷二引程子語録下，郭注説道：

---

① 程顥、程頤撰，朱熹編定：《程氏遺書》卷一八，朱傑人等主編：《朱子全書外編》第 2 册，上海：華東師範大學出版社，2010 年，第 239 頁。
② 郭嵩燾：《日記》光緒七年八月初一，梁小進主編：《郭嵩燾全集》第十一册史部四，長沙：嶽麓書社，2012 年，第 408 頁。
③ 郭嵩燾：《彭曉航遺集序》，《郭嵩燾全集》第十四册集部二《文集》卷四，第 310 頁。

　　文章、訓詁亦是學中一事。《學記》以"離經辨志"爲
始事,離經者,訓詁之事也。是以訓詁之學,通名之小學。
儒者之學須是兼賅,亦祇爲宋世儒者見理明,於文章、訓
詁一切薄視之,不復究心,學問之途遂分,至今日遂用以
相攻擊矣。①

明確指出"儒者之學"也應兼賅"訓詁之學",分爲三途有互相
割裂之嫌,實啓後世漢宋之爭。在同卷"問作文害道否"條下,
郭氏更連下四注,詳盡地表達了自己的意見:

　　古文人若韓退之、李習之、李白、杜甫之流,亦自具絶
大胸襟,絶大見解,不如此亦不足爲文人。
　　論爲學工夫,便須將文辭全然廢卻;要識聖人居業之
旨,卻亦須從文辭上討論。
　　三代之治,由忠而質而文,亦天地自然之運,因而趨
之以成風尚,文愈盛而道日漓。春秋、戰國之季,人爭以
文相勝,而風遂不可挽矣。推究其原,文王、周公開之,孔
子成之,故曰"言之無文,行之不遠"。聖人亦曰:"文王既
没,文不在兹乎?"道之賴以有傳也,文爲之也。文章、訓
詁,學中之一事。訓詁者小學之功,三代學校必先有事者
也。知類通遠,學成而文以興,何可廢也?《周禮》大司樂
掌成均之法,"凡有德者、有道者,使教焉",鄭注:"道,有
才藝者。"是以鄉大夫考其德行,察其道藝,而興賢者能
者。自周盛時,已截然分德行、道藝爲二,謂非是不足以
盡天下之人才也,則亦文爲之也。學者於此,戒其溺焉可
也,各隨所得以求通,使足以適道而已。必屏文章、訓詁

———————

① 郭嵩燾注:《朱子原訂近思録》卷一三,遼寧圖書館藏清末抄本。

於學之外，近世言漢學者，乃取所得於訓詁，反而攻之，則亦召敵之資也。

案《莊子·人間世篇》，顏回曰"敢問心齋"，仲尼曰"唯道集虛，虛者心齋也"。此但莊子之寓言，顏子博文約禮，恐非無一事者。吕與叔以《莊子》寓言爲孔、顏之學，宋世儒者多從釋氏入，所見多此類也。疑程子之言"玩物喪志"是也，而引吕與叔此詩，以爲古之學者惟養情性，其他則不學，徒爲姚江之學所藉口，而實非顏子所以爲學之旨。近番禺陳氏澧《東塾讀書記》亦已辨及之。①

儒者、訓詁、文章之學孰主孰次、孰輕孰重，是理學"爲學之道"的大問題，欲知郭嵩燾持何立場，真是捨郭注《近思録》而不可得也。

郭注《近思録》之所以能全面展示其"宗朱"之學，還在於其逐卷逐條加注，廣及理學範疇諸多議題，可補其他文獻議論不及的空闕。例如"無極、太極之辨"乃"朱陸異同"一大公案，朱子認爲"無極即是無形，太極即是有理，周先生恐學者錯認太極別爲一物，故著無極二字以明之"。陸子則以爲"無極"之説"正是老氏之學"，"疑非周子所爲"。二人書信往返，争執不下，遂致後世諸儒聚訟數百年而未休，大抵尊朱者則全斥陸、王爲非，尊陸、王者則全斥朱子爲非，少有例外。② 但這麼一個重要的學術議題，在郭氏其它學術文獻中幾無表現，惟郭注

---

① 郭嵩燾注：《朱子原訂近思録》卷一三。
② 參見王弘撰：《正學隅見述序》："弘撰愚不知學，唯讀古人之書，以平心靜氣自矢，罔敢逞其私臆，而久之有是非判然於吾前者。蓋嘗有見於格物致知之訓，朱子爲正；無極太極之辨，陸子爲長。賢者之異，無害其爲同也。今掇其旨要，著之於篇，若爲兩賢折衷。弘撰何人，斯而足語？此庶幾下學一得，質諸古人而幸其不遠也。尚望有道君子惠而教之焉。"《文淵閣四庫全書》第七二四册子部三〇儒家類，第342頁。

《近思録》表達了明確的"挺朱"立場。卷一"濂溪先生曰：'無極而太極'"條，郭注曰：

> "易有太極，是生兩儀。"太極者，極天之全體言之，而曰"易有太極"，猶有可指名也。周子之云"無極而太極"，蓋從"易有太極"破空推闡，以明天地陰陽之原始，正未可以形容盡也。後儒以"無極"二字周子意造，殆過矣。①

再如《近思録》卷九輯録二程、張子建言建策數十條，諸如封建、井田、學校、宗子法等，皆慨然有意於三代之治。其中"井田"一項，並爲後世儒者作爲現實政治議題而頻頻提出討論，如清康熙朝之陸世儀，乾隆朝之江永、汪紱等。郭注《近思録》也有對"井田"問題的意見發表。如張子"治天下不由井地，終無由得平"條，郭注曰：

> 横渠此等議論，皆是窺見三代以上大本大原處。要知三代以上，亦多是未能畫一，王者相承以有天下，存其大綱而已，又須別立一法以整齊之，以明一王之制度。如夏五十而貢，殷七十而助，周百畝而徹，仍是以數相準，而必爲之別立一名，但取整齊之義，度其中出入必已多矣。是以至戰國而已掃蕩無餘，地愈廣，即所以整齊其民者，亦愈難也。

又"吕與叔撰《横渠先生行狀》云"條，郭注曰：

---

① 郭嵩燾注：《朱子原訂近思録》卷一。

　　　　竊嘗論橫渠欲以井田之制行之一鄉，此宜易爲效。蓋一鄉所出之穀，自足養一鄉之人，盡一夫八口之家，致力於農畝，亦足以養其一家。得一二賢者，爲之正經界，立規制，斂一鄉之田，按户計畝分之，而用其衣食之所餘，以廣積儲，可使一鄉無貧富豐歉之殊，而欲通其法於一縣，固有必不能行者矣。橫渠終亦不能行之一鄉，人心風俗之積，乖離泮渙，不能輕易萃合，亦勢然也。

又"井田卒歸於封建乃定"條，郭注曰：

　　　　封建可復，井田萬不可復。祇如六朝、五季之世，或析爲十六國，或析爲十國，亦猶春秋、戰國，擅土者之勢也，而其養民之經，與教民之本，更爲煩亂無序。今之民非古之民久矣，何由盡取其疆土，而井田之乎？[①]

像"井田"這方面的議論意見，在其它郭氏學術文獻中也是少有獲見的。

　　關於郭嵩燾學術思想的研究迄今已有不少好的成果，如王興國《郭嵩燾評傳》從政治、自強、外交、軍事、經濟、哲學、經學考據、倫理、教育科技、文學藝術等十個方面探究其學術思想，議題所及不可謂不全面。我非專家，不敢妄論，但終覺所論面面俱到，卻缺少主綫貫串，不能綱舉目張。實際上，這十個方面的思想大多已包含在郭注《近思録》"逐篇綱目"裏，所謂哲學、經學考據、倫理、教育科技、文學藝術，無非就是他的"明明德"功夫、"内聖"思想，所謂政治、自強、外交、軍事、經濟，無非就是他的"新民"功夫、"外王"思想。而所有這一切都

---

① 郭嵩燾注：《朱子原訂近思録》卷九。

可以整合、統括在程朱一脈學術思想體系中去考量。故此提出，由郭注《近思録》可見郭氏之學的一貫"宗朱"。當然，郭氏"宗朱"而不"佞朱"，這正是下一個要討論的議題。

三、郭注《近思録》的"會疑"及其"宗朱"不"佞朱"思想

郭嵩燾學宗晦庵，始終一貫，但絶不是"學一先生之言，暖暖姝姝而私自説"的"佞朱"者。他認爲朱子言理無人能易，釋經則不然，指出朱子釋經之誤，既是尊經，也是尊朱子。① 又認爲朱子雖學宗程子，然其釋經與二程亦有異同，疑而辨之，正合朱子學術理念。② 他對於那些"恪守朱、程之學"的尊朱學者，他明確表示"不願效之"，而對於那些"專求異於朱子"的反朱學者，他也明確與之劃清界綫。③ 這種既繼承又批判的學術精神，已在其《禮記質疑》、《大學》、《中庸章句質疑》、《尚書疑義》、《詩疑義》等撰著中得以體現與展示，也在郭注《近思録》以貫之，成爲這部郭氏佚著的一大學術特色。故此拈出，專爲論説。

---

① 郭嵩燾：《大學章句質疑序》："嵩燾於朱子之書沉潛有年"，"而謂朱子之言理，後人無能有易也，而求之過密，析之過紛，可以言學而不可以釋經。稍因朱子《章句》，就經以求其義，而後此經之微言大義以明，即朱子之言，惟其所以附麗之，而精神愈出。尊經也，亦即所以尊朱子也。"梁小進主編：《郭嵩燾全集》第二册經部二，長沙：嶽麓書社，2012年，第725、726頁。

② 郭嵩燾：《中庸章句質疑序》："《章句》一宗程子，而其言亦有異同，嵩燾所疑又與《章句》微有異同，百川學海，大小曲折，隨其流衍，漸至於海而已。"《郭嵩燾全集》第二册經部二，第764頁。

③ 郭嵩燾：《詩疑義——答曾摯民觀察問》："學以講而始明，顧時而往復以取切磋之益，而不必專求異朱子。"《郭嵩燾全集》第二册經部二，第599頁。

我們先看二條郭注。卷二張子曰"大其心則能體天下之物"條下，郭氏連加三注，其第三條注曰：

> 向疑横渠"聞見之知"，"德性之知"，竟似欲悟之一心，不假聞見者。及久讀之，參之以人事，而始得其意。祇如讀書窮理，親師取友，皆是聞見。聖人亦須是"多聞擇其善者而從之，多見而識之"，如何能看輕聞見之知？然但據所聞所見以爲知，而已不實從身心上體驗出來，終是浮光掠影，便是事理説得是，其間細微曲折，儘多罅漏處。此則所謂"聞見之知"也。聞見之知，亦祇是看得目前一隅而已。古人爲學，知類通達，謂之大成。讀古人之書，奉一先生之言而據之以爲是，皆"以聞見梏其心"者也。①

又卷三程子曰"學者先要會疑"條，郭注曰：

> 嵩燾於程、朱之書，多能體會，微見其深處。其諸經説，義自廣大，無嫌互證，惟於《大學》《中庸》，愈讀愈疑。即《近思録》所引各條，亦直以己意發明之，附諸讀書善疑之末，異時稍有省悟，或幸有釋其所疑之一日，今且存疑可也。②

由此可知，郭嵩燾是把不"以聞見梏其心"、"學者先要會疑"作爲讀《近思録》的原則，把"直以己意發明之，附諸讀書善疑之末"作爲注《近思録》的通例。以下于每卷中選舉一例，以證

---

① 郭嵩燾注：《朱子原訂近思録》卷二。
② 郭嵩燾注：《朱子原訂近思録》卷三。

"會疑""善疑"在郭注《近思録》中的普遍存在。卷一"無極而太極"條注：

> 疑朱子以聖人、君子分等差，非周子立言之旨。

卷二"古之學者爲己"條注：

> 疑朱子於此分兩段看，於義未安。①

卷三"横渠先生答范巽之"條注：

> 如朱子説但守此"精氣爲物"、"游魂爲變"二語，其他變處不必深求，則正横渠所謂"委之無窮，付之以不可知"者也。疑非當日立言之旨。

卷四"人心常要活"條注：

> 朱子但以偏私釋之，疑未盡。

卷五"濂溪先生曰誠立賢也"條注：

> 朱子看立字，祇如"三十而立"之立，而云立字輕，恐未當周子之旨。②

卷六"《斯干》詩言"條注：

---

① 郭嵩燾注：《朱子原訂近思録》卷一、二。
② 郭嵩燾注：《朱子原訂近思録》卷三、卷四、卷五。

横渠以“相學”爲訓，在禮往來報施之誼，爲朋友言之，兄弟而言報施，恩已淺矣，似於詩義無當。

卷七“人苟有‘朝聞道，夕死可矣’之志”條注曰：

疑朱子此語未當程子立言之旨。

卷八“濂溪先生曰治天下有本”條注：

朱子以動作言之，疑未安。

卷九“介甫言律是八分書”條注：

朱子以八分書是欠教化處，疑尚未合。①

卷一〇“伊川先生曰‘君子觀天水違行之象’”條注曰：

程子説慎始之義，疑未盡。

卷一一“古者八歲入小學”條注：

程子於此未能詳考。
朱子疑其無養，殆亦失之。

卷一二“孟子言‘反經’特於‘鄉原’之後者”條注：

---

① 郭嵩燾注：《朱子原訂近思録》卷六、卷七、卷八、卷九。

鄉愿恰不是僞言僞行,葉氏之説失之。

横渠他日又指鄉愿爲大姦大慝,恐皆失之。

卷一三"伊川先生曰'儒者潛心正道'"條注曰:

程子以爲推之便至於此,恐失之。

卷一四"仲尼元氣也"條注:

朱子以爲戰國習俗,疑未當,自是當時氣象如此。[1]

郭注《近思録》之"會疑"與"善疑",於此可見一斑。

因"會疑""善疑"而多有"存疑",很多"存疑"屬於一時之疑,並未深究,但正如郭氏所説,今日之"隨就所見爲言","異時稍有省悟,或幸有釋其所疑之一日"。所以,郭注的"會疑"不僅體現了不"奉一先生之言而據之以爲是"的批判精神,同時也是一種積學漸進的"爲學功夫"。舉例來説,卷二張横渠曰"今且只將'尊德性而道問學'爲心"條下,郭注曰:

向疑朱子於《中庸》"尊德性而道問學",分疏得太明。廣大、精微,高明、中庸,皆分承此兩項。他日又自謂"道問學"之意多,陸子静"尊德性"之意多,皆是自生枝節語。"尊德性"、"道問學",豈能截然分爲二事?而語其功,則"尊德性"是大端規模,"道問學"者,所以爲"尊德性"之資也。亦須是將此二語時時提掇在心,學始有進。横渠"博

---

① 郭嵩燾注:《朱子原訂近思録》卷一〇、卷一一、卷一二、卷一三、卷一四。

文約禮","下學上達",足以盡此兩義。①

這是郭氏因張載解釋"尊德性而道問學",而引發出他對朱子釋義的"存疑"。他認爲就爲學功夫而言,尊德性是大端規模,道問學是尊德性之資,若將二事"分疏太明",則"自生枝節"而致"截然"之偏。但郭注在這裏只是"隨就所見爲言"而已,"己意發明"並不充分。後經多年"省悟","存疑"終獲"釋疑"。光緒十六年郭嵩燾撰成《中庸章句質疑》一書,在"故君子尊德性而道問學,致廣大而盡精微,極高明而道中庸,溫故而知新,敦厚以崇禮"章下,針對朱子"尊德性,所以存心而極乎道體之大也,道問學,所以致知而盡乎道體之細也"的解釋,郭氏質疑:"此言修德凝道之功,上三句所以修德,下二句所以凝道,以'存心''致知'析分到底,於經旨似有未達。"進而論曰:

　　案此五句宜分兩截讀,而歸重"敦厚以崇禮"一句。上三句所以顯至德之實,下二句乃所以明凝道之功也。"尊德性"是本體,故《章句》主"存心"説,"道問學"是工夫,故《章句》主"致知"説。下二句一氣滾下,直追出"道中庸"一語,廣大、精微、高明,皆極乎道之量,而後知中庸之爲道之極致也。故者禮制之遺,新者所以損益之數,正承上"道問學"爲言。所謂"禮儀三百,威儀三千,待其人而後行"者,即溫故知新之要旨也。工夫全攝入"道問學"三字内。君子所以自治其性功,必有以盡乎中庸而措之咸宜,而其約己反求,惟在通乎古今之故而得其損益之宜,乃能敦厚其心以崇禮。此一"以"字與上四"而"字亦

---

① 郭嵩燾注:《朱子原訂近思録》卷二。

有别。《章句》并分承"存心"、"致知"二者言之,疑非
經旨。

又説:"《中庸》於此節兩'道'字盡着力,非有問學以道之,即德
性無所倚附發明;非道之以中庸,則是廣大、精微、高明,亦將
流爲賢知之過而不自知也。切緊工夫在'道問學'。"更反
思説:

> 案梨洲黄氏言象山之學以尊德性爲宗,紫陽之學以
> 道問學爲宗,兩家意見不同在此。其言似是,而義實有未
> 盡。象山之學在"先立乎其大",引孟子之言,立乎大,不
> 爲小者所奪。朱子言爲學以"存主"爲先,亦數引程子之
> 言,"不得以天下萬物撓己,己立後自能了得天下萬物",
> 并是以尊德性爲第一要義,非是則道問學亦只記誦而已。
> 德性、問學兩事,豈能截分爲二? 而朱子《答項平父書》
> "子静所説專是尊德性事,而某平日所論卻是道問學爲
> 多",自是一時舉似之言,後儒徑將此二語看成兩橛,大失
> 《中庸》本旨。此三語一氣趕下,尊德性是主腦,舍尊德性
> 無所謂問學,工夫卻全在"道問學"三字上,一直歸宿到
> "道中庸"下二語,乃顯出問學之實功,又一直歸宿到"禮"
> 字上,"禮儀"、"威儀",一皆聖人之道之流行,"待其人"
> 者,待其能"道問學"而已矣。①

由此可見,以"會疑""善疑"爲讀書"法門"的郭注《近思録》,在
其"道問學"過程中的意義和價值。

---

① 郭嵩燾:《中庸章句質疑》卷二,梁小進主編:《郭嵩燾全集》第二册經
部二,長沙:嶽麓書社,2012 年,第 814、815、816 頁。

　　上文是由郭注"存疑"以至"異時省悟"而"釋疑"的例子，下例則爲申明郭注《近思録》"直以己意發明"的學術價值。按卷三"伊川先生《春秋傳序》曰"條、卷八"明道先生嘗言於神宗曰"條下，都有郭注對程子"尊王黜霸"觀點的質疑：

> 　　程子生有宋之世，獨能窺見三代聖人規模，而得其治世之精意，曠越漢、唐諸賢。而其爲言謂王者之治猶可行於秦、漢以後，則恐未然也。
>
> 　　程子云"後王知《春秋》之義，雖德非禹、湯，尚可法三代之治"，未敢信謂然也。
>
> 　　程子據公私之存於心者爲王霸之分，以明責君堯舜之義，其言至切，而於王霸二者之實，固未有以明也。

並進而論曰：

> 　　嘗論"西周滅而王道終，戰國興而霸道絶"。聖人生於春秋之季，霸者之迹已不復可見，而苟有聖人生於其時，修明王者之政，其時猶可爲也，至於戰國而遂無可爲矣。是以聖人汲汲然憂之，既傷道之不可行，遂因魯史以著《春秋》，二百四十年之迹，而存一王之大法，以正當時之諸侯。孟子之言曰"其事則齊桓、晉文，其文則史"，善言《春秋》者也。齊桓、晉文以尊周爲義，而討擅命者，存亡國，繼絶世，猶假王命行之，使天下之諸侯震動恪恭，以不敢有所逞。聖人猶獎而進之，非獎霸也。周世之大法，猶有憑藉以行於諸侯也。是以聖人之作《春秋》，傷王道之不行也，而稍存其法，以使當時之諸侯猶有所取正，僭者裁而抑之，畔且逆者表而著之。其諸微言大義，所以明周禮之用而正人道之防者，皆著之篇，以表示萬世聖人不

敢有褒貶也。所以爲經世之大法，燦然著見文字之間。
此則聖人之微旨也。①

注云"嘗論‘西周滅而王道終，戰國興而霸道絶’"，是指早先撰
寫的《辨霸》一文。郭撰《辨霸》與《〈春秋〉始隱公》二篇文章，
都是談"聖人所以作《春秋》之旨"與宋儒"王霸之辨"的問題。
概要其言，一曰"霸者不知有仁而猶有義之存焉"，一曰"宋儒
之言《春秋》‘尊王黜霸’者非也"。而郭氏的深意，實在是對宋
儒一味歌頌三代王道、全盤否定春秋霸道的質疑。只因文章
没有挑明，也没有展開，讀者無從理解，但以爲："郭嵩燾所以
不贊成宋儒説‘《春秋》尊王黜霸者’，是因爲這樣做便將孔子
删《春秋》的意義，局限在當時正王霸之名分這一狹小的範圍
内。而他强調‘《春秋》之義，正倫紀而已矣’，則擴大了《春秋》
的應用範圍，不僅在當時可以正王霸之名分，而且對後世糾正
各種僭越現象都具有普遍指導意義。"完全没有觸及其爲"春
秋霸道"正名的意圖。② 然此隱而不彰的深意，卻在郭注《近
思録》中有所充分展示，指出三代王道，時不可回，春秋霸道，
不失爲義：

　　《表記》之言曰："至道以王，義道以霸，考道以爲無
　失。"傳言"帝降而王"，"王降而霸"，霸者所以救王道之窮
　也。西周滅而王道終，戰國興而霸道絶。秦、漢以後，賢
　君令闢，皆所謂考道無失者也。漢宣帝之言曰"漢本霸王
　道雜"，唐太宗乃言魏徵勸行王道。宣帝猶自承爲霸主，
　唐太宗則更黜霸不言矣。王者仁育天下，義正萬民，降而

---

① 郭嵩燾注：《朱子原訂近思録》卷三。
② 王興國：《郭嵩燾評傳》第十一章，第463頁。

至於霸，奉一王之大法，以正諸侯，猶不失爲義焉。秦廢
天下爲郡縣，竭天下之力以奉一人，而一以法度整齊之，
仁義之實亡矣。王道之不復行於後世也，時爲之也。①

所以，要全面完整了解郭嵩燾對宋儒"王霸之辨"的學術觀點，
除《辨霸》、《〈春秋〉始隱公》二篇外，還必須參考郭注《近思録》
相關論述。按照余英時先生對"朱熹的歷史世界"的解讀，宋
儒"尊王黜霸"實也寄托着他們"回嚮三代"的政治文化理念和
政治制度構想，故此，後世評議大多會作同情的理解，那麽，郭
嵩燾的直面質疑，即使算不上"空谷足音"，至少也是一個不可
忽略的"時代回響"。

　　清初朱學復興，然不少學者"奉一先生之言而據之以爲
是"，由"宗朱"而墮"佞朱"之域，誠所謂"尊學反爲害朱"。遂
引起一些學者如朱軾、方苞等的警惕與反思："竊嘆朱子之學，
廣矣大矣，夫豈後學所克窺其津涯、探其奥奥！然此心此理，
千聖同軌，義苟有疑，何妨直溯千載之上，面稽親質。義誠證
合，安知前聖不神遊千載下，引爲知己！"②"吾謂當今之害，不
在異端、俗儒，並不在僞儒。僞儒之害，害其從事斯道者也。
當今之害，患在群奉真儒，不知別白，貿貿焉，是其所非，非其
所是，反授外道以入室操戈之柄，而害且遍天下。"③反思之
下，便是在自己的營壘裏"清理門户"，用"就朱訂朱"的方法梳
理朱子學説，從文獻上"還本清源"。郭嵩燾"宗朱"而不"佞
朱"，應該説正是乾嘉以來這股朱學清流的餘脈。

---

① 郭嵩燾注：《朱子原訂近思録》卷三。
② 朱軾：《四書疑問序》，李灝：《四書疑問》卷首，美國哈佛燕京圖書館
　藏清乾隆間刻本。
③ 方苞：《四書疑問序》，李灝：《四書疑問》卷首。

四、郭注《近思録》的"鞭闢入裏
着己"與"研考人事得失"

郭注《近思録》有很多切問近思的自我檢省和世情觀察，用郭嵩燾自己的話來説，就是"鞭闢入裏着己"與"研考人事得失"。這也是考量郭注《近思録》"宗朱"之學的一個重要方面，特此一并拈出，專題討論。

先説"鞭闢入裏着己"。前文説過，此書雖稱郭注，實乃"隨就所見爲言"，近乎讀書隨筆、學術札記，較一般注釋著作更多自由發揮空間。而且郭氏又將此書奉爲"入德之門"，尤其欣賞明道先生"學只要鞭闢近裏着己而已"這句話，認爲：

> 程子、朱子立教大旨，盡於此六字。"近裏"是沈潛向内，即涵養義，"着己"是向己身上探討，兼有克治之義。①

故此，郭注中屢見切問近思、改過遷善的自我檢省。如讀程子曰："或謂人莫不知和柔寬緩，然臨事則反至於暴厲，曰：'只是志不勝氣，氣反動其心也。'"郭注就反省説：

> 孟子論養氣之功，先須是無暴其氣。曾文正公嘗戒嵩燾急遽，爲聯語相勖云："世多從忙裏錯，且更從容"。祇急遽亦是暴其氣，"和柔寬緩"四字，最足爲處事之法。②

又如卷一〇"伊川先生曰：'人惡多事，或人憫之。世事雖多，

---

① 郭嵩燾注：《朱子原訂近思録》卷二。
② 郭嵩燾注：《朱子原訂近思録》卷四。

盡是人事。人事不教人做,更責誰做?'"郭嵩燾讀來別有一番
滋味在心頭,感嘆:

> 伊川教人即事觀理,隨處皆是學問,不教人厭事。世
> 衰道薄,交涉人事,多係酬應虛文,一生精力全耗於此,使
> 人厭苦。然生一厭事之心,而心已先受其累,是內外交病
> 也。亦須是將人事屏除得一二分爲佳。①

又如卷六"齊家之道"引張横渠曰:"婢僕始至者,本懷勉勉敬
心,若到所提掇更謹則加謹,慢則棄其本心,便習以性成。故
仕者入治朝則德日進,入亂朝則德日退,只觀在上者有可學、
無可學爾。"郭氏前後加注四條,都在"仕者入治朝則德日進,
入亂朝則德日退,只觀在上者有可學、無可學爾"一句上,切問
而近思。第一條注是説君子處亂世"固當求所以自立":

> 臣之事君,下之事上,婢僕之事主,祇是一理。上無
> 道揆,下無法守,則亂不終日。君昏於上,國亂於下,理有
> 不爽者。然而君子於此,固當求所以自立矣。

第二條注即對自己身處亂世而"德之日退"作深刻反省:

> 更歷仕宦三十餘年,每思横渠此言,未嘗不心懼。繼
> 又悟德之所以退者,非但與今世士大夫周旋,相獎以成
> 習,無能取益也。聞其所言而心不謂然,察其所爲而益不
> 謂然,則常懷薄視士大夫之心,至於一切薄視,而德之日
> 退,可不問矣。孟子固謂"以友天下之善士爲未足,又尚

---

① 郭嵩燾注:《朱子原訂近思録》卷一〇。

論古之人", 吾人固當以此自勵。

第三條注又舉曾國藩以爲鏡鑑, 曰:

> 曾文正之知人, 誠不易及, 然所倚任皆勉勉爲君子,
> 祇是提掖更謹。其謹處正在一身愛憎無所私, 勸懲無所
> 苟, 所以終日談笑, 而威嚴若神者此耳。

第四條注更進而關照現實, 憂思感嘆:

> 近時朝政, 專屬威嚴, 言官乘之, 益爲苛察刻薄, 毛舉
> 細故, 以急行操切之政, 而紀綱法度日益廢弛, 人心日益
> 媮薄。所謂衰敝之餘, 濟以嚴酷, 速亂而已矣。橫渠言
> "視在上者有可學、無可學", 最可玩味。①

無獨有偶, 在卷五"堯夫解'他山之石, 可以攻玉'"條下, 郭注
又一次表達了身處末世當"强自刻勵"的想法:

> 明道引康節解"他山之石, 可以攻玉", 極精切。推而
> 言之, 處末流之世, 昏暗之中, 介居獨行, 强自刻勵, 心計
> 時賢所爲, 皆足爲吾他山之石也。②

總之, 同"會疑""善疑"一樣, "鞭闢入裏着己"的"切問近思"也
是郭注《近思録》里普遍存在的。
　　再説"研考人事之得失"一項。按前引卷首郭氏題識二如

---

① 郭嵩燾注:《朱子原訂近思録》卷六。
② 郭嵩燾注:《朱子原訂近思録》卷四。

是説："得此本十餘年，前後四次加注，參差異同，隨就所見爲言。多慚此道終無能有發明，然於研考人事之得失，與其存心之厚薄，以求爲斯道延一綫之緒，在於今日，無能多讓。"這是郭嵩燾對所注《近思録》的夫子自道：對"道"的義理發明沒有什麼成就，在"研考人事之得失，與其存心之厚薄"上卻不遑多讓。所謂"人事之得失"、"存心之厚薄"，依我的陋見，就是對家國天下的現實關懷。因爲按郭嵩燾的理解，《大學》"格物"之"物"，"非引外物以爲誠意正心之資也，在身曰意曰心，推而暨之曰家曰國曰天下，皆物也"。① 讀古人書是格物，讀古人書而"涵養""克治"是格物，讀古人書而推至家國天下也是格物。故此，郭注《近思録》時見對當下亂朝危政的針砭，官場人物的臧否，末世衰風的憂思。例如卷七"問：'邢七久從先生，想都無知識，後來極狼狽。'先生曰：'謂之全無知則不可，只是義理不能勝利欲之心，便至如此。'"郭氏研讀至此，便聯想到當今的邢恕一類小人，遂注曰：

> 不能勝利欲之心，便可無所不至，推極其量，弑父弑君皆忍爲之。利欲之動於其心，一發而不可遏，反有説焉，據以自申。劉錫鴻之凶悖甚於邢恕，亦由其利欲之心發於不自持而已。②

諸如此類者，不勝枚舉。值得一提的是，郭注"研考人事得失"最多湘中名流軼事，若曾國藩、羅澤南、左宗棠、胡林翼、唐鑒、熊暈、李續宜、吳廷棟、黎定攀等，不一而足。如讀卷七"不資其力而利其有，則能忘人之勢"一條，郭注便記起他的幾位故

---

① 郭嵩燾撰：《大學章句質疑》，梁小進主編：《郭嵩燾全集》第二册經部二，長沙：嶽麓書社，2012 年，第 734 頁。
② 郭嵩燾注：《朱子原訂近思録》卷七。

友善士：

> 此境頗不易言。有人見友人富貴，遂遠避之，餽之金不受，以云清廉可矣，未足云忘勢也。賀耦耕先生家居，羅羅山、劉孟容方爲諸生，敝衣布履，日相就論學。亦須是心有所得，乃能忘人之勢。①

又讀明道先生曰："人於外物奉身者，事事要好，只有自家一個身與心卻不要好。苟得外面物好時，卻不知道自家身與心卻已先不好了也。"郭注便記録了熊霞亭先生的一件軼事：

> 少時聞熊霞亭罶言，子弟鮮衣豔服，求表異於衆，望而知其爲浮蕩，終身無所成也。予聞聳然，時年方二十餘，於衣服無所擇，然未嘗不兢兢焉以此語自戒，是以終其身無有鮮衣豔服之加其身也。②

再如卷二伊川先生曰："仁之道，要之只消道一公字。公只是仁之理，不可將公便喚做仁。公而以人體之，故爲仁只爲公，則物我兼照，故仁所以能恕，所以能愛。恕則仁之施，愛則仁之用也。"郭注乃舉左宗棠軼事以發揮其説：

> 以公爲心而慘刻不恤，看來祇是私。黎定攀自軍台赦回，或問："浙江全省州縣俱失，能盡治罪乎？"曰："不能也。"曰："然則君何以發遣？"曰："左恪靖，湖南人也，所辦惟湖南人，及一二世家大族有名望者，皆必不能免。"祇爲

---

① 郭嵩燾注：《朱子原訂近思録》卷七。
② 郭嵩燾注：《朱子原訂近思録》卷一二。

他公之一念，横梗於心，務取以爲名，遂致如此慘刻。程子"公則物我兼照"語最善。以慘刻爲名，知有己不知有人，豈得爲公？①

卷五程子曰："人而無克、伐、怨、欲，惟仁者能之。有之而能制其情不行焉，斯亦難能也，謂之仁則未可也。此原憲之問，夫子答以知其爲難，而不知其爲仁。此聖人開示之深也。"郭注便提出曾國藩一椿軼事：

　　吴竹如侍郎寓書曾文正公："小人之過，吾知免矣，正恐不免君子之過。"文正復書曰："子細檢點，全是小人之過。如負氣争勝，宿怨於心，有絲毫意欲之存，便發於不自知。處功名之際，兢業自持，而意見未能盡化，便恐終爲小人之歸。"如文正者，殆進乎原憲所謂不行者也。②

再如卷一程子曰："天地萬物之理，無獨必有對，皆自然而然，非有安排也。每中夜以思，不知手之舞之，足之蹈之。"郭注記録了唐鑑與曾國藩的一段對話：

　　曾文正公嘗舉此語以問唐慤慎公，慤慎曰："天下之理，貞乎一而已，未有執兩而能成者。程子此語，蓋舉天地化生之機言之。《易》曰：'日往則月來，月往則日來，日月相推而明生焉。寒往則暑來，暑往則寒來，寒暑相推而歲成焉。往者屈也，來者申也，屈申相感而利生焉。'人倫萬事，莫不盡然。聖人固曰：'吾非斯人之徒與，而誰與？'

---

① 郭嵩燾注：《朱子原訂近思録》卷二。
② 郭嵩燾注：《朱子原訂近思録》卷五。

人己之交,取予辭受之節,相比相推,而精義出其中焉。疑程子所謂'手之舞之,足之蹈之'者,皆造道語也。"①

再如讀卷四"蘇季明問'喜怒哀樂未發之前求中可否'"一條,郭注特引羅澤南一段話以爲發明:

> 羅忠節公言,用兵得力在《大學》數語:"知止而後有定,定而後能静,静而後能安,安而後能慮,慮而後能得"。問:"知止何事?"曰:"事要其終之謂止。用兵之義,滅賊而已。在我之義,用兵以滅賊而已。賊滅則天下蒙其庥,賊不能滅則我承其咎。用此爲守,更無餘念,則心自定。心定則軍行所至,自静而安矣。"此亦足證止字之義。②

又卷四伊川先生曰:"心定者,其言重以舒;不定者,其言輕以疾。"郭注就此憶及與李續宜的一椿交往:

> 觀其言之發,而知其心之定不定。往見李勇毅公,問擇將之術。勇毅公云:"先從語言上求之,其見事之明,與其神之定,一再與言,可以得其凡矣。"程子尚是從淺一層説。聖人亦曰:"不知言,無以知人也。"此亦是看人要法。③

卷五張横渠曰:"君子不必避他人之言,以爲太柔太弱。學者先須温柔,温柔則可以進學。"郭注乃舉胡林翼軼事爲例:

---

① 郭嵩燾注:《朱子原訂近思録》卷一。
② 郭嵩燾注:《朱子原訂近思録》卷五。
③ 郭嵩燾注:《朱子原訂近思録》卷四。

　　張子此段議論，專爲朋友講習取益工夫言之。胡文
忠公每値事務叢委，或盛怒，聞人一言，便怡顔下氣，就詢
其本末，惟恐有不盡。學者能得此意，則柔弱二字，終身
受用，爲益無窮。①

郭注《近思録》"研考"的這些聞人逸事，都不失爲可供研究資
取的有用史料。

　　"研考人事得失"後，還有"與其存心厚薄"，也是郭氏自許
的部分。所謂"存心"，宜即世態人心，研考"人事"之"存心厚
薄"，當是對"家國天下"精神文化層面的"格物"。這是其他
《近思録》注本極爲少見的，堪爲郭注之一大特色。舉例來説，
卷一〇"凡爲人言者"條，郭注曰：

　　處末流之世，懷輕世嫉俗之心，但一發言，皆成荆棘，
其弊祇坐一忿字。凡爲忿者，雖義之正，皆爲害也，是以
君子"懲忿窒欲"。生平自信於人無大過，獨此一字受累
不小。②

同卷"人惡多事"條，郭注曰：

　　世衰道薄，交涉人事，多係酬應虛文，一生精力全耗
於此，使人厭苦。然生一厭事之心，而心已先受其累，是
内外交病也。亦須是將人事屏除得一二分爲佳。③

卷二"既學而先有以功業爲意者"條，郭注曰：

────────────

① 郭嵩燾注：《朱子原訂近思録》卷五。
② 郭嵩燾注：《朱子原訂近思録》卷一〇。
③ 郭嵩燾注：《朱子原訂近思録》卷一〇。

今天下大患，在一味模稜粉飾，無任事之心，然至負
其才氣，穿鑿創意，作起事端，以自矜多智而能耐事，以亂
天下有餘，而終究仍歸於粉飾。此無他，仍坐不學之
過耳。①

特別要提出的是，卷五明道先生曰"必有《關雎》、《麟趾》之意，
然後可以行《周官》之法度"一條，郭注曰：

蒙嘗論富疆之業，賢者爲之，二三十年必當有效。至
於正人心、厚風俗，自朝廷以至百姓，皆能以誠信相孚，無
有扞格壅蔽，蓋非聖人積累之深，涵濡蘊釀百有餘年，使
有司皆得其理，百姓各安其生，未易幾也。②

"正人心、厚風俗"遠較"富疆之業"爲難，這話不由讓我們想起
顧亭林先生"有亡國有亡天下"的名言。郭嵩燾對"治國平天
下"的這一深刻認識，足堪傳世，今猶爲訓。

余英時先生在《朱熹的歷史世界》一書中指出："我們不妨
説：'道體'是道學的最抽象的一端，而道學則是整個宋代儒學
中最具創新的部分。哲學史家關於'道體'的現代詮釋雖然加
深了我們對於中國哲學傳統的理解，但就宋代儒學全體而言，
至少已經歷了兩度抽離的過程：首先是將道學從儒學中抽離
出來，其次再將'道體'從道學中抽離出來。至於道學家與他
們的實際生活方式之間的關聯則自始便未曾進入哲學史家的
視野。"又説："以《近思録》爲根據，我們可以進一步澄清'道
體'與道學的關係。第一卷《道體》所選全是關於太極、性、命、

① 郭嵩燾注：《朱子原訂近思録》卷二。
② 郭嵩燾注：《朱子原訂近思録》卷五。

中、和、理、氣、心、情等形上概念的討論。但此卷最後收入書中似出於吕祖謙之意,朱熹則始終存保留的態度。""可知'道體'在道學中雖居綱領('頭')的地位,但朱熹在施教時卻不願學者躐等,逕從'道體'入手,這完全符合他的'下學上達'的一貫立場。"①我之所以在此大段引用余先生的文字,是爲了説明:郭注《近思録》雖"多慚此道終無能有發明",對"道體"研究欠少,但其用力於"研考人事得失,與其存心厚薄,以求爲斯道延一綫之緒",體現了朱子"下學上達"的一貫立場,同樣也是宋代道學("理學"同義語)的題中應有之義。就此而言,郭注《近思録》的"宗朱"特點也爲余先生的觀點提供了一個絶好的注脚。

結　語

郭嵩燾嘗言《近思録》"流行七八百年",學者"奉此書爲入德之門,而體例之博大,記録之精審,尚亦非淺學者所能窺見也"。故於此書"瀏覽所及四十餘年",並"前後四次加注"。後郭注《近思録》流出,傳抄問世,今遼圖藏"清末抄本郭嵩燾注《朱子原訂近思録》"即是其一。經考證此本真實不僞,且爲海内孤本,又因新版《郭嵩燾全集》遺珠失收,亦堪稱郭氏佚著。研讀郭注《近思録》,至少可以進一步了解郭氏之學不僅"始宗晦庵",而且終焉未改,不僅"治學、治經的基本立場是宋學",而且尊宗程朱一脈無疑;還可以進一步認識郭嵩燾"會疑"、"善疑"與"下學上達"的爲學之方。而這些還只是從"宗朱"層面開掘出來的思想學術文獻價值。是以特此鄭重提出,以供郭嵩燾研究與《近思録》傳播研究參資取用。

---

① 余英時:《朱熹的歷史世界》緒説上篇,第33、35、36頁。

浙學晚著《近思録集説》的學術貢獻

杜海軍　杜　昭

　　《近思録集説》爲浙東學術的清末民國間成就,台州黄巖人管贊程著。

　　《近思録》是南宋淳熙初年朱熹與吕祖謙二人編選周敦頤,及程顥、程頤、張載等人著述語而成的理學基礎著作,是一部語録形式的書,録有前述四人的十數種書内的語録六百二十二條,對我國理學的普及與傳播發揮了無可替代的作用,被人們視爲一部重要的理學經典。對於這樣一部著作,自其産生以後,學者便開始以集解的方式予以解讀,闡釋宋人的理學觀念以幫助初學之人更好地接受,並增强個人的内在修養,以獲齊家治國平天下之功。隨着歷史的延續,解讀之家日漸衆多,直到民國時候還有未艾的勢頭。這些集解的《近思録》有些廣爲人知,特别是一些早期著作,如南宋人葉采、清代人茅星來以及江永等人,而晚期的同類著述,如清末民初一些卻關注者較少,《近思録集説》便是後者當中一種。其實,這些晚出的著述不僅代表了後人對《近思録》的理解,也代表着《近思録》在一定時代的思想價值、哲學觀政治觀等,都是值得關注的。

　　管贊程(1872—1952 年)原名協寅,庠名贊成,更名贊程,字匡平，號向定。① 清末民國間浙東台州黄巖人。《新橋管氏宗譜》卷十稱管贊程"性恬淡謙退，好讀性理書，不喜治舉子業"，師事同治進士工部營繕司主事夏震武（即魯迅等人反對的木瓜之役的杭州兩級師範學堂校長）。清亡，管贊程笄髮古服，一志於程朱之學，勉勉循循，不敢稍曠，居敬窮理，數十年如一日，有遺老情結。曾任今新橋中學第一任校長（代），可謂浙東學術的殿軍。

管贊程生平喜交當世知名之士，圖收切磋之益。所交主要有張紹价（范卿）、孫乃琨（仲玉）、李直慎（習齋，朝鮮人）等，皆治理學之人。所爲文自稱遠紹昌黎，近追靈峰（夏震武），一掃末世萎靡之弊，而有以振之。② 著有《鞭裏録四維堂存稿》若干卷，總修《新橋管氏宗譜》若干卷，《四維堂日記》（四十四册，1951 年被台州專區文物管理委員會接收，今佚），而《近思録集説》十四卷可謂是其代表作品。

《近思録集説》，成書於民國二十五年（1936 年），③由浙江印刷所承印發行，是至今流傳的唯一版本，或者説唯一的一本，藏浙江圖書館，是爲數不多的清末民國人關於《近思録》的著述。該書前附管贊程《近思録集説序》、《近思録》引用書目及朱熹、吕祖謙原序、朱熹《論〈近思録〉》、《周子〈太極圖〉》，後附管贊程《〈近思録集説〉後序》。

管贊程解《近思録》與其喜談聖人傳授心法有關，凡他與人書所論者以談心法爲多，因此他特別撰寫了《孔門傳授心法》一文，大談"顔淵問仁孔子之教，稱爲傳授心法切要之言"，

① 見管衡、管贊程總修：《新橋管氏宗譜》，民國壬申年（1932 年）重修本。管贊程生卒年，據其孫女管慧櫸陳述。
② 管衡、管贊程總修：《新橋管氏宗譜》卷一〇，民國壬申年（1932 年）重修本。
③ 據管贊程《〈近思録集説〉後序》標注日期"夏正丙子二月"可知。

而對《近思録》在此方面建樹評價甚高。他本人以爲《近思録》是得聖人心法的絶佳著作。他説："朱、吕序《近思》教人玩心，此書足以得門而入，自卑升高，自近及遠，……始乎爲士，終乎爲聖。"①對於這樣一部有成就之書，他認爲，世人的研究是未能揭其秘的。他説《近思録》"前人所注數家，未言求端之方，漸次經由之實。朱子編輯之意既晦，學者漸進之路又塞，則此書雖存而能知其貴者蓋鮮"。② 以此管贊程"歷選前聖之書，論其科級具備，序次詳明，以及艱難曲折"，撰成《近思録集説》（以下簡稱《集説》）。

《集説》一書十四卷，大概由三類内容構成，首引《近思録》原文，次引古今人關於《近思録》的論述或相關佐證文獻，以證《近思録》宗旨，再次是管贊程對《近思録》的解説。解説的内容包括字詞的讀音、字詞的原意、典故出處以及文中之意，各段句的文意、理學意義等。形式上看，管贊程的解説有兩種形式，一是每段文字下由管贊程寫按語（有些前置"程按"二字，有些直接發表議論），二是根據内容將一系列有内在聯繫的段落劃分作章，闡述其内容。

《集説》與其他《近思録》集注本比較，有着自己的明顯特點，就是集説者本着《近思録》"切問近思"的編纂宗旨，揭示吕祖謙的"科級"意識，爲了讓讀者更容易領會並接受《近思録》的内容，在繼承以往葉采、江永、茅星來等人《近思録》的集解傳統的基礎上，方法與解讀内容方面都有了一定改進與創新，這種改進創新更貼近《近思録》本意，是其存在的價值，包括：一、切近讀者的解讀方式；二、揭示《近思録》的"艱難曲折"；三、將近思與現實社會生活相聯繫。且試論如下：

① 管衡、管贊程總修：《新橋管氏宗譜》卷六《重修潁陽精舍記》，2004 年重修本。
② 管贊程：《近思録集説》卷首《序》，浙江印刷所承印，1935 年，第 2 頁。

一、切近讀者的解讀方式

《近思録》强調"切問近思"。

《近思録》本爲"窮鄉晚進"又無碩儒名師之教的初學而編纂。編者希望通過此書的閱讀，能夠讓讀者達到懂得講學之方、日用躬行之實，並循是而進，自卑升高、自近而遠的目的。然而，這些讀者對象是入門學者，相對而言文化修養層次稍低，再加上《近思録》是一本講理學道理之書，道理抽象，理解又有專業的難度，以朱熹的話説就是《近思録》"乍看這文字，也是難。有時前面恁地説，後面又不是恁地。這裏説得如此，那裏又卻不如此"。① 兩個字總結，就是難看。對於這樣一本書，如何實現編纂者的初衷，達到讀者讀得懂而修養身心的目的，《集説》作者于此做了充分的考慮，因此，采取了一系列相應的措施。諸如爲生詞注音、解釋字義、解釋歷史典故及理學名詞等甚是初級的措施。此外大概又引述他人的著述以爲佐證，還有就是管贊程本人進行解釋。就此二點而言，從形式上看與前人集説並無大的不同，葉采、江永、茅星來等人的集解都做到了這一步，但是若從解釋內容方面看，《集説》的確有自己的特點，體現了對讀者的深度關照，也體現了管贊程對《近思録》的理解。這種特點主要是引用典故範圍的擴大，包括引述作者範圍以及引用事例範圍的拓寬兩個方面。

我們先説引述典故範圍的擴大。考《近思録》的解説著述，自葉采以下至於民國，如江永、茅星來等，集解是書多取自朱熹《文集》或者黎靖德的《朱子語類》，采用他人之説處雖有，

---

① 黎靖德：《朱子語類》卷一〇五《朱子二》，北京：中華書局，1994 年，第 2630 頁。

但也極少。也就是説，凡解説《近思録》者，基本是以朱熹一人語録解説爲准的，取自他人言論者甚少，是以理學解理學，這大概是尊朱思想的一種延續。而管贊程《近思録集説》爲使《近思録》更易爲人理解，其集説則在尊朱的基礎上，取徑範圍有極大地拓寬。

所取言論，自西漢人至民國間人物，無所不備，多達五十人以上，大概是受浙東學術重文獻之影響。如西漢司馬遷、匡衡；東晉范甯；唐人韓愈；北宋吕希哲（原明）、胡安國（文定）、司馬光（温公）、尹焞（彦明）、謝良佐（上蔡）、黄庭堅，南宋李侗（延平）、岳飛（忠武）、陳與義（簡齋）、朱熹、吕祖謙（東萊）、張栻（南軒）、葉夢得、李方子（果齋）、真德秀（西山）、趙汝楳、葉采、王應麟（伯厚）、張孝先；元人馬端臨（貴與）、程端學；明人秦别隱、李世達、袁了凡、薛瑄（敬軒）、羅欽順（整庵）、胡居仁（敬齋）、沈誠庵；清人施璜（虹玉）、熊賜履（文端）、茅星來、江永（慎修）、徐褀（青山）、陳沆、王懋竑（白田）、陳沆、秦蕙田、徐乾學、吴必大；民國人夏震武（靈峰）、張紹价（範卿）。這其間有理學家，如朱熹、吕祖謙，更多人是與理學家相距較遠或者根本無關者，如軍事家如岳飛、戚繼光、歷史學家司馬光、音樂家李維思、科學家竺可楨、文學家韓愈、黄庭堅等。

所取之文獻也多與理學無關者，突破了四書五經的範疇，如《韓詩外傳》、《荀子》、《史記》、《漢書》、《新序》、《唐會典》、《唐書》、岳飛用兵之道、袁了凡的《律法新書》、李維思《中國音樂形態基礎》等。解説具體詞句也取易曉故事爲例，如第八卷《解》卦“有攸往，夙吉”條，《易傳》解“謂尚有當解之事，則早爲之乃吉也。當解而未盡者，不早去，則將復盛；事之復生者，不早爲則將漸大，故夙則吉也”。《集説》引張範卿舉歷史事例續解更具體：“‘當解而未盡者，不早去，則將復盛’，如張柬之不殺武三思，而武氏再亂唐室，諸人亦卒不保其身是也。‘事之復生'者,不早爲,則將漸大,如安史之亂,初平以降,將薛嵩、田承嗣、李懷仙爲河北諸鎮節度使,而唐失河北實自此始是也。"《集説》解釋細緻入微,前人解釋通常按照《近思録》的自然段展開,而《集説》解釋又將自然段拆分,甚至一句話做一解釋。又,較前人的解釋,不但解《近思録》語,而且解朱熹語,可以説是以常識(歷史常識、生活常識)解理學,因此使得《近思録》更易於理解,更適合於初學者。

《近思録》這種理學類的著作,本來説理抽象枯燥,内容深奥,對於初學者而言,有難入其門之虞,而將多方面學者及多類型學術甚至其他類著作引入對《近思録》的解釋的做法,有助於多方面的解釋《近思録》,也有利於提高《近思録》的親和性、可讀性,提高讀者的閲讀興趣,從而利於讀者對《近思録》的理解。特别是引入當代(民國)人論述,更讓人有一種親切感,有利於當代人的理解與接受,對於推廣《近思録》是有幫助的。如卷九引周敦頤《通書》説"樂者古以平心,今以助欲;古以宣化,今以長怨。"論復古樂,管贊程引李維思的話説:"欲變今樂,必先定中聲,然後可復古樂。今有古樂大家李維思言'中樂聲音,莊麗盛大,和平華貴,一切道德倫理盡在其中'。著《中國音樂形態基礎》,自元迄夏周古樂,造成圖形,以示樂之行動,吾願此輩出而興古樂焉。"古樂對於一般人而言,是一種比較遥遠且抽象的東西,看不明聽不見觸不覺。但今人論樂卻近在咫尺,是可以感觸的,這就化卻了古樂與今人之間時間的隔閡,使人容易體悟到音樂是否如周敦頤説的"樂者,古以平心,今以助欲;古以宣化,今以長怨"。又如卷九録程頤"管轄人亦須有法,從嚴不濟事。今師千人,能使千人依時及節得飯吃,只如此者亦能有幾人?"管贊程引岳飛論用兵之法佐解曰:"仁信智勇嚴,仁信勇尚己智亦最要。智優於百人者,方能管轄百人,智優於千人者,方能管轄千人。智不足而徒以嚴相尚,適足以取怒士卒,激之潰叛已耳,事奚由濟?"程頤以軍論學本非其長,岳飛是著名的軍事家,其説會更有助於初學對程頤所論問題的把握。這些理學家之外的事例引用,使得傳播《近思録》達到事半功倍的效果。

二、揭示《近思録》的艱難曲折

《近思録》本書是以分卷的形式,將周敦頤等人的語録按照道體、爲學大要、格物窮理、存養、改過遷善克己復禮、齊家之道、出處退進辭受、治國平天下、制度、教學之道、改過及人心疵病、異端之學、聖賢氣象等作十四卷編制。這十四卷,從整體看,顯示了朱熹與吕祖謙教人進步的"階梯"思想,就如吕祖謙在《近思録》序言中説的"且有科級,循是而進,自卑升高、自近及遠"的"纂集之指",也可以説是對一個完成生知以下者至聖人修養的完整過程的刻畫,是一部具備體系思維的著作,又如朱熹所説:"卻自中間有個路陌推尋。通得四五十條後,又卻只是一個道理。"①但從形式上看,這部著作原本由六百二十二段不相統屬的零碎自然小段構成。傳統的解釋者着眼點主要在於闡述《近思録》中的各自然小段、句子及單個字詞的要義,而對各自然段之間的相互聯繫以及《近思録》的整體意義,即朱熹説的"一個道理"是涉及不多甚至没涉及的,這樣對《近思録》的理解只能是膚淺而不全面的,是不符合朱熹、吕祖謙的編纂原來旨意的。而《集説》的特殊之處,在於他不僅同傳統的解釋者一樣,條分縷析地闡述了《近思録》中的各自然小段及字詞的要義,同時,更注意到了《近思録》論説的"一個道理"性,按管贊程在《集説》序中的説法就是《近思録》"雖

① 《朱子語類》卷一〇五《朱子二》,第 2630 頁。

掇拾各書而成,而卷中前後淺深,聯絡一片,如天衣無縫"。這也成爲《集説》解釋《近思録》的思想綱領。管贊程又對自己《近思録》的集説成績非常自信,他説自己:"歷選前聖之書,論其科級具備,序次詳明,以及艱難曲折,補偏救弊考功,惟此爲密。"爲了揭示《近思録》的序次詳明與艱難曲折,《集説》從兩個方面用力,一是分章,二是將前後文注釋互見。

　　首先,爲了更好地揭示《近思録》的主旨,《集説》在原有卷次的基礎上,對每卷中所有自然段根據内容相近或相同的原則歸納分章。如卷一作七章,卷二作十三章,卷三作五章,卷一一作六章,卷一四作四章等。《集説》的分章,反映出了各卷内在的結構,如卷六按照朱熹的説法是論"齊家之道",《集説》類分作五章,1. 言事親以順,2. 言治家以嚴爲正,3. 言孝弟慈愛、夫婦之節義、慈及人之子,4. 言太中公(二程之父)治家律己、孝友慈愛,侯夫人事上御下有法、修身有道,可爲齊家者取法,5. 言齊家以順親爲首,而次及兄弟友、夫婦正,而末兼言御婢僕之道等等。又如卷一一朱熹説是"此卷教學之道",《集説》又分作六章,1. 言變化氣質之道,2. 言教人以豫爲先,3. 言教人以讀書修德、歌詩學禮爲要,4. 言教人始於誠實,中於有序,終於自得,5. 言孔子教法之良,6. 言以身立教爲本,以由誠盡材爲法,使以忠信格其非心以歸於正。

　　於每章之末,《集説》作章旨論述,拈出大意,就一章而言,可見各章布局之深意。如卷一論道體,將自卷首至"大哉易也,斯其至矣"斷爲一章,點明"此學聖人良法,通生知以下而言,故列首以明道之大原、聖人之至,而爲此書之綱領焉"。卷四第一章"總括卷四而爲綱領,故列首以爲學者准的焉",最後一則按語"言始學有得,而終可以成德,言爲仁之本者,則成德之事盡於此矣。故以此結之"。卷九第一章《集説》指出"自篇首至此爲一章。禮樂爲教化之本,必由此而後可臻極治,故以此爲稱首焉"。將諸章聯繫,可見各卷之結構。如卷六各章是一個從長至幼、從尊至卑、從近及遠的一個順序;卷一一是指示教學之道的內容,包括教學的目的,教學的方法等。

這種章的劃分,揭示了《近思録》段與段的不同,從而也顯示出了每章在全卷全書中的位置與聯繫,就是吕祖謙説的"科級",便將《近思録》的論述近一步細化、具體化、形象化、可操作化,使學者知道了以如何的層次步驟去施行處己治世之道。

其次,《集説》又將前後文標明互見,指示行文布局之間的聯繫與緣由。一是指出章與章之間的承繼關係,如卷一一第一段自"濂溪先生曰剛善"至"俾人自易其惡,自至其中而止矣"爲一章。《集説》説"其脈上承卷一一、二兩章,卷二首章,卷四首條至純亦不已,卷五至卷十之首章皆是也。卷五以上,皆論爲學之方,當以第一義爲標準。卷六以下,論應物之道,當以第一義自勉"。二是指出全書內容之間的關係,如第十卷自篇首至"不容而後去,又何嫌乎"爲一章。《集説》指出"朱子於此書卷一、卷二、卷四、卷五及此卷皆以此義(處事以至誠感人爲第一義)爲首,聯絡一片,發明乾道聖人之學行,讀者詳之"。

以上是從大的方面指示行文間的互見,最詳細的互見,是《集説》指出各自然小段之間的互見。如卷三解説"學原於思"條,管贊程按語曰:"與卷二'時復思繹,浹洽於中'"條相發明,並説當"參看而詳味之"。卷八"治身齊家以至平天下者,治之道也。建立治綱,分正百職,順天時以制事。至於創制立度,盡天下之事者,治之法也。聖人治天下之道,唯此二端而已"條,管贊程按語曰:"'平天下',惟道與法二端而已。'治綱',説見上文。'順天時以制事',如孟春之月,天子居青陽左個,命太史守典奉法,命學正入學習舞之類。'創制立度',説詳卷九。'道''法',下文詳之。"卷一二注釋"改過",説與卷五"克己復禮"不同。卷四"其工夫次第,下二章詳之"。卷五"仁之難成久矣",説此與上文"大抵人有身"條相發,當反身思之。卷七"孟子辨舜、蹠之分"條指出"義利相去所爭毫釐者,承上文實理有得於心而言,故能辨之微而見之明"。卷九"明道先生言于朝"條,説"致知主敬之節序,此書卷三卷四備矣"。"三曰經界"條云:"井地爲聖王之制,其法至善,議者皆以亟奪富人之田爲辭,而不知以無妄之誠可以感之。其説詳於下文吕與叔撰《横渠先生行狀》條。"

上述可見《集説》對於《近思録》前後文之間的互見,或指上、或引下,聯絡作一片,從字到句到段到全書,天衣無縫地揭示了《近思録》的一個道理,這是解釋《近思録》的一種新成就。這種互見,人們可借之尋繹各章之間的内在脈絡,識得血脈貫通的完整的面貌,了解《近思録》的"漸次經由之實"或者"艱難曲折",從而明白"聖人可學而至而不懈於用力"。應該是有利於初學者認識並達到"沉潛反復、優柔厭飫,以致其博而反諸約焉"的過程與目的,正合於朱熹"卻自中間有個路陌推尋。通得四五十條後,又卻只是一個道理"的構思,[1]爲人們全面理解《近思録》指出了方向,也正是管讚程驕傲地自稱"救弊考功,惟此爲密"處。

三、近思的實踐期待

《近思録》本爲切問近思而作,最終要達到"處己治人",也就是齊家治國平天下的目的。但在《集説》出現以前,凡解《近思録》者重在於處己處用力,而于治國平天下方面甚少人予以關注。《集説》於此不但注意到處己處用力,也注意到治國平

---

[1]《朱子語類》卷一〇五《朱子二》,第 2630 頁。

天下,以合《近思録》的著述之旨。

　　《集説》的作者身處清末民國之交,國家正是新舊交替之時。在這樣一個特殊階段,一方面舊的封建餘思尚在,而且是根深蒂固;又一方面西學東漸,民主的思潮方興未艾,這些現實政治在《集説》中都有一定程度的反映。如卷七"謝湜自蜀之京師"條,原爲二程批評舊制欲以考試得教官職位的不當,《集説》引張範卿的話卻擴展到對民國人因運動(拉關係)得職位的可恥之事的批評,説:"昔之訓導教諭出自捐納,今之校長教員出自運動。卑污苟賤,廉恥掃地,使程子見之,又將以爲何如也!"此見《集説》作者試圖將讀《近思録》與現代社會治理聯繫起來的努力。但是應該指出者在於,《集説》作者觀念陳舊,不能理解並接受進步的社會潮流,因此所主張多不可取。比如卷八將民國時"泯泯棼棼,天下囂然"的社會動亂,歸咎於提倡西學者主張的"自由平等",説是"上下亡等,民志不定"。又如要提倡井田制以抵抗共產主義運動。卷九則反對以西方音樂取代古樂,卷一二要提倡男尊女卑、夫唱婦隨,反對男女平等,以爲主張婚姻自由,是"變人類爲禽獸"。以今看來,這些觀點的確有悖常理不可思議,完全是逆潮流的,不值一駁。

　　這些理論,有引自他人觀點,有爲管贊程自述,但無疑又都是管贊程的主張。此等主張自今日看來,可謂無一是處,可以説再無人苟同,但這種將讀書與治國相聯繫的做法應該是與《近思録》的編纂初衷相一致的,對於治《近思録》而言其思路是可以肯定的,是合乎朱熹、吕祖謙編纂《近思録》初衷的。我們又可以借之了解到晚清與民國時期一些遺老們的思想狀態,或者説是思想界存在的頑固的意識形態,也就知道了所以有張勳復辟,甚至袁世凱稱帝等事,也不是一個人的、偶發的問題。《近思録集説》使得我們了解到了晚清與民國這一新舊時代交替時期社會問題的多面性複雜性,了解到時代進步的艱難性。

　　上論可見,《近思録集説》體現了管贊程對理學的理解與
對《近思録》的理解,無論從方法還是内容來看,都可以這樣
説。也可以説反映了管贊程個人或者説時代的社會意識,同
時代學者即墨人張紹价題《管向定像贊》稱讚《近思録集説》
"唯我向定,獨得真詮。闡明奥旨,精藴畢宣……祖述魯叟,步
趨宋賢。《近思》一編,尤所精研",①即是印證。這也是《近思
録集説》的學術貢獻,亦可見浙東學術的影響之遠。

---

① 管贊程:《近思録集説》卷首。

後　　記

　　編纂校點《〈近思録〉專輯》，撰寫《近思録》研究論文結集出版，是我們執行國家社科基金重大項目"朱子學文獻整理與研究"規劃的兩項任務。"古籍整理"既要"整理"又要"研究"，這個想法大概不會有什麼問題，但提法用詞容易令人置疑：難道古籍整理就不是研究嗎？我役事古籍整理工作四十五年，樂之不疲，甘老於此，當然不會自我否定它的學術性質和研究意義，只是經驗告訴自己，整理尤其是校點古籍，所花費的研究功夫和收獲的學術心得，往往無法在古籍校點的形式中得到盡意反映，需要另用其它研究方式，比如撰寫論文論著，去繼續深究，再度呈現，否則掩藏腹笥，"無疾而終"，於己於人，不免遺憾。但這樣的認識，很難找到確切的語詞去表達，想來想去，只得以"古籍整理與研究"或"文獻整理與研究"姑且爲之。"朱子學文獻整理與研究"研究課題就是按此理念設計規劃的，包括對朱子《近思録》後續著述的整理與研究。

　　感謝課題組同仁對此理念的認同和支持，大家在完成各自承擔的校點整理項目之後，又把校點過程中産生的問題、掌握的材料和初步的心得，繼續深入研究，撰成學術論文。這些論文大多是對《近思録》後續著述的文獻學研究，如版本源流與文字優劣，著者行迹與撰著緣起，刊印背景與文獻價值等深層次的文獻揭示，重在文獻考證，也有基於古籍文獻的學術思想研究，其中不少已在各種學術刊物上正式發表，有的還獲得了優秀論文獎。

　　我們覺得有必要把這些同一主題的論文結集出版，以便學界同道閱讀參考，於是便有了《〈近思録〉文獻叢考》的編纂和出版，欣喜《朱子學文獻大系》又多了一項新成果。顧宏義教授是編纂這部論文集的主事者，衷心感謝他的精心謀劃和編校。

嚴佐之

於 2017 年 12 月 1 日